Bernd Bierbaum

Gott steckt dahinter

Bernd Bierbaum

GOTT STECKT DAHINTER

366 ERLEBNISSE, DIE ZUM NACHDENKEN ANREGEN

neukirchener
aussaat

MIX
Papier aus verantwortungsvollen Quellen
FSC® C006701

Dieses Taschenbuch wurde auf FSC®-zertifiziertem Papier gedruckt.
FSC (Forest Stewardship Council®) ist eine nichtstaatliche,
gemeinnützige Organisation, die sich für eine ökologische und
sozialverantwortliche Nutzung der Wälder unserer Erde einsetzt.

Bibliografische Information der Deutschen Nationalbibliothek
Die Deutsche Nationalbibliothek verzeichnet diese Publikation in der
Deutschen Nationalbibliografie; detaillierte bibliografische Daten
sind im Internet über http://dnb.d-nb.de abrufbar.

Umschlaggestaltung: Andreas Sonnhüter, Düsseldorf unter Verwendung
der Bilder von © iStockphoto.com/skodonnel, iStockphoto.com/lisegagne,
iStockphoto.com/4x6, iStockphoto.com/drbimages
Lektorat: Nadine Weihe, Hille
DTP: typopoint GbR, Ostfildern
Verwendete Schriften: Sabon
Gesamtherstellung: CPI – Ebner & Spiegel, Ulm
Printed in Germany
ISBN 978-3-7615-5731-0

www.neukirchener-verlage.de

Vorwort

»Wer steckt dahinter?«, fragte mich mein Freund immer wieder. »Wer ist der Strippenzieher? Kein Rauch ohne Feuer«, meinte er. Irgendwer oder irgendwas muss doch dahinterstecken, sonst wäre die Geschichte nicht passiert oder ganz anders ausgegangen.

Meine Antwort steht schon im Titel: »Gott«. Ich berichte 366-mal von größtenteils eigenen Erlebnissen. Es wäre noch viel mehr zu berichten, aber das (Schalt-)Jahr hat nun einmal nur 366 Tage.

Das Besondere dieses Buches: Ich habe wirklich sehr viel gebetet. Für die einzelnen Geschichten, für das ganze Buch, für die Leser, die dieses Buch einmal lesen werden. Denn eigentlich geht es nicht um das Buch. Eigentlich geht es mir immer um Jesus. Ich hoffe, dass man das spürt und dass all die Geschichten zu einem christlichen Leben helfen, ermutigen und trösten.

Und nun prüfen Sie selbst, ob es stimmt, dass Gott sich uns in Jesus Christus gezeigt hat und ob er tatsächlich dahintersteckt.

»So spricht der Herr, der Gott Israels: Schreib dir alle Worte, die ich zu dir geredet habe, in ein Buch.« (Jeremia 30,2)

Januar

1. Januar

Die Zeitmaschine

Damit sind nicht die Uhren gemeint, davon habe ich genug. Schließlich muss ein Pastor pünktlich sein. Nein, eine richtige Zeitmaschine, an der man nur ein bisschen dreht, und schon ist man in der Zeit, in der man gerne sein möchte. Schon ist man zum Beispiel wieder ein Baby. Was waren das für Zeiten! Wir haben einmal geschrien und schon rannte die Mama. Alle Leute freuten sich, wenn wir laut gerülpst haben. Das nannte man »Bäuerchen machen«. Heute freut sich kein Mensch mehr, wenn wir ein Bäuerchen machen. Irgendetwas muss das mit der Zeit zu tun haben.

Oder man dreht das Rad anders herum und landet in der Zukunft. Ein paar Jahre weiter, viele Jährchen weiter, vielleicht sogar ein paar Jahrzehnte, je nachdem. Die Maschinen von heute veralten schnell. Man braucht schon wieder ein neues Auto oder ein Fahrrad oder einen Computer, weil der jetzige schon wieder Schrott ist. Man merkt auch in der Zeitmaschine etwas davon, warum alte Leute oft so bitter sind. Man merkt, was Rheuma ist, was einem alles wehtun kann, oder auch, was Krebs bedeutet und dass irgendwann der Tod kommt. Dazu muss man manchmal gar nicht so alt sein. Ich habe leider auch schon genügend Jugendliche beerdigt.

Ich habe so meine Schwierigkeiten mit dieser Zeitmaschine. Wahrscheinlich ist es doch ganz gut, dass wir in der Zeit leben dürfen, in der wir uns gerade befinden. Welch ein Trost, dass jemand diese Zeit in seinen Händen hält!

»*Meine Zeit steht in deinen Händen.*« (Psalm 31,16)

2. Januar

Das Doppelgesicht der Zeit

Er war gerade 25 geworden und rief mir zu: »Hab keine Zeit, hab keine Zeit.« Nein, er hatte auch keine Zeit. Er musste an seiner

Karriere basteln. Auch für Rentner ist es selbstverständlich, dass sie keine Zeit haben. Schließlich kommt »Rentner« doch von »rennen«, oder?

Aber die Zeit gibt uns Freiheit und setzt uns Grenzen. Freiheit, weil die Zeit uns überhaupt Leben ermöglicht, und Grenzen, weil die Grenze der Zeit der Tod ist. Das Doppelgesicht von Vergänglichkeit. Nichts ist zeitlicher als die Zeit und ihre Erfüllung.

Der alte Kalauer gilt: »Wie konnten die Leute früher nur leben ohne Telefon, ohne Radio, ohne Fernsehen, ohne Internet?« – »Sie konnten es in der Tat nicht. Du siehst doch, sie sind alle gestorben.« Wir haben viel mehr Zeit als früher und gleichzeitig viel weniger.

Dieselbe Zeit, die wir gewinnen, wird uns von denselben Mitteln, die Zeit sparen helfen, wieder geraubt. Hätten wir keine Flugzeuge, keine Autos, keine schnellen Züge zur Verfügung, dann wäre Tante Amalie in Paris wahrscheinlich eine Familienlegende. Aber niemand käme auf den Gedanken, mal eben für ein Wochenende nach Paris zu düsen. Oder wenn wir kein Telefon hätten, würde wahrscheinlich niemand auf den Gedanken kommen, jeden Tag anzurufen, ob die Schwiegermutter gut geschlafen hat. Und wenn wir nicht über das Internet telefonieren könnten, würden wir auch nicht jeden Tag unseren Ehemann begrüßen, der gerade ein paar Hundert Kilometer entfernt ist und dort arbeiten muss.

»Ein jegliches hat seine Zeit, und alles Vorhaben unter dem Himmel hat seine Stunde.« (Prediger 3,1)

3. Januar

Transplantation

Ein Märchen erzählt von einem jungen Mann, der sein Herz für Reichtum verkaufte. »Es ist eine ganz unblutige Operation,« erklärte der Unheimliche, der die lebendigen Herzen kaufte. Er führte den jungen Mann in einen großen Raum, der voll war mit schlagenden Herzen. Dann fasste er in die Brust des jungen Mannes, nahm das warme, lebende Herz heraus, setzte ihm ein steinernes Herz ein und gab im das versprochene Gold. Im selben Augenblick hatte der junge Mann keine Empfindungen mehr, er konnte sich nicht mehr freuen, nicht mehr weinen. Er war zwar reich, aber sein Herz bewegte sich nicht mehr.

So hatte Gott sich das nicht gedacht. Nein, mit einem steinernen Herzen ist man schon tot, auch wenn man noch lebt. Weil Gott sich das nicht mit angucken konnte, hat er für uns einen Ausweg geschaffen. Auch er bietet eine Transplantation an. Aber eine, die das steinerne Herz nimmt und uns ein neues, lebendiges Herz schenkt. Und wenn die Leute bis jetzt gesagt haben: »Der hat ein Herz aus Stein,« dann staunen sie auf einmal und fragen: »Was ist denn mit dem passiert? Der ist ja so teilnahmsvoll und mitfühlend geworden.« Natürlich wundern sie sich. Sie haben die Transplantation Gottes ja nicht mit erlebt.

»Dein Wort ist meines Herzens Freude und Trost; denn ich bin ja nach deinem Namen genannt, Herr, Gott Zebaoth.«
(Jeremia 15,16)

4. Januar

Aller Anfang ist leicht

Als ich diesen Satz das erste Mal hörte, wollte ich Einspruch einlegen. Aber im Reich Gottes gelten andere Gesetze als im Reich dieser Welt. Im Glauben ist das so: Der Anfang ist herrlich. Es ist wunderschön, Gott auf seiner Seite zu haben. Alles wird irgendwie neu. Doch dann melden sich die alten Herren, denen man so lange gedient hat. Die alten Ansprüche werden geltend gemacht. Das alte Lebensmuster schlägt wieder durch. Wir wissen aus der Medizin, dass die Immunabwehr des Körpers neue Organe abstoßen will. Das gilt auch für den geistlichen Bereich. Deshalb merkt jeder, der im Glauben einen Anfang gemacht hat, dass sich das neue Leben erst einmal durchsetzen muss. Manche wollen diesen Kampf nicht und kapitulieren. Sie wollen ein bisschen von Gott und ein bisschen von dem alten Lebensmuster. Aber nur zum Teil zu Gott zu gehören, geht einfach nicht. Solch ein Zustand schafft geistliche Herzkrankheit. Halbherzig leben macht krank. Ein geteiltes Herz bringt nur Schmerz. Ohne Kämpfe geht es nicht ab, und die Mächte des bisherigen Lebens geben sich nicht gern geschlagen.

Wem Gott ein neues Herz schenkt, erkennt, welch wunderbarer Herr der Gott der Christen ist und welche Kraft er schenken kann, um gegen die alten Mächte anzukämpfen.

»Er gebe euch erleuchtete Augen des Herzens, damit ihr erkennt, zu welcher Hoffnung ihr von ihm berufen seid.« (Epheser 1,18)

5. Januar

Von Gott gewollt

Es klingelte. Ich guckte auf die Uhr. Nein, die Zeit passte mir eigentlich überhaupt nicht. Aber trotzdem ging ich an die Tür und öffnete sie. Vor mir stand ein junges Mädchen, 14 Jahre alt. Eine Konfirmandin. Ein nettes Mädchen. Aber jetzt war sie tränenüberströmt. Irgendwann hatte sie wohl versucht, sich zu schminken. Das war jetzt alles zerlaufen und über das Gesicht verteilt.

»Kann ich Sie sprechen?«, fragte sie. »Ja, natürlich!«, antwortete ich, und wir gingen in mein Arbeitszimmer. Sie setzte sich in den Sessel und sagte erst einmal gar nichts, sie weinte nur. Besser gesagt: Weinkrämpfe schüttelten sie. Und dann brach es aus ihr heraus. Sie hatte eine Auseinandersetzung mit ihrer Mutter. Es wurde laut und lauter. Die Diskussion war gar nicht mehr erkennbar. Beide hatten schon längst vergessen, worum es ging. Und dann schrie die Mutter sie an: »Du warst gar nicht gewollt. Du bist nur ein Betriebsunfall!« Das Mädchen zuckte zusammen. Entsetzt rannte sie hinaus, knallte die Tür zu, griff sich den Mantel und lief geradewegs zu mir, dem Pastor.

»Ein Betriebsunfall!«, schluchzte sie. »Was soll ich machen? Meine Mutter liebt mich nicht. Mein Vater auch nicht!« Ihre ganze Welt war zusammengebrochen. Alles, worauf sie sich verlassen hatte, existierte nicht mehr, sie war ja nur durch Zufall auf der Welt.

Was sollte ich sagen? Was sollte ich machen? Ich betete still: »Herr Jesus, gib mir die richtigen Gedanken. Gib mir die richtigen Worte!« Und das tat er dann auch. Wir lasen gemeinsam in der Bibel.

»Und des Herrn Wort geschah zu mir: Ich kannte dich,
ehe ich dich im Mutterleib bereitete, und sonderte dich aus,
ehe du von der Mutter geboren wurdest.« (Jeremia 1,4–5)

6. Januar

Gott steckt dahinter

Nein, das Mädchen mir gegenüber war kein Betriebsunfall. Gott hatte sie gewollt. Und sie war nicht auf der Welt, nur weil irgendetwas technisch nicht geklappt hatte, sondern weil Gott sie gewollt hatte! Was für ein Wunder!

Die Tränen wurden weniger und dann sagte sie: »Lesen Sie das bitte noch einmal vor.« Das tat ich, und dann buchstabierten wir es zusammen durch, was das für sie bedeutete, dass sie Gott so unendlich wichtig ist. Und ihre Eltern hatten überhaupt keinen Einfluss darauf, dass Gott sie gewollt hat.

Es dauerte noch etwas, aber langsam setzte sich diese wunderbare Erkenntnis durch, dass sie auf der Welt war, weil Gott es so gewollt hatte. Und die andere Erkenntnis natürlich auch: Wenn Gott sie schon gewollt hatte, dann hatte er mit ihr auch noch etwas vor.

Sie ging getröstet nach Hause und hatte eine Nachricht für ihre Mutter. Eine gute Nachricht. Auch die, dass ihre Eltern bei Gottes Plan mithelfen durften.

»Der Herr sprach zu mir: Sage nicht: ›Ich bin zu jung‹,
sondern du sollst gehen, wohin ich dich sende, und predigen alles,
was ich dir gebiete.« (Jeremia 1,7)

7. Januar

Ein Segensbesuch

Ich war mal wieder unterwegs und hatte einen Besuch vor mir, den ich gar nicht gerne mache. Ich hatte von der Frau schon gehört und wusste ein ganz klein wenig aus ihrem Leben. Auch davon, dass sie jeden Morgen mit dem Kran in ihren Rollstuhl gesetzt wurde. Während ich klingelte, dachte ich: »Du als Gesunder gehst jetzt zu dieser kranken Frau. Was willst du der denn eigentlich sagen? Wie sollst du sie eigentlich trösten?« Die Tür wurde geöffnet und ich ging hinein. Da saß sie strahlend in ihrem Rollstuhl. Strahlend! Unglaublich! Ein Gedanke schoss mir durch den Kopf: »Vielleicht hat sie das nur für mich, den Pastoren, aufgesetzt.« Aber nein! Im Gespräch kam es dann ganz schnell heraus. Sie war ja einmal gesund gewesen und hatte dann von einem Arzt eine falsche Impfung bekommen. Und dann war sie verfallen. Immer mehr verfallen! Während sie erzählte, saß ich da und dachte: »Bernd Bierbaum, was bist du für ein Trottel! *Du* wolltest sie doch trösten, und jetzt gehst *du* gleich getröstet heraus! Welcher Segen liegt auf dieser Krankheit, dass diese Frau in der Lage ist, einem anderen Menschen wiederum zum Segen zu werden!«

Nichts war es mit dem Trösten! Ich wurde getröstet.

»... und deine Fußtapfen triefen von Segen.« (Psalm 65,12)

8. Januar

Frieden für alle

»Was für ein Gegensatz: Gerade noch war Weihnachten, und bei uns steht noch der Tannenbaum. Es war eine schöne Feier und Stimmung, wir hatten eine Ahnung von Frieden – und dann Mord und Totschlag. Umgekehrt kann ich mir das alles viel besser vorstellen. Das wünsche ich mir: mitten im Krieg Weihnachten. Und dann werden in den Schützengräben hüben und drüben Weihnachtslieder gesungen.« So schrieb einer aus dem Ersten Weltkrieg. »Da kam ein englischer Offizier mit der weißen Fahne und bat um Waffenruhe. Die Engländer kamen aus ihren Gräben heraus, man tauschte Zigaretten, Fleischkonserven, auch Fotografien mit den unseren. Und eines Tages kam dann der englische Offizier und bestellte, die Oberleitung des Heeres hätte die Beschießung unserer Gräben befohlen, wir möchten Deckung nehmen.«

Ein Zeichen, ein winziges Zeichen. Christus im Völkerhass. Mitten im Bösen erlebten Soldaten das Gute und Weihnachtsfriede auf den Schlachtfeldern.

Ich wünsche mir Weihnachtsfrieden überall.

»Darum lasst uns dem nachstreben, was zum Frieden dient.« (Römer 14,19)

9. Januar

Der Kindermord

Nein, dieser Kindermord in Bethlehem (vgl. Matthäus 2,16–18) hat keine Schlagzeilen gemacht, aber erschreckend ist er aus heutiger Sicht durchaus. Damals allerdings hatte sich Herodes schon ganz andere Dinge erlaubt, und da kam es aus seiner Sicht wirklich nicht auf 20 oder 30 Kinder an. Mehr werden es nicht gewesen sein. Bethlehem war ein kleines Nest. Und wie viele ein- bis zweijährige Jungen gab es da schon? Herodes wird sich keine großen Gedanken gemacht haben. Wahrscheinlich hatte er sogar gute Entschuldigungen, so nach dem Motto: »Das ist nun einmal Staatsräson. Dieses Volk braucht Ruhe, keinen Aufruhr durch einen neuen König. Wir haben schon genug Ärger mit den Römern.«

Herodes war auch sonst nicht gerade zurückhaltend. Er hatte seine Frau, deren Mutter und seine drei Söhne umbringen lassen. Der Kaiser Augustus meinte: »Lieber ein Schwein als ein Sohn des Herodes.« Als Schwein würde man länger leben. Unser Bibelwort gibt uns die Antwort:

»Wer aber einen dieser Kleinen, die an mich glauben, zum Abfall verführt, für den wäre es besser, dass ein Mühlstein an seinen Hals gehängt und er ersäuft würde im Meer, wo es am tiefsten ist.«
(Matthäus 18,6)

10. Januar

Herodes, der Gute

Hungersnot in Israel. Nichts zu essen, der Magen knurrt. Da zeigte der Landesvater Herodes auf einmal sein gutes Herz. Er ließ sein Tafelgold einschmelzen, um während dieser Hungersnot dem Volk Getreide zu kaufen. Das hätte man ihm eigentlich gar nicht zugetraut. Aber er tat es. Er baute sogar den Tempel und ließ für sich zwei künstliche Berge mit Swimmingpool und Sauna in der Wüste anlegen.

So fremd ist uns das alles nicht. Zehn Euro für »Brot für die Welt« und 70 Millionen zu Silvester verpulvert. Und wieso eigentlich ist der Kindermord in Bethlehem schlimmer als ca. 135 000 legale Morde im Mutterleib? Herodes ist doch nur ein Beispiel dafür, wozu Menschen fähig sind, wenn irgendwer oder irgendetwas ihre Macht und ihren Anspruch auf Selbstverwirklichung stört.

Wir wollen uns nicht täuschen, wozu das Böse in uns fähig ist. Und wer meint, er stehe, der sehe wohl zu, dass er nicht falle. Wer sich selbst durchsetzen will, wird immer versuchen, Jesus loszuwerden. Auf welche Weise ist dabei völlig egal. Die Selbstherrlichkeit des Menschen ist der mächtigste Feind für Leute, die es mit Jesus ernst meinen.

»Wer meint, er stehe, mag zusehen, dass er nicht falle.«
(1. Korinther 10,12)

11. Januar

Tod in Sicht

Die Vorsorge, die Herodes traf, als sich sein Leben dem Ende zuneigte, wirft ein bezeichnendes Licht auf seinen Charakter. Als er siebzig Jahre alt wurde, wusste er, dass er nicht mehr lange zu leben hatte, aber er wusste genauso, dass niemand eine Träne um ihn weinen würde. Nun, er hatte ja Macht und konnte Bürger zum Weinen zwingen. Er ließ kurzerhand eine Reihe der angesehensten und vornehmsten Bürger Jerusalems aufgrund fälschlicher Anklagen verhaften und ins Gefängnis werfen. Dann ordnete er an, dass in dem Augenblick, in dem er sterben würde, diese Männer hingerichtet würden. Voller Grimm sagte er, er sei sich wohl bewusst, dass niemand seinen Tod beklagen werde, dennoch sei er fest entschlossen, dafür zu sorgen, dass man bei seinem Ableben Tränen vergießen würde.

Gott möge das Wüten solcher Macht besessenen Egomanen und ihr blutiges Handwerk in Zukunft verhindern!

»Rächt euch nicht selbst, meine Lieben, sondern gebt Raum dem Zorn Gottes.« (Römer 12,19)

12. Januar

Fisch und Fische

Jesus Christus, Gottes Sohn, Retter – aus den Anfangsbuchstaben dieser Wörter haben die ersten Christen das Wort »Ichthys« geformt. Dies ist gleichzeitig die griechische Bezeichnung für »Fisch«. So ist der Fisch zu einem Erkennungszeichen der Christen geworden. In der damaligen Verfolgungszeit war es wichtig, dass man sich erkennen konnte, zum Beispiel, indem man einen Fisch in den Staub zeichnete. Wenn heute irgendwo eine christliche Konferenz stattfindet und man über den Parkplatz geht, meint man, dass man auf einer »Fischversammlung« ist. So viele Autos tragen einen Fischaufkleber.

Nachdem ich mit meiner Familie umgezogen war, entdeckte ich, dass einer meiner Nachbarn einen Fischaufkleber hinten auf dem Auto hatte. Ich fragte ihn, was das für ihn bedeute, und er erklärte es mir. Auch für ihn war der Fisch ein Symbol für das Wort »Ichthys«. Es sind Christen, die dort in meiner Nachbarschaft wohnen. Wenn wir in Urlaub fahren, dann kommen sie und passen auf das Haus auf, gießen die Blumen, sortieren die Post und umgekehrt. Ohne das Fischzeichen an dem Auto hätte ich überhaupt nicht gewusst, dass da Christen in meiner Straße wohnen. Sie gehören zwar zu einer anderen Gemeinde als ich, aber doch mit mir zum Herrn Jesus Christus.

»Daran wird jedermann erkennen, dass ihr meine Jünger seid, wenn ihr Liebe untereinander habt.« (Johannes 13,35)

13. Januar

Und noch ein Fisch

Das Symbol für die Stadt Kiel ist ein Fisch – allerdings ein abgenagter Fisch. Ich wusste damit nie etwas anzufangen, bis ich zufällig mal jemanden aus Kiel traf und er mir erklärte, dass in diesem abgenagten Fisch das Wort »Kiel« zu erkennen sei. Man müsse nur genau hinschauen.

Fischaufkleber auf Autos kenne ich. Und so war ich zunächst auch nicht überrascht, als wir irgendwann hinter einem Auto herfuhren, das als Aufkleber ebenfalls einen Fisch hinten drauf hatte. Ich freute mich bereits, doch als ich näher heranfuhr, sah ich in diesem Fischsymbol das Wort »Satan«. Das verschlug mir die Sprache. Denn ganz offensichtlich bekannte sich dort einer zu seinem Herrn, dem Satan.

Neulich erzählte mir meine Frau, dass sie auf einem Auto einen ganzen Schwarm hungriger Haie mit aufgerissenem Maul gesehen habe. Wie viel Aggression wird da in dem Fahrer stecken!

Es ist gut zu wissen, dass wir auf der Seite von Jesus stehen und uns weder vor aggressiven Haien noch vor dämonischen Fischen fürchten müssen.

»Denn wir haben nicht mit Fleisch und Blut zu kämpfen,
sondern mit Mächtigen und Gewaltigen,
(...) mit den bösen Geistern unter dem Himmel.
Deshalb ergreift die Waffenrüstung Gottes.« (Epheser 6,12–13)

14. Januar

Mit der Bibel unter dem Arm

Es war gut, als Pastor zu lernen, dass die Zukunft der Gemeinde von Jesus entweder missionarisch oder gar nicht mehr ist. Außerdem musste ich erkennen, dass der Pastor nicht als Alleinunterhalter und Moderator eine Hobbykirche zu verwalten hat, die für jeden etwas Lustbefriedigung anbietet. Schon Karl Barth hat festgestellt: »Die Kirche ist keine Bedürfnisanstalt.«

Unser Herr hat uns also in unserer Gemeindearbeit die wunderschöne Chance gegeben, mit nichts anderem als mit dem Evangelium zu arbeiten. »Das geht doch nicht, mit der Bibel unter dem Arm Gemeindearbeit zu betreiben«, habe ich immer wieder zu hören gekriegt. Richtig! Das geht auch nicht. Man muss die Bibel aufschlagen, dann geht es, dann geht es sogar gut.

Das Evangelium von Jesus Christus ist offensichtlich attraktiver als der übliche Leerlauf der Freizeitindustrie.

»Groß sind die Werke des Herrn; wer sie erforscht, der hat Freude daran.« (Psalm 111,2)

15. Januar

Gebetsgemeinschaften

Auch Gebetsgemeinschaften brauchen ihre Formen. Mit den Füßen auf dem Tisch wird man auf die Dauer kein vollmächtiges Gebetsleben entwickeln können. Manchem ist es anstößig, öffentlich zu beten. Was sollen die anderen denken? Vielleicht aber ist es nur die Anstößigkeit des Kreuzes. Auf Knien, stehend oder sitzend – entscheidend ist, welche Form die Gebetsgemeinschaft für angemessen hält.

Manchmal vergessen wir, dass wir nicht die ersten Christen dieser Erde sind, sondern auch aus den Schätzen der Väter vieles lernen können. Gebetsgemeinschaften, an denen sich immer weniger Menschen beteiligen, sollten zurückgreifen auf die formulierten Gebete, wie wir sie in der Heiligen Schrift haben – die Psalmen, das Gebet des Daniel (vgl. Daniel 9), das Gebet Jesu in Johannes 17, das Vaterunser. Und es kann in keinem Fall schaden, sich in den reichlich vorhandenen und meist reichhaltigen Gebetsbüchern umzusehen. Da lässt sich von den Vätern des Glaubens bis zu unserer Zeit so manches Gebet finden, das neue Impulse gibt.

»Deshalb werden alle Heiligen zu dir beten.« (Psalm 32,6)

16. Januar

Betet für uns!

Die entscheidenden Schlachten des Reiches Gottes werden im Gebet geschlagen. Die Siege Gottes werden betend errungen. Im Neuen Testament finden wir ständig die Bitte der Apostel an die Gemeinde: »Betet für uns.« Damit meinen sie: »Versetzt euch mit an unsere Stelle, macht euch eins mit uns, lasst eure Fürbitte intensiv und stark sein. Wir brauchen euch.« Wohl dem, der Beter hinter sich weiß!

Unsere Gemeinde veranstaltete eine Evangelisation: ProChrist. Was gab es da alles zu organisieren! Aber dass die Veranstaltung auch reibungslos ablief, dass alles funktionierte, dafür sorgte der Gebetskreis. Der kam schon ein halbes Jahr vorher zusammen und betete auch während der Abende.

Am letzten Abend vor seinem Tod wollte Jesus im Garten Gethsemane selbst die Beter hinter sich haben. In der größten Anfechtung wollte auch er nicht allein sein. Enttäuschend war für ihn, dass die Jünger einschliefen. Die Anfechtung musste Jesus allein durchstehen.

»Betet zugleich auch für uns.« (Kolosser 4,3)

17. Januar

Allianzgebetswoche

Als Allianzvorsitzender habe ich mich natürlich über die riesige Zahl der Menschen gefreut, die in den Bremer Dom strömte, um dort den Abschlussgottesdienst zu feiern. Natürlich habe ich mich über Ulrich Parzany gefreut, der eine tolle Predigt hielt, und natürlich habe ich mich auch über die bunte Runde aus Freikirchlern und Landeskirchlern gefreut, die am Ende des Abends gemeinsam das Schlussgebet sprachen. Aber dann war auf einmal alles ganz anders als erwartet. Der Heilsarmeeoffizier betete: »Danke für die gesalbten Lippen. Lasst uns vorsichtig sein beim Rausgehen, es könnte sein, dass der Dom abgehoben hat.«

Eigentlich gar nicht so falsch. Unser Herr könnte glatt den Dom zum Fliegen bringen, aber doch war dieser Satz etwas ungewöhnlich. Es ist niemand abgestürzt. Der Dom stand noch genauso da wie vorher, aber die Herzen waren erfüllt.

»Und als sie gebetet hatten, erbebte die Stätte, wo sie versammelt waren.« (Apostelgeschichte 4,31)

18. Januar

Allein

Der Hauskreis hatte zugestimmt, und so sagte ich zu dem Mann: »Herzliche Einladung! Unser Hauskreis würde sich freuen, wenn du dabei wärst.« Diese Einladung kam nicht von ungefähr. Ich kannte seine Situation. Er hatte keine Freunde, aber einen Haufen Probleme. Und ich wusste von seiner christlichen Vergangenheit. Er sagte zu, war erleichtert, dass sich jemand um ihn kümmerte, schrieb sich den Termin auf – und kam nicht. Vierzehn Tage später geschah dasselbe noch einmal. Ich rief ihn extra an – aber er kam nicht.

Bis heute nicht. Er ist weiter allein. Und wie oft hatte er früher schon gehört: »Allein geht man ein.« Man braucht als Christ Gemeinschaft. Man muss zusammen mit anderen weinen können, lachen, traurig sein, sich freuen. Und man muss Jesus in der Mitte haben. Der uns auch kennt, der weiß, wie wir uns fühlen.

Jesus lädt uns ausdrücklich ein. Aber seine Einladung enthält auch eine Warnung. Und das ist die bittere Seite bei der Verkündigung von Jesus: Das Positive, die Rettung gilt allen, aber nicht alle nehmen sie an. Ob das bei der Person, die ich zum Hauskreis einlud, auch so ist, weiß ich nicht. Aber ich sehe die Tendenz und bin erschrocken. Beten wir weiter für Suchende wie ihn.

»Einer mag überwältigt werden, aber zwei können widerstehen, und eine dreifache Schnur reißt nicht leicht entzwei.«
(Prediger 4,12)

19. Januar

»Unsere Psychotherapeutin«

Sie war eine Estin und musste vor Hitler fliehen. Sie ging nach Amerika, promovierte in Medizin und Psychotherapie und kam nach Deutschland. 100 Meter von unserer Gemeinde entfernt kaufte sie ihr Haus und sah von ihrem Arbeitszimmer auf unseren Kirchturm. Sonntags morgens um Viertel vor zehn läuteten die Glocken und luden sie zum Gottesdienst ein. Sie kam und war sofort angesprochen durch die Atmosphäre, durch die Predigt, durch das heilige Abendmahl, das wir ja jeden Sonntag feierten. Sie nahm mit mir Kontakt auf und entpuppte sich als ein wahrer Juwel. Sie hat mir seelsorgerlich sehr geholfen. Denn in jeder Woche hielt sie mehrere Stunden frei für die Leute, die ich ihr schickte. Vieles aus der Seelsorge gehörte in die Psychotherapie – die Grenzen sind fließend. Sie arbeitete mit, hielt Referate und Vorträge und baute das Reich Gottes zusammen mit uns auf.

Eines Tages stellte sich heraus, dass sie Krebs hatte, der nicht heilbar war. Sie starb fast unmittelbar in dem Augenblick, als sie es aufgab, dagegen zu kämpfen, und sich dem Herrn ergab: »Dein Wille geschehe.«

Ich habe auf die Todesanzeige setzen lassen: »Wir freuen uns auf das Wiedersehen mit dir.« Man kann es sich fast denken: Das hat uns Ärger und Spott eingebracht. Aber auch interessierte Nachfragen, wie wir denn so etwas schreiben könnten. Jetzt ist sie beim Herrn in der Wolke der Zeugen.

»Darum auch wir: Weil wir eine solche Wolke von Zeugen um uns haben, lasst uns ablegen alles, was uns beschwert.« (Hebräer 12,1)

20. Januar

Von Krippe zu Krippe

Der Teufel hat ein hohes Interesse daran, uns in seinem Stall zu halten, und die Bibel sagt, dass er von Anfang an ein Betrüger war. Er setzt uns Krippenfutter vor, das nicht satt macht. Er ist ein vorzüglicher Dekorateur und seine Krippen sehen verlockend aus. Herrliche Mahlzeiten versprechen wahre Lebenserfüllung. Aber wenn man davon isst, merkt man, dass der Hunger immer größer wird und einen immer schneller von einer Krippe zur anderen treibt. Aus der Sehnsucht wird die Sucht. So sehr wir auch suchen, wir finden es nicht.

Der Philosoph Ernst Bloch hat von der »Melancholie der Erfüllung« gesprochen. Es ist das süße Gift in den Speisen, die in den Krippen unserer Welt zu finden sind. Krippe »Erfolg«: Wenn ich dies erst einmal habe, wenn ich erst einmal genug verdiene, dann ... Krippe »Familie«: Wenn ich erst einmal verheiratet bin und wir dann Kinder haben, dann ... Krippe »Alter«: Wenn ich erst einmal 18 bin und machen kann, was ich will, dann ... Oder: Wenn ich erst einmal pensioniert oder in Rente bin, dann ...

Und was ist dann? Dann sind wir tot und haben vom Leben nichts gehabt außer Vertröstung auf das Leben.

»Jesus spricht: Kommt her zu mir, alle, die ihr mühselig und beladen seid; ich will euch erquicken.« (Matthäus 11,28)

21. Januar

»IA«

»Du alter Esel«, schimpfte ein vorbeikommender Fahrradfahrer auf seinen Mitfahrer ein. Was er sonst noch alles an Beschimpfungen von sich gab, konnte ich nicht mehr hören. Mich machte das nachdenklich. Nicht das Schimpfen, sondern eigentlich die Frage, ob wir nicht doch alle Esel sind. Luther war durchaus der Meinung, dass wir Menschen wie Esel sind. Er sagte es allerdings etwas freundlicher: »Wir sind wie reitbare Lasttiere«, aber das kommt auf dasselbe heraus. Außerdem habe jeder Esel einen Herrn. Und Luther meinte damit, dass es hier um die Wahl zwischen dem Herrn, nämlich Gott oder den Teufel, geht.

Wem gehören wir eigentlich? Von Natur aus dem Bösen, also kommt aus uns viel Böses. Deshalb sieht die Welt so aus, wie sie ist. Aber Luther erklärte, dass dann einmal die entscheidende Stunde im Leben des Menschen komme, in der wir wählen können, ob unser Herr Jesus Christus sein soll oder der Teufel. Und bei diesem Herrschaftswechsel geschieht es, dass der neue Herr Jesus uns umlenkt. Wenn wir zu Jesus gehören, bringt er uns nach Hause. Nicht in die Hölle, sondern in den Himmel, selbst wenn wir auf diesem Wege nach wie vor bockig sind wie Esel und stehen bleiben, wo wir wollen. Unser Herr bringt uns im Zaumzeug der Liebe nach Hause. Für uns gilt: Mach aus dem »IA« ein »Ja«. Ja, Herr Jesus.

»Es sei aber euer Ja ein Ja und euer Nein ein Nein.«
(Jakobus 5,12)

22. Januar

»Ich weiß, dass ich mich ändern muss«

Als ich diese Geschichte las, musste ich schmunzeln: Zu Zeiten des Hofpredigers Stöcker um die Wende ins 19. Jahrhundert gab es in Berlin eine Frau, die nach dem Gottesdienst regelmäßig bei den

Droschkenfahrern Traktate, Handzettel und Predigten verteilte. Das wurde von den Taxifahrern auch regelmäßig angenommen.

Eines Tages wollte einer, der bis dahin immer sehr freundlich gewesen war, den Zettel nicht annehmen. Es war geradezu eine kleine Jagd immer herum um die Droschken. Die Frau lief mit ihren Traktaten in der Hand dem Taxifahrer nach. Er rannte ständig herum und sie mit dem Traktat, mit diesem schwachen kleinen Ding, hinterher. Es war ja kein erhobener Regenschirm oder eine Bratpfanne, nur ein kleines Traktätchen mit nichts anderem als der guten Nachricht von Jesus Christus. Schließlich hatte sie ihn dann doch eingeholt, und er gestand: »Ich will das nicht haben, denn wenn ich das weiter lese, weiß ich, dass ich mich ändern muss.«

»Stellt euch nicht dieser Welt gleich, sondern ändert euch durch Erneuerung eures Sinnes.« (Römer 12,2)

23. Januar

Fern von der Sünde

Irgendwann fiel mir eine Bibel in die Hand, die eine Mutter ihrem Sohn geschenkt und dabei folgende Widmung auf die erste Leerseite geschrieben hatte: »Dieses Buch wird dich von der Sünde fernhalten, oder die Sünde wird dich von diesem Buch fernhalten. Deine Mutter.«

Sie hat so recht. Wer die Bibel hat, aber nicht in ihr liest, lebt aus dem Eigenen, und das Eigene tendiert immer zum Bösen. Man muss schon etwas dagegensetzen, um sich nicht völlig dem Bösen auszuliefern. Deshalb muss man die Bibel nicht nur besitzen, sondern sie auch lesen. Das schärft das Gewissen und verweist uns an den, der uns die Kraft gibt, das auch zu tun, was wir lesen: Christus. Diese Kraft brauchen wir, denn wir tun nicht nur Sünde, die wir als einen Betriebsunfall korrigieren könnten, sondern wir sind von Natur aus sündig. Deshalb sind wir immer im Kampf mit dem Bösen. Edgar Schmid schrieb dazu: »Heilige haben eine Vergangenheit und Sünder eine Zukunft.« So ist das. Deshalb brauchen wir so dringend Gottes Wort. Auch Gottes geschriebenes Wort.

»Und er war angetan mit einem Gewand, das mit Blut getränkt war, und sein Name ist: Das Wort Gottes.« (Offenbarung 19,13)

24. Januar

Heiser für Jesus

Menschen, die Jesus noch nicht kennen, gibt es überall. Auch in unserem Umfeld, bestimmt auch in unserer Nachbarschaft oder unter unseren Kollegen. Hören sie etwas von Jesus Christus? Wenn nicht, dann ist das unterlassene Hilfeleistung. Das ist schon nach unserem Gesetzbuch strafbar, und unter dem Gesichtspunkt der Ewigkeit erst recht. Das Evangelium von Jesus Christus ist eine Blaulichtaktion. Es muss zu den Menschen. Und es gehört zu den Menschenrechten, das Evangelium zu hören. Martin Luther hat in der Kirchenpostille von 1522 so geschlossen: »Ihr seht aus diesem meinem Geschwätz, wie ungleich Gottes Worte sind gegenüber allen Menschenworten. Wie kein Mensch ein einziges Wort Gottes mit all seinen Worten genügend erreichen und erklären kann.« Und dann fügte er hinzu: »Hinein, hinein liebe Christen. Lasst mein und aller Lehrer Auslegung nur ein Gerüst sein zum rechten Bau, dass wir das bloße lautere Gotteswort selbst fassen, schmecken und in ihm bleiben.« Dazu gehört das Wort von Heinrich Giesen, dem langjährigen Leiter der Stadtmission in Berlin: »Und öffentlich möchte ich es bekennen, dass ich in meine Bibel schreib: Bevor die Steine wieder schreien, dass deine Jünger heiser werden, Herr.«

Lassen wir uns von diesem Jesus Christus so gewinnen, dass wir bereit sind, für ihn heiser zu werden?

»Denn ich habe von dem Herrn empfangen, was ich euch weitergegeben habe.« (1. Korinther 11,23)

25. Januar

St. Peter-Ording

Im Januar fahre ich jedes Jahr an die See, nach St. Peter-Ording. Ich freue mich immer riesig darauf. Da warten dann wieder zwei Wochen »Stille Tage« auf mich. Zwei Wochen, in denen ich mit niemandem rede – mal abgesehen von den Leuten im Kurzentrum, wenn ich dort meine Massage bekomme. Und abgesehen von meiner Frau, wenn ich sie abends anrufe. Aber sonst rede ich mit keinem Menschen. Die meisten, die das hören, trauen ihren Ohren nicht oder glauben, ich sei ein verstaubter Heiliger. Aber ich brauche das, diese Zeit ohne Verpflichtungen, ohne Termine. Im Januar ist nicht viel los an der See. Da bin ich am Strand ganz allein, und das tut einfach gut. Dann merke ich erst, wie viele Themen liegen geblieben sind und von mir nicht beachtet wurden, weil mir im Alltag die Zeit dazu einfach fehlte. Aber in St. Peter-Ording ist Zeit genug zum Beten und Hören auf Gott.

Manchmal ist nichts Dramatisches geschehen. Außer dass ich Jesus mal wieder näher gekommen bin. Aber ist das kein Drama?

»Es war eine Stille und ich hörte eine Stimme: Wie kann ein Mensch gerecht sein vor Gott?« (Hiob 4,16–17)

26. Januar

Das Geheimnis der leeren Hände

Pastoren, Hauptamtliche, Mitarbeiter, alle müssen immer nur geben, geben, geben. Woher nehmen sie ihre Kraft?

Ich habe mit meiner Frau zweieinhalb Jahre lang das Matthäusevangelium gelesen – jeden Tag vier Kapitel, und wenn wir am Ende ankamen, haben wir wieder von vorn begonnen. Das war eine segensreiche Zeit. Ich habe versucht mir anzugewöhnen, regelmäßig »Stille Tage« zu machen. Außerdem mache ich Gebrauch von Seelsorge, und ich habe meinen Mitarbeitern angeboten, zwei zusätzliche freie Tage für die Stille zu ihrem Urlaub zu nehmen. Wenn ich dann endlich zu meinen »Stillen Tagen« aufgebrochen bin, brauche ich drei volle Tage, bis der Lärm in mir aufhört. Ich musste das erst ausprobieren, um zu wissen, dass es sich nicht lohnt, nach drei Tagen wieder nach Hause zu fahren, sondern dass es dann es erst richtig losgeht. Dann kann ich hören, auf Gott hören, auf das, was er sagt. Oder mir sagen will. Was sind da schon alles für Themen angesprochen und auch bewältigt worden! Ich halte Gott meine leeren Hände hin und lasse sie von ihm wieder füllen.

»Höre die Stimme meines Flehens, wenn ich zu dir schreie,
wenn ich meine Hände aufhebe zu deinem heiligen Tempel.«
(Psalm 28,2)

27. Januar

Gott handelt

Der Strand war schön. Ich war allein, weit und breit war kein Mensch zu sehen. Ich konnte über das Meer gucken und freute mich, wie schön der Himmel aussah. Und dann sprach Gott. Auf einmal, ganz unerwartet, aber nicht zu überhören. Er sprach ganz deutlich: »Ruf in Bremen an.«

Ich blieb auf der Stelle stehen. »Wen? Denkst du an eine bestimmte Person?« – »Du weißt schon, wen ich meine.« – »Aber Herr, du weißt doch, dass ich mit ihm Krach habe, dass ich mit ihm in der Tauffrage überhaupt nicht übereinstimme.« – »Ruf ihn an.« – »Herr, du weißt …« Mir versagten meine Argumente.

Wenn der Herr zu einem spricht, dann fällt einem nichts mehr ein. Ich habe mit Gott gerungen und gekämpft. Zum Schluss habe ich klein beigegeben und dann gesagt: »Okay, es hat keinen Zweck, mit dir zu kämpfen. Du gewinnst sowieso immer. Ich werde ihn von zu Hause aus in Bremen wieder anrufen.« – »Nein, ruf ihn jetzt an.« – Ich sagte: »Herr, bitte, jetzt?« – »Jetzt sofort.« – »Nein, das geht doch gar nicht.« – »Doch, ruf ihn jetzt an.«

Trotz aller meiner Einwände blieb Gott dabei, dass ich diese bestimmte Person jetzt anrufen sollte. Und dann ging ich endlich zum Telefon und rief ihn an. Und er sagte: »Du, das ist gut, dass du anrufst. Ich wollte dich auch gerade anrufen.«

Christen kommen immer in vorbereitete Situationen.

»Und seid darauf bedacht, zu wahren die Einigkeit im Geist.« (Epheser 4,3)

28. Januar

Die Einheit ist sensibel

Wenn der Heilige Geist schon lange an einem oder an zwei gearbeitet hat, geht alles ganz leicht. Ich verabredete mich mit der Person, mit der ich einen Streit hatte, und dann haben wir uns getroffen und uns ausgesprochen. Wir haben zusammen gebetet. Dann sind wir vor die Evangelische Allianz gezogen und haben es allen mitgeteilt: »Wir haben uns versöhnt.« War das schön!

Er ist mir heute noch ein treuer Freund, ein wirklicher Bruder. Wir freuen uns jedes Mal, wenn wir uns sehen, und wir wissen beide, wie empfindlich die Einheit auch der Evangelischen Allianz reagiert, wenn sich Menschen nicht verstehen.

Ich wurde später der Vorsitzende dieser Allianz in Bremen und war es 18 Jahre lang. Aber ich habe nie vergessen, wie sensibel die Einheit ist und wie leicht sie durch meine Sünde und durch die Sünde anderer zu Fall gebracht werden kann. Wir sollten uns immer darum bemühen, die Einheit hochzuhalten.

»Dadurch soll der Leib Christi erbaut werden, bis wir alle hingelangen zur Einheit des Glaubens. (Epheser 4,12–13)

29. Januar

Stille Tage

Ich musste einfach raus. Also fuhr ich im Januar wieder einmal an die See, atmete tief durch und schrie laut vor Freude, als ich oben auf dem Deich stand und die weite See sah. Meine »Stillen Tage« fingen an. Ich war ganz allein am Strand und konnte so viel singen und beten, wie ich wollte. Nur die Möwen sangen und beteten mit.

Hier ein paar Anmerkungen aus meiner Erfahrung, damit auch Ihre »Stillen Tage« zum Segen werden:

- Es passt dem Teufel überhaupt nicht, dass wir still werden, um mit Jesus zusammen zu sein. Er wird alles versuchen, um diese Tage zu verhindern.
- Zu Hause sind diese Tage nur möglich, wenn man allein ist.
- Die meisten von uns brauchen drei Tage, um zur Stille zu kommen. Wenn der Lärm um uns herum aufhört, merken wir erst, wie laut es in uns ist.
- Ich muss abends wissen, was ich geistlich am nächsten Tag machen will.
- Es gibt viel zu erzählen. Gott ist da. Er will mit uns reden. Und er tut es.

»Jesus stieg allein auf einen Berg, um zu beten.« (Matthäus 14,23)

30. Januar

Seelsorge

Irgendwann war der Teppich durchgetreten. Irgendwann musste ich ihn erneuern. Aber bis so ein Teppich durchgetreten ist, dauert das doch eine ganz schöne Zeit. Irgendwann musste ich auch das Sofa neu beziehen lassen. Es war einfach durchgesessen. Zu viele Menschen kamen in die Seelsorge. Sieben waren es durchschnittlich am Tag, die zu mir kamen. Daneben musste ich noch die ganz normale andere Arbeit erledigen. Das hielt ich auf Dauer nicht durch. Und so entstand ein völlig neuer Arbeitszweig in unserer Gemeinde: der Seelsorgekreis. Ich habe Männer und Frauen geschult, damit sie mit der Praxis der Seelsorge vertraut wurden, und habe versucht, ihnen das theologische Fundament zu geben.

Das hat natürlich zuerst Arbeit gemacht. Aber ich freute mich über diesen neu gefundenen Seelsorgekreis. Auch nachdem dieser neue Kreis entstanden war, kamen Menschen noch zu mir, doch ich traf mich höchstens viermal mit ihnen und konnte sie dann an einen vertrauenswürdigen Seelsorger aus diesem Kreis weiterleiten.

»Gehorcht euren [Seelsorgern] und folgt ihnen, denn sie wachen über eure Seelen – und dafür müssen sie Rechenschaft geben –, damit sie das mit Freuden tun und nicht mit Seufzen; denn das wäre nicht gut für euch.« (Hebräer 13,17)

31. Januar

Seelsorgerlich reden

Zum seelsorgerlichen Reden gehört zunächst einmal das seelsorgerliche Hören. So mancher, der allein ist, wird nie im Leben einen Schritt unternehmen, um aus seiner Misere herauszukommen. Aber er sendet deutliche Signale, die sein Alleinsein erkennen lassen.

Vor ein paar Wochen hatte ich einen jungen Mann zu beerdigen, der Selbstmord begangen hatte. Und dann kam bald heraus: Er war ganz allein, obwohl genügend Menschen um ihn herum gewesen waren. Hätte er einen Gesprächspartner gehabt, womöglich einen Christen, der ihn zum Gespräch mit Gott hätte führen können, er wäre heute noch am Leben – davon bin ich überzeugt.

Und es geht ja nicht nur um diesen jungen Mann. Wie viele sind Single! Wie viele sind selbst in der Ehe einsam! In wie vielen Ehen wird nicht mehr oder nur noch wenig gesprochen!

Und wo sind die Menschen, die helfen? Die seelsorgerlich da sind und sie begleiten?

»Lass dir wohl gefallen die Rede meines Mundes und das Gespräch meines Herzens vor dir, Herr.« (Psalm 19,15)

Februar

1. Februar

Zwischen mir und dir

Wenn zwei gemeinsam mit der Sünde des einen vor Gott treten, dann kommen auch sie sich immer nahe. Es hat einer gesagt: »Ein Nahekommen ist auch immer ein *Zu-nahe-treten*,« und deshalb kann es beim seelsorgerlichen Gespräch nicht anders sein als bei Jonathan, der zu seinem Freund David sagte: »Der Herr stehe zwischen mir und dir.« (1. Samuel 20,42).

Damit wird sowohl vermieden, dass Sympathie oder Antipathie das seelsorgerliche Gespräch bestimmen, als auch, dass der Seelsorger den anderen an sich bindet und nicht mehr loslassen kann. Ich habe in der Seelsorge immer einen Tisch zwischen mir und meinem Gegenüber. Ich möchte vermeiden, dass man sich zu nahe kommt. Wenn dann noch Mann und Frau zusammen sind, ist der Tisch in der Mitte ein »Muss«. Aber es geht ja noch besser: Christus muss in die Mitte!

Wie man das macht, dass Christus dazwischen steht? So wie eine gläubige Psychotherapeutin zu mir sagte: »Im Gespräch habe ich ein Ohr bei meinem Herrn und ein Ohr bei meinem Gegenüber.«

»Der Herr stehe zwischen mir und dir.« (1. Samuel 20,42)

2. Februar

Ein Bischof als Sünder

Ich bin weit gefahren, um bei ihm in die Seelsorge zu kommen. Er war ein gestandener Mann, ein Bischof so recht von Gottes Gnaden. Als wir alles besprochen hatten, was zu besprechen war, wollten wir zusammen beten. Er kniete sich hin, ich kniete mich daneben. Und dann fing er an zu beten: »Herr, wir armen Sünder kommen zu dir.« Das überraschte mich. Ich war doch der Sünder, und ich wollte die Vergebung der Sünden. Und nun sagte dieser Bischof, dass er auch ein Sünder sei. Mannomann!

Diese Situation hat sich in mir festgefressen. Von da an war mir vollkommen klar: Ich bin solidarisch mit dem, der zu mir kommt, der vor Jesus treten will. Und das zu Recht. Ich erinnerte mich dann an ein Wort, das Klaus Vollmer einmal gesagt hatte: »Ich habe in der Beichte noch von keiner Sünde gehört, die ich nicht auch getan hätte oder hätte tun können.«

Was ist Jesus für ein wunderbarer Herr, dass zwei Sünder vor ihn treten dürfen und dann der eine dem anderen im Namen von Jesus die Sünden vergeben darf.

»Wenn wir aber unsre Sünden bekennen, so ist er treu und gerecht, dass er uns die Sünden vergibt und reinigt uns von aller Ungerechtigkeit.« (1. Johannes 1,9)

3. Februar

Nacharbeit

Wir haben gearbeitet, wirklich gearbeitet: Eine Woche Großevangelisation ProChrist lag hinter uns. Jeden Abend waren ca. 4000 bis 6000 Menschen da. Und dann erlebten wir das Wunder, dass sich Menschen bekehrten und ein neues Leben begannen. Hoffentlich haben wir es ihnen richtig zeigen können, dass wir uns um sie bemüht haben. Hoffentlich haben sie sich verstanden gefühlt, erwartet, erbetet, geliebt und angenommen. Sie haben Freunde gefunden und bringen wieder Freunde mit an diesen wunderbaren Ort, der Gemeinde heißt. Sie wachsen im Glauben und die Gemeinde wächst im Glauben und an der Zahl.

Manchmal läuft das so. Manchmal aber auch nicht. Der fleißigste Nacharbeiter ist der Teufel, und seine beste Zeit hat er nach evangelistischen Aktionen. Aber es ist nicht alles seine Schuld. Nicht umsonst weist Billy Graham darauf hin, dass fünf Prozent Anstrengung dazugehören, Menschen zu Jesus Christus zu führen, und 95 Prozent, um sie bei Jesus Christus zu halten. Vieles an Verlusten ist hausgemacht. Und zwar dann, wenn Christen Evangelisationen als Farbtupfer in der kirchlichen Landschaft missbrauchen oder um der

Gemeinde einen neuen Kick zu geben. Da geht es nur um Gemeindeegoismus und nicht um die Menschen.

»Als das die Heiden hörten, wurden sie froh und priesen das Wort des Herrn, und alle wurden gläubig.« (Apostelgeschichte 13,48)

4. Februar

Und dann?

Nach der Evangelisation saßen wir zusammen. Ein Berg von Entscheidungskarten lag vor uns mit den Namen und Adressen der Leute. Wir waren ca. 25 Gemeinden, die die Evangelisation mit verantwortet hatten, und nun galt es, die neuen Leute aufzuteilen, damit sich jede Gemeinde um sie kümmern konnte. Wir haben uns einmütig darum gemüht und auch einmütige Lösungen gefunden. Das ist nicht selbstverständlich. Der Segen Gottes war spürbar. In Einheit und Einmütigkeit haben wir die Neubekehrten so weiter vermittelt, dass optimal für sie gesorgt werden konnte. Und das Wohl und Heil der Neubekehrten ist doch das einzige Kriterium. Gerecht muss es zugehen – ja. Aber wie viel unerkannter Segen liegt in der Einheit?

Die Testfrage nach dem Erfolg einer Evangelisation lautet nicht, wie viele Leute nach vorne gegangen sind oder die Hand hochgehoben oder sonst auf irgendeine andere Weise bekundet haben, hinfort ihr Leben mit Jesus Christus zu leben. Die Testfrage heißt einzig und allein: Was ist ein Jahr später? Wo sind die Neubekehrten? Haben sie bereits Schritte im Glauben getan und haben sie eine Gemeinde gefunden, die sie ihr Zuhause nennen können?

»Und an diesem Tage wurden hinzugefügt etwa dreitausend Menschen.« (Apostelgeschichte 2,41)

5. Februar

Babys im Glauben

Das habe ich mir auch nicht träumen lassen, als ich mich entschied, Pastor zu werden, dass ich einmal einen geistlichen Kinderhort leiten müsste. Denn eine Gemeinde muss das bieten. Nach Aussagen der Heiligen Schrift sind Menschen, die zum Glauben gekommen sind, »Babys im Glauben«. Und deshalb muss eine Gemeinde bereit sein, ihnen die Windeln zu wechseln, auf ihr noch nicht artikuliertes Schreien hin zu reagieren und ihnen geistliche Nahrung zu geben, sie muss ihnen helfen, ihre Probleme zu klären, und sie sollte sie in die Nachfolge von Jesus führen. Aber die Entscheidung für diesen Betreuungsdienst an den Neubekehrten muss lange vor den evangelistischen Veranstaltungen fallen. Wer nicht bereit ist, Babys im Glauben zu zeugen und sie zu hegen und zu pflegen, sollte auf evangelistische Aktionen verzichten. Es ist schlicht ein Verbrechen, Menschen geistlich zum Leben zu bringen und sie dann unversorgt liegen zu lassen.

Aber es geht nicht nur um Betreuung. Unter den Babys dieser Welt haben nur die geistlichen Säuglinge das Talent, kräftig und überzeugend mitzuarbeiten. Mehr noch, sie können selbst schon wieder geistliche Kinder zeugen. Ein Wunder. Natürlich. Aber damit rechnen wir.

»Gelobt sei Gott der Herr, der Gott Israels, der allein Wunder tut.« (Psalm 72,18)

6. Februar

Kirchgang lässt länger leben

Ein Werbefachmann sagte mir: »Wenn ich das alles verkaufen könnte, was die Kirche hat, das wäre das Geschäft meines Lebens.« Ich habe natürlich auch die anderen im Ohr, die sagen: »Kirche, das ist Lustverzicht, Opfer und Dienst. Das heißt immer fromm in die

Kirche dackeln. Das ist muffig, kleinbürgerlich und spießig, nur etwas für Alte. Wenn ich einmal in Rente bin, dann beschäftige ich mich vielleicht damit.«

Diesen Satz habe ich oft gehört. Inzwischen habe ich viele in Rente gehen sehen, aber nicht einen einzigen, der, nur weil er älter wurde, anfing, sich mit dem christlichen Glauben zu beschäftigen. Im Gegenteil.

Niemand tut etwas, wovon er nichts hat. Wenn einer also Christ ist, muss irgendetwas dabei herauskommen. Einige Dinge dazu sind inzwischen wissenschaftlich untersucht. Das war vor einiger Zeit sogar in der Zeitschrift *Hörzu* zu lesen: »Kirchgang lässt länger leben.« Nicht einmal das private Beten und Bibellesen zu Hause ersetzt den Kirchgang. Also gehen in die Kirche nur Heuchler? Ganz falsch. In die Kirche gehen die Leute, die länger und gesünder leben wollen.

»Freut euch an jenem Tage und springt vor Freude, denn siehe, euer Lohn ist groß im Himmel.« (Lukas 6,23)

7. Februar

Ein Fundament, das trägt

Irgendwo in Norddeutschland hatten sie ein Rathaus gebaut. Es war wunderschön. Und dann gab es auf einmal einen sehr beschleunigten Auszug. Die Fundamente stimmten nicht. Der ganze Kasten musste wieder abgerissen werden. Die Basis war nicht in Ordnung.

Solange es gut geht, mag man über vieles hinwegsehen. Da zeigen sich keine Risse im Gebäude. Man merkt gar nicht, wie schlecht man gebaut hat. Und das ist ein Problem für uns. Genau genommen geht es uns immer noch sehr gut. Aber wie wir eigentlich gebaut haben, was die Basis unseres Lebens ist, darauf haben wir nicht geachtet. Und dann kommen wie aus heiterem Himmel die Katastrophen. Alles bricht zusammen. Die Kinder sind weg, die Ehen brechen auseinander. Leiden ist nicht im Lebenskonzept vorgesehen. Krankheit und Tod schon gar nicht. Und dann die Finanzen. Alles, was Halt gegeben hat, ist fort. Worauf gründen wir uns eigentlich? Stimmt das Fundament? Hält es bis in die Ewigkeit?

»So seid ihr nun nicht mehr Gäste und Fremdlinge,
sondern Mitbürger der Heiligen und Gottes Hausgenossen,
erbaut auf den Grund der Apostel und Propheten,
da Jesus Christus der Eckstein ist.« (Epheser 2,19–20)

8. Februar

In der Wüste ertrinken?

Jesus hat im Orient gelebt, wo über lange, sehr lange Zeit nach unseren Maßstäben bestes und schönstes Wetter ist. Man kann bauen, ohne daran zu denken, dass irgendwann die Stürme kommen und die Wasserbäche vom Himmel herabstürzen. Wenn man dann gerade in der Wüste ist, die Wadis auf einmal voller Wasser sind und die Wasserfront auf einen zugerast kommt, kann man ertrinken. Das passiert immer wieder.

Ich erinnere mich an eine Busfahrt am Toten Meer. Da gab der Busfahrer auf einmal Gas und sah zu, dass er an dem Ausfluss des Wadis ins Tote Meer vorbeikam. Denn dort würde innerhalb kürzester Zeit so viel Wasser herabkommen, dass man nicht mehr hätte hindurch kommen können, sondern hätte stehen bleiben müssen und abwarten, bis das Wasser wieder gesunken wäre.

Jesus will nicht, dass unser Leben ins Schwimmen gerät. Er will, dass wir einen festen Boden unter den Füßen haben. Und deshalb erzählte er in einem Gleichnis von einem klugen Mann, der sein Haus auf Felsen baute, und von einem törichten, der sein Haus auf Sand setzte. Und dann kam es, wie es kommen musste: Das Haus auf Sand stürzte ein, das andere nicht.

Wenn die Lebensstürme toben und wenn die Wasser der Not an den Fundamenten nagen, was bleibt da bei uns bestehen? Christen haben auf Jesus gebaut. In ihm wird das Gebäude unseres Lebens verankert und hält bis in die Ewigkeit. Und je stärker wir mit Jesus verbunden sind, desto sicherer sind wir.

»Darum, wer diese meine Rede hört und tut sie, der gleicht einem klugen Mann, der sein Haus auf den Fels baute.« (Matthäus 7,24)

9. Februar

»Sei seggt jümmers von Jesus«

Ein Pastor erzählte mir von seinen Erinnerungen an seine erste Pfarrstelle in Norddeutschland: Er hatte eine missionarische Jugendarbeit begonnen, und die Jugendlichen ließen sich ansprechen. Nur unter den Erwachsenen in der Gemeinde wollte Gottes Wort nichts ausrichten. Im Gottesdienst saßen meistens zehn alte Damen und hörten geduldig zu, wie sie es immer getan hatten. Eines Sonntags ging eine alte Frau traurig am Pastor vorbei und er fragte sie, ob ihr irgendetwas nicht gefallen habe. Auf Plattdeutsch sagte sie: »De annern Pasters hebt jümmers seggt, wie möten fliedig to Karken gon und enmal int Jahr ton Obendmohl, und se seggt jümmers von Jesus.« (»Die anderen Pastoren haben immer gesagt, wir müssen fleißig zur Kirche gehen und einmal im Jahr zum Abendmahl, und Sie reden immer von Jesus.«) Was für ein Kompliment!

Das Fundament heißt Jesus Christus. Er ist eine Person, und damit wird automatisch klar, dass das Fundament unseres Lebens nicht aus Äußerlichkeiten besteht, sondern aus der Beziehung zu einer Person. Das kennen wir doch. Ein schön eingerichtetes Haus bewirkt keine glückliche Ehe. Es kann hilfreich sein. Aber Glück entsteht nur von Herz zu Herz.

»Wir können's ja nicht lassen, von dem zu reden, was wir gesehen und gehört haben.« (Apostelgeschichte 4,20)

10. Februar

Panzer

Es schneite und schneite und schneite. Der Schnee blieb liegen. Die Straße war voller Schnee, immer mehr Schnee fiel. Zum Schluss lag er 25 cm hoch, und das ist ja bei uns in Norddeutschland schon etwas außergewöhnlich. Es schneite immer weiter, und gleich sollte doch die Hochzeit sein. Was sollten wir nur machen? Durch den neu gefallenen Schnee kam kein Auto mehr durch. Ich erinnerte mich: Hier in der Nähe war doch eine Kaserne, eine Panzergrenadier-Kaserne. Die müssten doch eigentlich mal einen Panzer vorbeischicken können, um den Schnee festzufahren. Gesagt, getan. Ich telefonierte mit den Verantwortlichen und sagte: »Es ist ein Notfall, ein dringender Notfall! Ihr müsst unbedingt einen Panzer schicken.«

Auf einmal ertönte am Ende der Straße ein lautes Getöse. Der Panzer kam! Und dann ratterte er durch unsere Straße. Der Schnee wurde festgefahren. Dahinter kamen die Autos der Hochzeitsgäste, eins nach dem anderen, etwas schlingernd, etwas zögerlich, manchmal mit durchdrehenden Rädern. Aber sie kamen alle an der Kirche an, die Hochzeit konnte stattfinden.

Inzwischen sind die beiden schon lange kein Paar mehr, und ich frage mich manchmal insgeheim, was wohl gewesen wäre, wenn ich damals nicht den Panzer bestellt hätte.

Die Bibel redet auch vom Panzer, vom Panzer der Gerechtigkeit. Der wälzt nicht einfach Schnee platt. Der schützt uns für unser Glaubensleben.

»So steht nun (…) angetan mit dem Panzer der Gerechtigkeit.«
(Epheser 6,14)

11. Februar

Raus mit ihm!

Hinter uns wurde zugeschlossen. Wir waren im Knast. Unser studentischer Arbeitskreis für Gefängnismission war wieder auf dem Weg in die einzelnen Zellen. Dem Direktor sei Dank, der das erlaubt hatte. Aber was hatten wir schon zu bringen? Ich begann gerade mein Studium und war noch ganz grün hinter den Ohren. Der Erste, den wir in seiner Zelle besuchten, ging an Krücken; er war ein alter Mann, ein Sittlichkeitsverbrecher und Kinderschänder, aber auch ein freundlicher alter Herr. In der nächsten Zelle trafen wir auf einen Zeugen Jehovas; er saß im Gefängnis, weil er den Wehr- und Zivildienst verweigert hatte. In der dritten Zelle trafen wir auf einen ehemaligen SS-Mann, der auf seinen Prozess wartete. Alle waren freundlich und sehr nett. In den Gesprächen sagten diese drei übereinstimmend: »Ich bin doch kein Verbrecher.« Ohne Eingeständnis der Schuld wird das Evangelium nichts erreichen können.

Mich erinnert das an den »Alten Fritz«. Der Preußenkönig war zu Besuch in einem Gefängnis. Einer nach dem anderen erzählte ihm, er sei unschuldig: »Ich bin doch kein Verbrecher.« Bis er dann endlich auf einen stieß, der sagte: »Ich sitze zu Recht hier, denn ich habe das und das getan und dafür muss ich büßen.« Daraufhin ordnete der Alte Fritz kurzerhand an: »Raus mit ihm. Was hat er mit diesen ehrbaren Menschen zu tun?«

»*Das Blut Jesu macht uns rein von aller Sünde.*« (1. Johannes 1,7)

12. Februar

Kanaanäisch

»Musst du noch einen Sprachkurs in Kanaanäisch machen?«, fragte ich mich heimlich, als ich in diese Gemeinde kam. Da wurde von allen Beteiligten in einer Sprache gesprochen, die wir heute nicht mehr kennen. Die Ausdrücke waren mindestens sechzig Jahre alt.

Dietrich Bonhoeffer hat davon gesprochen, dass wir »weltlich« von Gott reden müssen. Das heißt, wir müssen es lernen, unseren Glauben so auszudrücken, dass jeder uns verstehen kann. Natürlich sind manche Kernworte des Glaubens nicht ersetzbar. Und das gilt besonders in einer Zeit, in der nicht einmal das Wort Gottes jedem bekannt ist. Neubekehrte sind deshalb eine Wohltat für jede Gemeinde und jeden Hauskreis. Dann kann Glaube keine Fremdsprache werden.

Aus Neubekehrten werden ganz schnell Altbekehrte. Man kann nicht ewig Baby bleiben. Was sie dann weitergeben, haben sie selbst erlebt. Hoffentlich ist es dann die Erfahrung, dass man sich von Jesus hat retten lassen und seinen Platz in seiner Gemeinde gefunden hat. Den einen Platz, den Jesus schon lange für einen vorbereitet und frei gehalten hat.

»Eine Sprache höre ich, die ich bisher nicht kannte.« (Psalm 81,6)

13. Februar

»Ich habe mich nicht wohlgefühlt«

Ein erfolgreicher Geschäftsmann, der seit einiger Zeit zu unserer Gemeinde gehörte, sagte mir einmal in einem Gespräch: »Früher traute ich mich nicht, meine Geschäftspartner in einen Gottesdienst mitzubringen.« Schrecklich, wenn die Gemeinde so eingefahren und festgefahren ist, dass Neue nur stören. Wenn einer kommt und feststellt: »Neue unerwünscht. Hier kommt keiner rein«, dann geht er gleich wieder weg und denkt: »Da habe ich mich nicht wohlgefühlt.«

Das kann sich noch intensiver zuspitzen, wenn es nicht nur um die große Gemeinde geht, sondern um kleine Kreise, Hauskreise zum Beispiel. Sind diese Kreise offen für Neubekehrte oder stören die nur? Gut, es kann Phasen in einem Hauskreis geben, in denen ein neues Mitglied einen ganz wichtigen Prozess unterbricht. Aber grundsätzlich sollten alle Hauskreise offen sein für Neubekehrte. Haben wir es in der Gemeinde mit einem »Kuschelklub der Erretteten« zu tun oder ist die Freude groß über alle, die dazukommen?

Natürlich wird vieles anders, wenn ein Neuer in einen Kreis kommt. Vorbei ist es mit dem zufriedenen Haufen, der sich selbst genug war. Alles wird neu aufgemischt bis hin zum Gruppen- und Machtgefüge. Aber es ist für einen Kreis auch die einzige Chance, dass aus der »Verkreisung« nicht die Vergreisung wird, bei der man schon längst die Haare am Haupt des Nachbarn gezählt hat.

»Wohl dem Menschen, der Weisheit erlangt, und dem Menschen, der Einsicht gewinnt.« (Sprüche 3,13)

14. Februar

Der alltägliche Gottesdienst

Eine junge Frau stand vor mir und sagte ganz entschieden: »Nein, das kann ich nicht.« Ich rätselte ein klein wenig, was sie jetzt gemeint hatte. Aber da fuhr sie zum Glück schon fort: »Nein ich kann nicht Gottes Wort weitergeben. Ich nicht. Sie müssen das können. Sie haben das studiert.« Ja, das habe ich, aber bestimmt nicht das, wovon sie jetzt redet.

Gottes Liebe soll in die Welt. Und das sollen die tun, die seine Liebe erfahren haben. Wer sie nicht erfahren hat, kann sie auch nicht weitergeben. Logisch. Jeder, der Gottes Liebe in Anspruch genommen hat, ist jetzt gefragt. Nicht nur die Pastoren, die davon reden. Jesus ist ja am Kreuz nicht nur für die Pastoren gestorben. Gott sei Dank! Er ist für alle, für die ganze Welt gestorben. Aber es gibt noch so unglaublich viele, die davon nichts wissen oder nur ein verzerrtes Wissen haben, die aber in jedem Fall noch keinerlei Erfahrung mit Gottes Liebe haben.

Und dann wird alles, was Christen tun, zu einem Gottesdienst. Die Hausfrau am Herd, der Schüler in der Schule, der Sachbearbeiter im Büro. Alles ist ein Dienst für Gott. In allem soll die Liebe Gottes sichtbar werden können. Ob jemand dem Kind die Windeln wechselt oder der Pastor vor dem Altar steht – immer soll spürbar werden, dass hier einer ist, den Gott zurecht liebt.

»Ein reiner und unbefleckter Gottesdienst vor Gott, dem Vater, ist der: die Waisen und Witwen in ihrer Trübsal besuchen und sich selbst von der Welt unbefleckt halten.« (Jakobus 1,27)

15. Februar

Wo ist Jesus?

Abkündigung in einem Gemeindeblatt: Am kommenden Sonntag, 10 Uhr, Gottesdienst, Thema der Predigt: »Jesus geht über das Wasser«. Am kommenden Montag, 20 Uhr, Bibelstunde, Thema: »Auf der Suche nach Jesus«.

Ist die Bibelstunde die Fortsetzung der Predigt oder hat hier nur irgendjemand seinem nicht ganz anwesenden Geist die Formulierung überlassen? Ich weiß es nicht. Aber ich weiß sicher, dass Jesus nicht untergegangen ist, als er über das Wasser ging. Dass er damals zu finden war und heute zu finden ist. Denn er lebt, er ist auferstanden.

Wer ihn ernsthaft sucht, wird ihn finden, auch wenn es länger dauert. Es war schon immer etwas teurer, nach Öl zu bohren. Nur oben an der Oberfläche zu kratzen reichte da nicht aus.

»Suchet, so werdet ihr finden.« (Matthäus 7,7)

16. Februar

Fünf Männer hast du gehabt

Da gab es eine liebe, alte Tante, sie hieß Tante Erna. Die war so richtig »von altem Schrot und Korn«. Tante Erna ging zur Post, um ein heute nur noch selten gebrauchtes Instrument, ein Telegramm, aufzugeben, denn ihre Nichte hatte Hochzeit. Tante Erna kannte noch die Bibel. Und um Geld zu sparen, gab sie im Telegramm nicht den ganzen Bibelvers an, nämlich: »Furcht ist nicht in der Liebe, sondern die vollkommene Liebe treibt die Furcht aus.« Stattdessen sagte sie der Postbeamtin nur die Bibelstelle: 1. Johannes 4,18. Wie es nun heute so ist, das

Fräulein vom Amt war nicht so bibelfest. Sie schrieb nicht: 1. Johannes 4,18, sondern ließ vorne die Eins weg und notierte nur: Johannes 4,18.

Nun kam das Telegramm bei der Hochzeitsgesellschaft an. Die Braut öffnete es. Neben ihr stand ihr Mann. Sie las vor, was Tante Erna ihr zur Hochzeit geschrieben hatte. Johannes 4,18: »Fünf Männer hast du gehabt, und der, den du jetzt hast, ist nicht dein Mann.« Tja, so kann es gehen. Wie peinlich! Und das alles nur, weil eine einzige Ziffer in der Bibelstelle weggefallen ist.

Die Bibel lehrt uns, aufs »Jota« zu gucken. Dieses »Jota« kann wie im obigen Fall ein klitzekleines Häkchen sein und lehrt uns: nichts weglassen, alles genau lesen und sich zu Herzen nehmen. So sind Christen: Sie nehmen Gottes Wort beim Wort. Und das ist ihnen Anlass zur Freude und zur Traurigkeit über sich selbst.

»Furcht ist nicht in der Liebe, sondern die vollkommene Liebe treibt die Furcht aus.« (1. Johannes 4,18)

17. Februar

Tausendfüßler

Paar für Paar laufen die Tiere zur Arche Noah. Plötzlich geht es nicht mehr weiter. Da sagt die Maus zur Giraffe: »Schau doch mal nach, was da vorne los ist!« Die Giraffe reckt den Hals vor und meint mit einem Seufzer: »Das kann noch lange dauern. Die Tausendfüßler ziehen sich ihre Hauspantoffeln an.«

Den Stau nehme ich gerne in Kauf. Hauptsache, man ist »drin in der Arche«. Drinnen in der Arche wird man gerettet. Draußen geht man unter. Aber wer oder was ist denn eigentlich unsere Arche? Gott hat uns eine wunderbare »Arche« geschenkt, die uns rettet: Jesus Christus. Wir müssen uns nur auf den Weg zu ihm machen.

»So wurde vertilgt alles, was auf dem Erdboden war, vom Menschen an bis hin zum Vieh und zum Gewürm und zu den Vögeln unter dem Himmel (…). Allein Noah blieb übrig und was mit ihm in der Arche war.« (1. Mose 7,23)

18. Februar

Schadenfreude

Der Chef bekommt einen Wutanfall und macht Herrn Müller zur Schnecke. Dieser gerät in Rage und macht daraufhin zu Hause seine Frau zur Minna. Frau Müller ist außer sich und langt Sohn Axel eine. Axel kocht vor Zorn und tritt Harro, den Hund. Harro jault auf, rennt raus und beißt den Nächsten, der vorbeikommt. Es ist der Chef von Herrn Müller.

Die Geschichte ist nett und mancher lacht da auf. Es ist die Schadenfreude, die daraus spricht. Wer mit Gott in Berührung kommt, kann so nicht mehr lachen. Plötzlich merke ich: Ich stecke in dieser Geschichte ja selbst mit drin. Ich bin ja selbst so aggressiv, werde ja selbst an anderen schuldig. Ich gebe ja selbst die Schuld weiter, die andere an mir verübt haben. Ich bin ja nicht so, wie Gott mich haben will. Ich liebe meinen Nächsten nicht. Ich liebe auch Gott nicht. So bin ich?

Und da beginne ich zu ahnen, wie Gott ist und wie wenig wir zusammenpassen. Und aus dieser Selbsterkenntnis folgt das Gebet: »Herr Jesus, vergib mir. Nimm alle Schuld weg, die mich belastet. Mach du mich ganz neu.«

»Selig sind die, denen die Ungerechtigkeiten vergeben sind.«
(Römer 4,7)

19. Februar

Hat Jesus gelacht?

Ich weiß es nicht. Aber warum eigentlich nicht? Die Wahrscheinlichkeit spricht eher dafür als dagegen. Jesus bringt eine Frohbotschaft und keine Drohbotschaft. Er will den Leuten helfen. Er weiß ja, dass uns oft eher zum Weinen als zum Lachen zumute ist, und deshalb überspielt er nicht einfach Leid und Elend, geht nicht vorüber an unseren Sorgen. Und wenn Jesus gelacht hat, dann kam dieses Lachen aus der Freude Gottes an den Menschen. Kaum vorstellbar, aber Gott freut sich. Er steht nicht da wie der Oberlehrer mit erhobenem Zeigefinger. Er ist auch nicht ein Polizist, der immer nur bestrafen will. Er liebt uns. Deshalb hat Jesus bestimmt nicht von oben herab gelächelt. Es war auch kein schadenfrohes, kein rechthaberisches Lachen nach dem Motto: »Hab ich es euch nicht immer schon gesagt?« Es war auch kein überhebliches Gelächter.

Es war die Freude darüber, dass Gott alles zum Besten wenden will und auch wird.

»Selig seid ihr, die ihr jetzt weint; denn ihr werdet lachen.«
(Lukas 6,21)

20. Februar

Freude im Himmel

Zwei junge Leute sitzen vor dem Beginn eines Bibelabends zusammen und unterhalten sich. Einer erzählt aus seiner Familie: »Seit unsere Großmutter ein Hörgerät besitzt, hat sie ihr Testament schon dreimal geändert.«

Ist Gott ebenfalls so? Buchstabieren wir Gott so: »Guter Opa total taub«? Natürlich weiß Gott alles über unser Leben. Alles. Und was wir im Supermarkt des Lebens in den Einkaufswagen hineingelegt haben, müssen wir an der Kasse bezahlen. Die Kasse ist das Gericht. Aber wie viel ist noch im Wagen, wenn vorher Vergebung in Anspruch genommen wurde?

Da kommt Freude auf, Freude im Himmel. Ein winziges Menschlein innerhalb dieses großen Kosmos auf dem blauen Planeten Erde bittet unter einer unübersehbaren Menge von Menschen um Vergebung und lädt Jesus Christus ein, Herr seines Lebens zu werden. Wer das miterlebt, der freut sich mit.

»So, sage ich euch, wird Freude sein vor den Engeln Gottes über einen Sünder, der Buße tut.« (Lukas 15,10)

21. Februar

Freude im Gottesdienst

Er war 34 und eigentlich ganz erfolgreich, aber er hatte ein Problem: Depressionen. Irgendwann tauchte er bei uns im Gottesdienst auf, mit herabhängenden Mundwinkeln. Man sah ihm von Ferne schon seine Krankheit an. Irgendetwas in diesem Gottesdienst musste ihn fasziniert haben. Er fühlte sich offensichtlich angezogen und war am nächsten Sonntag wieder da. Und von da an im Grunde jeden Sonntag. Dann entdeckte er Jesus, die Kraftquelle für das Leben! Seitdem ist er seine Depressionen zwar nicht los, er kämpft immer noch damit. Aber er hat eine neue Dimension kennengelernt: die Dimension Gottes. Damit hat er etwas bekommen, worüber er sich freuen kann.

Da, wo man Gott die Ehre gibt, wird man überschüttet von ihm, von seiner Freude, seiner Gegenwart. Da kommt Freude auf! So sollten Gottesdienste sein. Auf dem Nachhauseweg pfeift man noch fröhlich das letzte Lied und hat das Gefühl: Ich verpasse etwas, wenn ich nicht dabei bin.

»Vor dir ist Freude die Fülle.« (Psalm 16,11)

22. Februar

Die Zahl 40

Ca. 70 Tage vor Ostern beginnt die Passionszeit, nämlich am Sonntag Septuagesimä. Man nennt diesen ersten Teil auch Vorfastenzeit. Die Passionszeit im engeren Sinn beginnt mit dem Aschermittwoch. Von da an sind es noch knapp 40 Tage bis Ostern.

Die Zahl 40 spielt in der Bibel eine große Rolle. Darum übernahm die Kirche diese Zahl auch oft in ihren Kalender für das Kirchenjahr: 40 Tage dauert die Fastenzeit, 40 Tage dauert die Osterzeit bis Himmelfahrt. Die Zahl 40 gilt als Zahl der Fülle, des Gerichts und der Vorbereitung: 40 Tage regnete es bei der Sintflut,

40 Tage war Mose auf dem Berg Horeb, 40 Jahre zog Israel durch die Wüste, 40 Tage wanderte Elia zum Horeb, 40 Tage dauerte die Bußzeit in Ninive, 40 Tage fastete Jesus in der Wüste. Und – ganz nebenher – auch die DDR gab es 40 Jahre. Dann war Gottes Datum erfüllt und die DDR verschwand.

Eine heilige Zahl, eine heilige Zeit. Nutzen wir sie!

»Jesus ließ sich sehen unter ihnen vierzig Tage lang und redete mit ihnen vom Reich Gottes.« (Apostelgeschichte 1,3)

23. Februar

Jeder hört verschieden

Ich ahnte es schon während der Predigt. Und so kam es dann auch prompt: Der eine ging fröhlich davon, ihn hatte Gottes Wort getröstet; die andere hatte Gottes Wort erschreckt, und sie war verzweifelt. Wer dazu neigt, alles unter dem Aspekt des ewigen Gerichts zu sehen, der wird das Tröstliche einfach übersehen. Und wie viele Christen tun sich schwer mit sich selbst. Sie wissen genau: Ich bin ja nicht so, wie ich sein sollte. Ich möchte gern ein besserer Christ sein. Ich möchte gern besser glauben. Ich möchte mich gerne besser einsetzen können für Jesus und die Menschen. Ich stehe mir selbst oft im Weg mit meinen Zweifeln, mit meiner Verzagtheit, mit meiner Schwäche.

Aber es kommt für unsere Rettung nicht darauf an, was wir leisten. Wir sind durch Jesus gerettet. Da kann man ein unmöglicher Typ sein und im Glauben vor sich selbst nicht bestehen. Aber vor Jesus bestehen wir, weil er uns rettet. Und wenn uns mal wieder jemand fragt: »Und du willst Christ sein?« Dann können wir füreinander antworten: »Nun stell dir bloß mal vor, der wäre kein Christ.«

Jesus nimmt uns so, wie wir sind. Mit unseren Genen, mit unserem Charakter. Wir sind nicht alle geistliche Wonneproppen, die von Haus aus nur strahlende Glaubenshelden sind. Wir könnten doch viel mehr erzählen von unseren Schwächen. Aber Jesus nimmt uns so, wie wir sind. Und dann wird er uns behutsam verändern.

»*Ist Gott für uns, wer kann wider uns sein?*« (Römer 8,31)

24. Februar

Die Zaubernuss

Wir zogen um, nach 35 Jahren im Pfarrhaus. Jetzt hatten wir 30 Quadratmeter weniger, keinen Keller und keinen Dachboden. In unserem alten Garten stand ein Feigenbaum, eine echte, übergroße Feige in Norddeutschland. Jedes Jahr hatten wir von ihr leckere Feigen bekommen. Und wie schön war es, wenn dann die Winterlinge und die Hortensien und die Zaubernuss, die immer im Februar, also oft im Schnee, zu blühen anfing. Ein Wunder, so sah das aus. Aber jetzt hieß es Abschied nehmen.

Mit Tränen in den Augen zogen wir ins neue Haus. Das hatte auch einen Garten, war aber von den Vorgängern ganz anders angelegt. Wir zogen im August um. Der Herbst kam und ging, dann war Weihnachten, bald Februar. Auf einmal stürmte meine Frau Marieluise ins Wohnzimmer: »Wir haben wieder eine Zaubernuss! Schau mal, sie blüht! Super toll!« Sie war hin und weg und hatte vor Freude schon wieder Tränen in den Augen. Die Zaubernuss blühte rot, nicht gelb, aber sie blühte. »Siehst du«, sagte ich, »so sorgt Gott für seine Leute. Vor ca. 20 Jahren ist sie gepflanzt worden. Da hat Gott schon genau gewusst, dass Marieluise Bierbaum sich darüber einmal sehr, sehr freuen würde!«

»*Trachtet zuerst nach dem Reich Gottes und nach seiner Gerechtigkeit, so wird euch das alles zufallen.*« (Matthäus 6,33)

25. Februar

Bruch

»Mast- und Schotbruch«, rief mir einer hinterher, als ich zum Segeln ging. Ich dachte: »Was ist denn das für ein Wunsch?« Und ganz offensichtlich auch noch ein freundlich gemeinter Wunsch. Das klang wie »Hals- und Beinbruch«. Kann man jemandem wünschen, dass er sich den Hals oder das Bein bricht?

Jiddisch müsste man können. *Bruch*, das stammt von dem jiddischen Wort *Beruch* und heißt »gesegnet«. Es waren also durchaus fromme Wünsche, die mich da begleitet haben: Mast und Schot seien gesegnet. Oder auch unser Hals oder Bein seien gesegnet.

Manchmal wünschten mir Leute zu Silvester »einen guten Rutsch«. Ich zuckte dann immer zusammen, bis ich herausfand, dass auch das aus dem Jiddischen kommt und »Einen gesegneten Neuanfang« bedeutet. Da kann ich nur sagen: »Danke für die guten Wünsche, danke für die guten Segenswünsche.«

»Es segne uns Gott, unser Gott. Es segne uns Gott, und alle Welt fürchte ihn!« (Psalm 67,7–8)

26. Februar

Sand in den Ohren

Der Erzbischof Luwum, den Idi Amin in Uganda meuchelmörderisch umbringen ließ, erzählte einmal: »In meiner Gegend sammeln die Leute die Eier der wilden Perlhühner auf und legen sie den Haushennen zum Ausbrüten unter. Die Fremdlinge schlüpfen mit den anderen Küken aus und erreichen dieselbe Größe wie die Hühner, nur dass sie schwarz-weiß gekennzeichnet sind. Sobald sie aber etwas größer werden, folgen sie dem Lockruf anderer Perlhühner und rennen davon. Damit dies nicht geschieht, stopfen ihnen die Bauern Sand in die Ohren, damit ihnen die Trommelfelle zerplatzen und sie nicht mehr die Laute ihrer Artgenossen registrieren können.

Der Satan macht das ebenso. Er streut uns seinen Dreck in unsere Ohren und vernichtet unser geistliches Hörvermögen. So werden wir taub für die Botschaft von Jesus.«

»Mit hörenden Ohren hören sie nicht; und sie verstehen es nicht.« (Matthäus 13,13)

27. Februar

Authentisch leben

Wir hatten eine Evangelisation. Der Gemeindesaal war mit 250 Menschen überfüllt. Der Redner war gut, das Programm auch. Das Beiprogramm war heute besonders gut, denn heute kam eine Frau, die in einem Rollstuhl saß. Da wurde sie jeden Morgen hineingehoben, denn wenn der Kopf nach hinten fallen würde, dann hätte sie einen Genickbruch und wäre tot. Sie konnte nur noch reden, ihren Mund und zwei Finger bewegen. Mit denen malte sie uns schöne Spruchkarten und Plakate.

Jetzt wollte ich sie interviewen. Das heißt – ich hatte es vorher mit ihr abgesprochen –, ich würde sie über ihre Krankheit befragen. Da saß sie in ihrem Rollstuhl und guckte in die Menschenmenge hinein. Man hätte eine Stecknadel fallen hören können. Und dann sagte sie: »Ich bin lieber krank mit Jesus als gesund und ohne Jesus.« Es verschlug mir die Sprache. Ich, der Gesunde auf zwei Beinen, fragte die Frau im Rollstuhl und bekam so eine Antwort. Und ich hakte dann noch einmal nach: »Sagen Sie es doch bitte noch einmal. Ist Ihnen Jesus wichtiger als ihre Gesundheit?« Sie antwortete mit einem klaren und deutlichen »Ja« und wiederholte den Satz: »Ich bin lieber krank mit Jesus als gesund und ohne Jesus.«

Dieses Lebenszeugnis war echt. Authentisch. Wenn ich als Gesunder so etwas sagen würde, wäre das völlig egal! Aber sie in ihrem Rollstuhl, der für sie zum Segen wurde – was für ein Zeugnis!

»Ich will lieber die Tür hüten in meines Gottes Haus als wohnen in der Gottlosen Hütten.« (Psalm 84,11)

28. Februar

Autonom

»Ich glaube doch auch an Gott«, sagte sie mir. Als ich sie etwas ungläubig anschaute, spulte sie ihr Glaubensbekenntnis ab. »Ich gehe in die Natur und finde Gott dort am Meer, in den Bergen.« – »Warum soll Gott Sie denn in seinen Himmel lassen?« – »Ja, ich bin doch gut«, antwortete sie. »Und an ein Gericht glaube ich nicht.«

Die klassische Form der Allversöhnung: Jeder Mensch wird mit Gott irgendwann versöhnt. Jeder, auch Hitler und Stalin. Das ist die typische Volksreligion. Biblisch daran ist nichts. Außer dass der liebe Gott tatsächlich lieb ist. Aber er kann auch ganz gewaltig zornig sein. Viele haben Gott durch das kleine Wort »selbst« ersetzt. Aus der Gotteserfahrung wurde die Selbsterfahrung. Aus der Gotteserkenntnis die Selbsterkenntnis. Aus der Gottesverwirklichung die Selbstverwirklichung. Auf Griechisch heißt »selbst« *autos*. Ich bin also autonom. Ich sage, was Sache ist, und ich gebe die Maßstäbe vor – Autonomie.

Aber hat Gott dafür seinen Sohn sterben lassen? Ist er deshalb auferstanden, damit wir nur wir selbst sind und vielleicht ein paar andächtige Gedanken an irgendein Wesen im Weltall verschwenden? Nein, er hat uns so unglaublich lieb, um unser Selbst zu überwinden.

»Denn was ich jetzt lebe im Fleisch, das lebe ich im Glauben an den Sohn Gottes, der mich geliebt hat und sich selbst für mich dahingegeben.« (Galater 2,20)

29. Februar

»Da nich' für«!?

So sagt man in meiner bremischen Heimat. Wer diesen Ausspruch zum ersten Mal hört, ist etwas ratlos. Wofür nicht? Ich bin inzwischen klüger geworden. Wenn jemand »Danke« sagt und der Bedankte, ohne nachzudenken »Da nich' für« antwortet, ist das einfach eine freundliche Reaktion auf das »Danke«. Bei mir gibt es in der Regel eine Fortsetzung: »Da nich' für? Wofür denn?« Es dauert meistens, bis der Groschen fällt. Aber dann gibt es ein freundliches Gespräch.

»Da nich' für« kommt aus dem Französischen, als Bremen zur Zeit Napoleons zu Beginn des 19. Jahrhunderts unter französischer Besatzung stand. Man tat jemandem etwas Gutes und der sagte: »Merci« – »Danke«. Und ganz selbstverständlich bekam er zur Antwort: »Pas de quoi« – »Nicht der Rede wert.« Eingedeutscht wurde daraus »da nicht für« oder umgangssprachlich »da nich' für«.

Beim Christival 2008 haben wir eine offene Bühne an der Weser unter das Thema »Da nich' für« gestellt. Und dann haben wir versucht, die gute Nachricht von Jesus Christus bekannt zu machen. Denn Gott gönnt uns das ewige Leben und ein erfülltes Leben in der Zeit. Wir können darauf antworten: »Danke, Gott.« Und Gott sagt: »Da nich' für.«

»Wer Dank opfert, der preiset mich.« (Psalm 50,23)

März

Heinrich Kemner I

Wie viele Menschen sich schon bei Heinrich Kemner bekehrt hatten, wusste ich nicht. Aber als ich ihn auf der Jugendfreizeit in Ahlden reden hörte, da wusste ich auf einmal ganz genau: Jetzt bin ich gemeint. Da schlug mein Gewissen so gewaltig, dass mir klar wurde: Ich muss mit diesem Heinrich Kemner, diesem Pastor, einfach einmal sprechen. Leicht gedacht, schwer getan. Drei Tage bin ich um sein Haus herum geschlichen.

Am vierten Tag zitterte ich wahrscheinlich so stark, dass ich aus Versehen den Klingelknopf berührte. Es klingelte, sofort ging die Tür auf und Heinrich Kemner stand vor mir. Er guckte mich an und führte mich in das sogenannte »Schwarze Zimmer«, weil dort schon so viele Leute gewesen waren, die ihre Sünden gebeichtet hatten. Und dann konnte ich vor dem Herrn alles auspacken, was mich belastete, wo ich gesündigt hatte. Alles, einfach alles. Der Pastor legte mir die Hände auf und sprach mir die Vergebung der Sünden im Namen des dreieinigen Gottes zu. Dann durfte ich wieder gehen und dachte: »So, jetzt musst du aber fröhlich sein.« Dachte ich – war ich aber nicht. Auch am nächsten Tag nicht.

Ich ging dann noch einmal zu ihm. Er sagte zu mir: »Junge, du reflektierst zu viel.« Ich habe das Wort gar nicht verstanden. Nur das »zu viel«. Ich habe dann mein ganzes Leben, auch mein ganzes Denken in die Hand von Jesus gelegt und wusste: Wo er ist, da ist alles gut. So wird der Mensch heil.

»Wohl dem, dem die Übertretungen vergeben sind,
dem die Sünde bedeckt ist.« (Psalm 32,1)

2. März

Heinrich Kemner II

Noch nie war ich einem Pastor so nahe gekommen, so dicht. Ich konnte ihn anfassen, ich konnte ihm die Hand geben, ich konnte mit ihm reden, ich konnte mit ihm singen und beten. Und dann staunte ich: Das ist ja ein richtiger Mensch.

Auch Pastoren sind Menschen. Und Heinrich Kemner hatte ein unglaubliches Charisma, die Menschen zu Jesus zu rufen. Es war toll, ihm zuzuhören. Ich konnte ihm stundenlang zuhören, auch wenn ich die Geschichten, die er erzählte, schon kannte. Aber das machte nichts, sie kamen jedes Mal wieder neu von Herzen. Und der Ton, in dem er redete, war so normal, so gar nicht pastoral. »Mein lieber Scholli«, »mich laust der Affe« – das hatte ich vorher noch nie gehört, jedenfalls nicht von einer Kanzel. Aber diese Worte haben sich mir tief eingeprägt, denn ich dachte: »Wenn ein Pastor so reden kann, dann wäre das vielleicht ja auch was für mich.« So wurde zum ersten Mal der Gedanke in mein Herz gelegt, ich sollte vielleicht Pastor werden. Daran gedacht hatte ich noch nie. Ich wäre dann ja – und bin es ja auch geworden – der erste Pastor in der ganzen Familie.

Ganz so weit war es allerdings noch nicht. Da hatte der Heilige Geist noch eine Menge zu tun. Aber: Der Heilige Geist hat Zeit.

»Der Herr ist geduldig und von großer Kraft.« (Nahum 1,3)

3. März

Heinrich Kemner III

Der Heilige Geist musste erst einmal einige andere Berufsgedanken bei mir ausräumen. Eigentlich wollte ich Zahnarzt werden so wie ein Bekannter, der in kurzer Zeit zu beträchtlichem Reichtum gekommen war. Das hatte mir imponiert und ich hatte gesehen, dass es sich lohnt, in den Mündern der Menschen nach Gold zu bohren.

Aber dann kam ich zum Glauben an Jesus Christus und dachte: »Bloß um des Geldes willen, das ist ja auch nicht die richtige Motivation, dann werde ich doch lieber Missionsarzt.«

Dann las ich wieder in der Bibel. Ich hatte mir angewöhnt, täglich meine »Stille Zeit« zu machen, nachdem ich zum Glauben gekommen war. Und beim Lesen von Johannes 11 durchzuckte es mich gewaltig. Da wusste ich: »Jetzt bin ich gemeint, jetzt redet der Herr mit mir.« In dem Text ging es um die Auferweckung des Lazarus. Der war tot und lebte wieder und musste dann doch irgendwann sterben. Er lebt ja heute nicht mehr. Das war eine zeitliche Auferstehung.

Da sprach der Herr zu mir: »Du sollst Pastor werden. Du sollst Menschen retten für die Ewigkeit. Du sollst ihnen nicht nur als Arzt helfen, das Leben zu verlängern. Du sollst ihnen für die Ewigkeit helfen.« Und so bin ich Pastor geworden und würde es sofort wieder werden. Danke, Heinrich!

»Jesus rief mit lauter Stimme: Lazarus, komm heraus!
Und der Verstorbene kam heraus.« (Johannes 11,43–44)

4. März

Heinrich Kemner IV

Heinrich Kemner war Mitglied in der Bekenntnisbewegung »Kein anderes Evangelium«. Die hatte mit großer Sorge bemerkt, dass der Kirchentag immer geistloser wurde, und deshalb beschlossen, an keinem Kirchentag mehr teilzunehmen. Das hielt man eine gewisse Zeit durch. Dann kam der Kirchentag nach Hannover, also fast vor die Haustür von Heinrich Kemner, der in Krelingen wohnte, und er nahm daran teil. Er hatte einen Spezialvertrag mit dem Kirchentag und konnte extra Räume nutzen, aber es befand sich doch alles unter der Oberhoheit des Kirchentages. Da gingen die Wellen hoch. Nun weiß aber jeder, der im Reich Gottes mitarbeitet, dass man Einigkeit braucht, um Vollmacht zu haben. Deshalb bot Heinrich Kemner ein Versöhnungsgespräch an. Wo? Bei mir in Bremen, in meinem Wohnzimmer. Aber Versöhnungsgespräche sind schwierig, und nicht jedes führt zu dem gewünschten Erfolg. Das war auch hier nicht ganz anders.

Irgendwann musste Heinrich Kemner auf die Toilette. Er war etwas fülliger, und unser Pfarrhaus war offensichtlich nur für sehr schlanke Menschen gebaut. Jedenfalls passte er nicht in den Raum der Toilette, er konnte die Tür nicht zumachen. So haben wir dann eine Wache auf dem Flur aufgestellt, damit Heinrich in Ruhe seinem Geschäft nachgehen konnte.

Ich stand ja sowieso auf seiner Seite, aber dieses menschliche Zwischenspiel machte ihn mir noch einmal sympathischer. Unser Herr liebt uns, auch wenn die Klotür offen steht.

»Wer mich bekennt vor den Menschen, den wird auch der Menschensohn bekennen vor den Engeln Gottes.« (Lukas 12,8)

5. März

Heinrich Kemner V

Er war schon hoch in den Achtzigern, als ich Heinrich Kemner einlud, bei uns in der Gemeinde in Bremen während einer Evangelisation zu predigen. Und er sagte zu. Seine Frau fuhr ihn von Krelingen jeden Abend zu uns. Wir brachten wir ihn auf die Kanzel, behutsam, denn seine Schritte waren nicht mehr so ganz sicher. Aber als er sich dann dort hochgehangelt hatte, stand er sicher da und predigte mit einem Feuer, einer Leidenschaft und einer Hingabe an den Herrn Jesus. Es war eine reine Freude. Die Herzen gingen auf, Jesus hielt Einzug.

Und dann fing er auf einmal an, »Platt zu »küern«, wie der Ostwestfale sagt. Er kam ja von dort und sprach westfälisches Plattdeutsch. Meine Schwiegermutter, die aus seinem Nachbardorf stammte, war extra in diesen Tagen bei uns, um ihn predigen zu hören. Sie war hin und weg.

Nach der Predigt begann die Seelsorge. In der Kirche saßen die Menschen und warteten darauf, dass sie drankamen. Er machte die

Seelsorge immer ganz allein. Manchmal musste man lange warten, bis man an die Reihe kam. Aber das Warten lohnte sich. Jeder, der bei ihm gewesen war, ging getröstet seinen Weg.

»Er war ein brennendes und scheinendes Licht.« (Johannes 5,35)

6. März

Eine Fünf

Dem Gang der beiden konnte man von hinten schon ansehen, dass da etwas nicht stimmte. Und so war es auch. Der eine war ich. Und ich trottete mit meinem Freund nach Hause – er war diesen Mittag bei uns zum Essen eingeladen –, aber ich hatte im Ranzen eine Fünf in Mathe, in der elften Klasse. Wie sollte ich das meinen Eltern beibringen? Und was würde das für Konsequenzen für mich haben? Was würde mit der Vorzensur fürs Abi?

Als wir dann endlich zu Hause ankamen, sah meine Mutter mich forschend an, und dann musste ich mit der Wahrheit herausrücken. »Ich habe eine Fünf geschrieben.« Und bevor meine Mutter etwas sagen konnte, sagte mein Freund den Satz, der in die Familiengeschichte eingegangen ist: »Aber Hauptsache, er ist gläubig.«

Natürlich hatte er recht. Die Hauptsache ist, dass die Hauptsache die Hauptsache ist. Und das ist Christus, das ist die Ewigkeit, und das ist, dass ich ewig gerettet bin. Aber die Nebensachen müssen auch stimmen. Deshalb hieß es damals für mich: hinsetzen und lernen, lernen, lernen. Das habe ich getan und deshalb ist es nicht bei der Fünf geblieben.

»Der wird uns trösten in unserer Mühe und Arbeit.«
(1. Mose 5,29)

7. März

Die Welt – ein Dorf

Wenn unsere Welt ein Dorf mit hundert Einwohnern wäre, dann könnten von den 38 Schulkindern sieben Kinder nicht zur Schule gehen, sondern müssten täglich arbeiten. 14 Personen könnten nicht lesen und schreiben. 20 Menschen müssten mit einem Existenzminimum auskommen und 60 Menschen würden nur manchmal etwas Geld verdienen. 24 Bewohner hätten immer genug zu essen, 16 würden manchmal hungern, aber 60 Bewohner hätten immer Hunger. 75 Menschen könnten frisches, sauberes Wasser genießen, 25 Personen müssten das Wasser von weit her holen. 76 Menschen könnten Elektrizität nutzen, und es gäbe 42 Radios, 24 Fernseher und nur zehn Computer in diesem Hundertseelendorf. 32 Menschen im Dorf wären christlich getauft. Außerdem gäbe es dort mehr Soldaten als Ärzte und Lehrer zusammen.

Wenn man die Welt aus dieser Sicht betrachtet, wird jedem klar, wie gut es vielen von uns eigentlich geht, wie gesegnet wir sind und wie viel Grund zur Dankbarkeit wir haben. Vielleicht geht es uns nur deshalb so gut, damit wir abgeben können. Abgeben gegen Hunger, abgeben für Wasser, abgeben für Bildung, abgeben für Evangelisation. Christliche Entwicklungshilfe oder christliche Missionswerke zu finden, die sich darum kümmern, ist nicht schwer.

»*Gebt ihr ihnen zu essen.*« (Matthäus 14,16)

8. März

Auf den Apfel verzichten

»Wenn Adam und Eva Chinesen gewesen wären, hätten sie auf den Apfel verzichtet und die Schlange gegessen.« So meinte einer drastisch. Wie hätte die Weltgeschichte dann ausgesehen? Keine Kette von Gemeinheit, Hass, Neid, Eifersucht, Mord und Totschlag. Eine Geschichte ohne das Böse.

Als Jesus auf die Erde kam, hat er die Schlange nicht gegessen, aber er hat ihr den Kopf zertreten. Dabei biss sie ihn, und er starb am Kreuz. Aber nun ist der Weg frei zu Gott. Ein Weg ohne die Gottestrennung und die Ferne zu Gott.

Wir können uns eine Welt ohne Böses nicht vorstellen. Die Sünde hat unser Denken verseucht. Wir können immer nur mit Sünde denken. Aber an die neue Welt ohne Sünde können wir glauben. Und sie wird sichtbar in Jesus, dem einzig Sündlosen.

»Wolf und Schaf sollen beieinander weiden; der Löwe wird Stroh fressen wie das Rind, aber die Schlange muss Erde fressen. Sie werden weder Bosheit noch Schaden tun auf meinem ganzen heiligen Berge, spricht der Herr.« (Jesaja 65,25)

9. März

»Wen denn sonst?«

Adam und Eva gehen im Paradies spazieren. Eva neckt Adam ein wenig, blickt ihn verliebt an und fragt: »Liebst du mich?« – »Dumme Frage«, knurrt er. »Wen denn sonst?«

Ob Eva mit dieser Antwort zufrieden gewesen wäre, weiß ich nicht. Der Mangel an Gelegenheiten macht noch keine Liebe. Aber wie gut, wenn man weiß, dass Gott diese eine für mich bestimmt hat. Die hat er extra für mich gemacht. Die meisten Ehen gehen heute an zu hohen Erwartungen zugrunde. Was der Partner alles leisten soll! Was er alles können soll! Wie er sich unbedingt verhalten soll! Was die Frau alles abdecken soll: Ehefrau, Geliebte, Mutter, beruflich erfolgreich sein, in der Gemeinde mitarbeiten ...Und der Mann soll Karriere machen, Geld verdienen, kochen können, die Babys wickeln, sportlich sein ... Was war das im Paradies einfach. Man brauchte nur man selbst zu sein.

Tja, wenn es da nur Eva gäbe, die mit einem im Paradies spazieren ginge ...

»Die Ehe soll in Ehren gehalten werden bei allen.« (Hebräer 13,4)

10. März

Gott ist unfair

Meine Frau wollte als kleines Kind einmal ausprobieren, wie weit sie gehen konnte, und setzte entsprechend ihren »Dickkopf« ein. Es endete, wie es enden musste. Sie wurde bestraft und musste unten in den Keller. Erst sang sie fröhlich vor sich hin, und dann entdeckte sie das Eingemachte, griff sich ein Glas, öffnete es und aß die Früchte mit großem Vergnügen. Dieser Erziehungsversuch war also gründlich misslungen.

So ähnlich ging es Luise. Auch sie landete wieder einmal im »Kerker«, hatte Hunger, und dann fiel ihr ein, dass in dem blauen Kachelofen immer die Weihnachtsplätzchen versteckt waren. Sie holte sich also einige Plätzchen aus dem Versteck, verzehrte sie mit großem Appetit und enorm schlechtem Gewissen. Am nächsten Morgen stellte ihre Mutter sie zur Rede: »Luise, du hast ja Plätzchen genommen, ohne zu fragen.« – »Oh«, fragte sie überrascht, »woher weißt du denn das?« – »Das hat mir der liebe Gott erzählt.« – »Dann ist er aber unfair. Ich habe ihm extra gesagt, er soll mich nicht verraten.«

»Darum harrt der Herr darauf, dass er euch gnädig sei, und er macht sich auf, dass er sich euer erbarme; denn der Herr ist ein Gott des Rechts.« (Jesaja 30,18)

11. März

Ich glaube nicht an Gott

David Hume (1711–1776) war ein englischer Philosoph, von dem behauptet wurde, er glaube nicht an Gott. Gelegentlich traf er bei Bekannten mit einem Kirchenvorsteher zusammen, doch diese Zusammenkunft war jedes Mal nur von kurzer Dauer, denn der Kirchenvorsteher verließ demonstrativ das Zimmer, sobald der angeblich ungläubige Philosoph hereinkam.

Eines Tages jedoch hielt David Hume den Vorsteher am Rockärmel fest und sagte: »Wohin so schnell, mein Freund? Wir sollten uns allmählich aneinander gewöhnen, denn wir werden noch eine lange Zeit beieinander sein müssen. Wir kommen nämlich beide an denselben Ort – den Ort der Verdammnis. Ich wegen Mangel an Glauben und du wegen Mangel an Liebe.«

So stellt ein Atheist für einen Christen fest, was Sache ist. Was sagt denn dann erst Gott?

»Es ist hier kein Unterschied: Sie sind allesamt Sünder und ermangeln des Ruhmes, den sie bei Gott haben sollten.« (Römer 3,22–23)

12. März

Die Tür

Als die Besatzung von Apollo 15 nach einer Reise von 295 Stunden und ca. 764400 Kilometern wieder in die Erdatmosphäre eintauchte, musste sich das Raumschiff der Erde durch einen Korridor nähern, der nur knapp 7 Kilometer breit war. Dies war der einzig sichere Weg zurück zur Erde. Die Alternative dazu war, dass das Raumschiff zu flach aufsetzen und von der Atmosphäre abprallen würde. Dann würde es in die Weite des Weltraums zurückgeschleudert werden. Oder das Raumschiff würde zu steil aufsetzen und verbrennen.

Es ist immer wieder bestritten worden, dass Jesus allein der Weg ist, der zu Gott führt, aber wir finden schon auf unserer Erde und in unseren Bereichen Vergleiche, die es uns leichter machen, dieses Wunder zu verstehen. Wenn wir unsere Reise zum Reich Gottes antreten, dann müssen wir uns dem Reich durch eine Tür nähern. Und diese Tür ist allein Jesus.

»Jesus sprach: ›Ich bin die Tür zu den Schafen.‹« (Johannes 10,7)

13. März

Blitzableiterfunktion

Als ich abends nach Hause kam, war das Haus voll – Besuch war da. Dann erhielt ich einen Anruf von einer »Frau Meier«, die allerdings einen falschen Namen angab. Sie müsse erst einmal abtasten, ob sie mit mir reden könne. Eine Freundin habe ihr gesagt ... »Ja, probieren Sie es, ob Sie mit mir reden können«, konnte ich da nur sagen. Sie probierte es. Am Ende sagte sie mir ihren wirklichen Namen. Zwischendurch – es war Samstagabend – hörte und merkte ich, wie sie Alkohol trank. Der Sohn war im Knast, die Tochter mit Freunden abgehauen. Sie selbst war auf den Strich gegangen, um die Kinder durchzubringen. Das Gespräch führte bis zur Frage der Lebensübergabe und der Gemeinschaft mit Christen. Aber da war es zu Ende. Sie wollte sich wieder melden.

Das hat sie nicht getan. Also hatte das Gespräch eine Blitzableiterfunktion. Ich kann nur hoffen und beten, dass das Wort, das ich ihr sagen konnte, wirkt und dass sie ihren Frieden in Gott findet.

»Wenn ihr doch heute auf seine Stimme hören wolltet.«
(Psalm 95,7)

14. März

Post

Ein liebenswerter Briefträger brachte uns die Post. Nachdem er das schon einige Zeit getan hatte, wusste jeder, dass er alle erreichbare Post schon gelesen hatte. Natürlich nur die Karten, die Briefe öffnete er nicht. Eines Tages kam er freudestrahlend auf mich zu, und schon von Weitem rief er: »Hallo, Herr Bierbaum, Ihr Sohn hat Ihnen aus Amerika geschrieben.« Na, da war ich aber froh, dass das inzwischen auch der Briefträger wusste.

Nun wollte unser Postbote heiraten. Er war der Kirche völlig fremd, dachte aber, weil er doch in diesem ganzen Bezirk nun die

Post austrug, dass die Kirche voll sein werde und alle kämen, um ihren Briefträger zu sehen. Aber es kam ganz anders. Die Kirche war fast leer. Nur seine eingeladenen Verwandten und Freunde waren da. Am Ende des Gottesdienstes sagte ich: »Geht mit dem Segen des Herrn«, und gleichzeitig machte ich ein Zeichen zum Aufstehen. Und dann gingen sie. Sie deuteten das Zeichen zum Aufstehen völlig falsch. Sie gingen alle. Ich musste mich sputen, den Segen loszuwerden und sie noch zu überholen, um als Erster am Ausgang zu sein und ihnen die Hände zu drücken. Als sie dann endgültig gingen, schickte ich ihnen heimlich noch ein Gebet und einen Segenswunsch hinterher.

»Er sende dir Hilfe vom Heiligtum.« (Psalm 20,3)

15. März

Halten die Leitplanken?

Es ging nach Hause. Meine Frau und ich fuhren von Österreich Richtung Deutschland. Bei einer Mautstation mussten wir halten. Da ein Wohnwagengespann direkt vor mir und die andere Schlange kürzer war, wechselte ich die Spur. Aber es war wie immer: Ich war in der falschen Schlange. Auch diese eigentlich kürzere Schlange dauerte länger.

Nachdem wir die Mautstation passiert hatten, musste ich drei Minuten später auf die Bremse treten. Vor mir lag das Wohnwagengespann. Kreuz und quer waren alle Sachen, die in dem Wohnwagen waren, auf der Autobahn verteilt. Das Gespann war ins Schleudern geraten und gegen die Leitplanke geknallt. Nun staute sich der Verkehr. Hinter der Leitplanke ging es mehrere Hundert Meter runter. Senkrecht nach unten. Freier Fall wäre das gewesen, hätten die Leitplanken nicht gehalten. Was für ein Schrecken und doch auch was für ein Dank! Es ist zum Glück nicht mehr passiert.

»Wer das Gebot bewahrt, der bewahrt sein Leben; wer aber auf seinen Weg nicht achtet, wird sterben.« (Sprüche 19,16)

16. März

Angeflunkert

Mal wieder stand einer an der Tür, mal wieder einer, der Geld wollte, mal wieder einer, bei dem ich es nicht übers Herz brachte, ihn so wegzuschicken. Er sah ganz normal aus und sagte, dass er angestellter Binnenschiffer sei. In der Schleuse war er von Bord gegangen, um etwas zu besorgen. Als er zurückkam, war das Schiff weg. Nun bat er mich um etwas Geld für den Bus, damit er dem Schiff hinterherfahren konnte. Ich gab ihm dann fünf Euro. Er ging. Kaum war er um die Ecke, musste ich laut anfangen zu lachen. Die Weser war zugefroren. Da fuhr gar kein Schiff in die Schleuse. Aber ich dachte: »Das ist es wert. Das hat sich gelohnt, so eine Geschichte zu erleben.«

Da hatte ich doch schon viel schlechtere, erlogene Geschichten gehört.

»Falschheit und Lüge lass ferne von mir sein.« (Sprüche 30,8)

17. März

Nobelpreisträger

Ein Professor erzählte mir in einem Gespräch, dass die Juden nur 0,5 Prozent der Weltbevölkerung ausmachen, aber dass sie 15 Prozent der Nobelpreisträger stellen.

Mich erinnert das an folgende Geschichte: Ein kleiner jüdischer Junge wird am achten Tag beschnitten. Ringsherum steht die Verwandtschaft und streitet. Sie streiten darüber, in welchem Fach er wohl den Nobelpreis bekommen würde.

Das auserwählte Volk ist statistisch nachweisbar. Wer da nicht nachdenklich wird …

»Um Jakobs, meines Knechts, und um Israels, meines Auserwählten, willen rief ich dich bei deinem Namen.« (Jesaja 45,4)

18. März

Fernsehgottesdienst I

Seit fast 40 Jahren mache ich Rundfunkgottesdienste. Zuerst jährlich, später alle zwei Jahre über Radio Bremen, Nord-West-Radio, Deutschlandfunk und natürlich über den ERF. Ich mag das – das Aufgeregte der ganzen Vorbereitung, nicht nur bei mir, sondern in der Gemeinde, in den Chören, bei den Mitwirkenden. Ob ich dann immer alles so gut rüberbringe, wie ich es gerne möchte, das mögen die Zuhörer entscheiden.

Ich fragte unseren Rundfunk- und Fernsehbeauftragten, ob ich nicht auch einmal einen Fernsehgottesdienst machen könnte, im ZDF natürlich, sonntags morgens um 9.30 Uhr. Er sagte, er wolle sich einmal darum kümmern. Und das tat er. Ich durfte einen Fernsehgottesdienst halten. Aber dann ging es los: Erst einmal musste ich drei Tage nach Rummelsberg zur Vorbereitung, wozu ich einen Talar mitbringen sollte und eine Predigt, die ich in einem Fernsehgottesdienst halten könnte. Dann wurden wir gedrillt und mussten aus dem Stand etwas schreiben. Anschließend war es Zeit für die Fernsehaufnahmen im Talar in der Kirche. Es war richtig spannend, es gab richtig viel zu tun, aber es war auch gut.

Das Ganze habe ich dann in die Gemeinde getragen und Leute gesucht, die mitmachen sollten oder wollten oder konnten – je nach ihren Gaben. Gut, dass es in einer Gemeinde so verschiedene Gaben gibt!

»Nun aber hat Gott die Glieder eingesetzt, ein jedes von ihnen im Leib, so wie er gewollt hat.« (1. Korinther 12,18)

19. März

Fernsehgottesdienst II

Mit dem Fernsehbeauftragten der Kirche beim ZDF ging es hin und her. Der wollte das nicht so, wie wir das wollten. Ich habe dann kurzerhand einen zweiten Entwurf geschrieben. Hinter den konnte er nicht mehr zurück. Das wäre doch zu peinlich gewesen. So, wie es im zweiten Entwurf stand, ist es dann auch über den Sender gegangen.

Bevor die Kirche ausgeleuchtet wurde, musste die Putzfrau unbedingt auch in die verstecktesten Ecken, denn jetzt sah man jedes Spinnennetz. Die ganze Kirche war nur noch ein Studio. Aber es war ein Einsatz, der sich lohnte. Immerhin schauten über 800 000 Menschen diesen Fernsehgottesdienst. Ich glaube, wir haben etwas Gutes »abgeliefert«. Es klappte alles. Die Uhrzeit stimmte auf die Sekunde. Anschließend ging ununterbrochen das Telefon. Wir hatten einige Leute gebeten, sich für die Gespräche zur Verfügung zu stellen. Das ZDF hatte seinerseits auch etliche Leute mit dabei, die für die Seelsorge bereitstanden. Gott sei Dank, dass er uns so tolle Möglichkeiten zur Verfügung stellt. Und dass das Bibelwort einfach stimmt:

»Ich will dich in die Ferne zu den Heiden senden.«
(Apostelgeschichte 22,21)

20. März

ERF Medien

Wie oft habe ich beim ERF hinter dem Mikrofon gesessen oder gestanden, habe Referate gehalten, Predigten, Bibelarbeiten oder Andachten. Das war jedes Mal schön und ist übrigens immer noch schön, denn ich habe damit nicht aufgehört.

Irgendwann ging unser damaliger Aufsichtsratsvorsitzender. Nun stand die Neuwahl an. Alle guckten mich an: »Das musst du machen.« – »Ich muss das überhaupt nicht machen.« – »Doch«, meinten sie, »das musst du machen.« – Ich wandte ein: »Ich bin doch viel zu weit weg. Bremen ist so weit entfernt von Wetzlar. Das geht doch gar nicht.« – »Doch, das geht«, und dann haben sie es mir einfach vorgerechnet, warum das doch alles ginge.

Sie haben mich gewählt. Es ging tatsächlich und ich habe diese Arbeit gern gemacht. Es waren 230 hauptamtliche Mitarbeiter in

Wetzlar, 1000 Verkündiger in ganz Deutschland. Die Summe des Geldes, über die wir immer befinden mussten, war beträchtlich. Zum Glück haben wir einen Gott, der auf uns aufgepasst, der uns nahe ist und zu dem wir jederzeit beten können, wenn das Geld nicht reicht.

Es ist mein großer Wunsch, dass dieses Medienkonglomerat aus Radio, Fernsehen und Internet viel genutzt wird, denn dort wird gute Arbeit gemacht zum Segen für ganz, ganz viele Menschen.

»Deine Fußtapfen triefen von Segen.« (Psalm 65,12)

21. März

Gebetswege

Weil ihre Hütten nur aus einem Raum bestanden, hatten sich Christen in Surinam einen Gebetsplatz im Wald gesucht. Dorthin gingen sie täglich, um in der Stille mit Gott zu reden und ihm ihre Sorgen zu sagen. Diese Gebetswege waren mit der Zeit ganz ausgetreten. Eines Tages sagte ein Eingeborener zu seinem Nachbarn ganz liebevoll: »Du, auf deinem Gebetsweg wächst langsam das Gras.«

Wächst es auch auf meinem Gebetsweg?

»Gelobt sei Gott, der mein Gebet nicht verwirft noch seine Güte von mir wendet.« (Psalm 66,20)

22. März

Traditionslos

Für uns in Bremen heißt es, missionarische Gemeindearbeit inmitten eines »Neuheidentums« zu betreiben. Dieses Neuheidentum hat keinerlei christliche Tradition: Das Elternhaus ist als Vermittlungsinstanz für biblisches Wissen längst ausgefallen, der Religionsunterricht in der Schule ist in der Regel eine Fehlanzeige. Der

Gottesdienstbesuch in einer norddeutschen Großstadt liegt üblicherweise bei 0,5 Prozent. Missionare werden zwar nicht mehr aufgefressen, aber die Antwort auf die folgende Frage macht den Ernst der Lage deutlich: »Wann ist Jesus gekreuzigt worden?« – »Am Muttertag.« Leider kein Witz, sondern die überzeugte Antwort eines Konfirmanden zu Beginn des Konfirmandenunterrichts.

Missionarische Jugendarbeit fängt daher bei uns bei null an, oft genug bei minus eins, weil keinerlei biblisch bezogene Tradition vorliegt und eine Tradition von Vorurteilen gegen die Kirche vorhanden ist.

»*Wohl dem, der den Herrn fürchtet.*« (Psalm 112,1)

23. März

Konfirmandenunterricht

Was für eine Gelegenheit, Gottes Wort zu verkündigen! Die Konfirmanden werden uns ja durch die Tradition frei Haus geliefert, und kaum einer hat irgendeine Ahnung. Nun kamen in unserer Gemeinde immer mehr Erwachsene zum Glauben. Die schicken ihre Kinder in den Unterricht, und diese Kinder, das spürt man sofort, haben viel mehr Ahnung.

Nun haben wir die große Chance, unseren lieben jungen Leuten das Evangelium nahezubringen, sodass sie es verstehen, aufnehmen und für ihr eigenes Leben Entscheidungen treffen können. Ich kam bald dahin, den Unterricht in Kleingruppen mit jeweils zehn Konfirmanden zu machen. Dafür brauchte ich natürlich Mitarbeiter, und diese Mitarbeiter musste ich selbstverständlich auch erst einmal schulen. Aber es hat sich bewährt. Es sind viele junge Leute zum Glauben gekommen und dabei geblieben, auch noch nach der Konfirmation.

»*Wie lieblich sind die Füße der Freudenboten, die das Gute verkündigen.*« (Römer 10,15)

24. März

Bekehrungsunterricht

Mit jedem Konfirmandenjahrgang machten wir eine Freizeit, die Pflicht war und immer in den ersten Monaten des Konfirmandenunterrichts in unserem Landschulheim stattfand. Das hatte 36 Betten, und ich hatte für jedes Zimmer einen Mitarbeiter dabei. Die schliefen über die Zimmer verteilt. In einem Vierbettzimmer waren es damit schon nur noch drei Konfirmanden pro Mitarbeiter. Die Mitarbeiter waren alles junge Leute, Jugendliche, die zum Teil selbst bei solchen Freizeiten zum Glauben gekommen und jetzt gute Mitarbeiter waren.

Das Thema jeder Freizeit war »Gottesdienst und Abendmahl«. Nach einem Spieleteil kam abends unser missionarisches Programm. Währenddessen saßen wir alle zusammen in der Kapelle und sangen Lieder. Zwei unserer Mitarbeiter gaben ein Zeugnis davon, wie sie zum Glauben an Jesus gekommen waren. Danach erzählte ich missionarische Geschichten. Es gab kein Jahr, in dem nicht Jungen und Mädchen zum Glauben gefunden haben. Es war uns beinah unheimlich, so viele waren es. Eine ganz gesegnete Zeit! Die Mitarbeiter waren für die Konfirmanden da, und sie kamen bei ihnen zum Glauben.

Am Sonntag fuhren wir zurück in unsere Kirche, nahmen am Gottesdienst teil und sangen ein gemeinsames Lied vor. Da spürte man dann den neu gewonnenen Glauben. So eine Freude.

»Mit Freuden sagt Dank dem Vater.« (Kolosser 1,12)

25. März

Frust und Lust

Neulich fielen mir alte Bilder von Konfirmationen in die Hände. Es war furchtbar. Ich habe Hunderte von Konfirmanden konfirmiert, und jetzt sah ich ihre Bilder vor mir und erkannte sie zum Teil nicht wieder. Von vielen wusste ich nicht einmal mehr die Namen.

Einige Zeit später fuhr ich auf der Rolltreppe eines Kaufhauses, als mich ein junger Mann ansprach: »Kennen Sie mich noch? Sie haben mich doch konfirmiert.« Nein, ich erkannte ihn nicht wieder. Er war inzwischen zwei Köpfe größer geworden, breiter, ein richtiges Mannsbild. Da mir nicht einfiel, wer er war, musste ich fragen: »Sagen Sie mal, wie heißen Sie denn eigentlich?« Es war schön zu erleben, dass er sich freute, mich wiederzusehen.

Aber wo sind die vielen Hunderte, die das Evangelium gehört haben und die genau wissen, worum es geht? Habe ich etwas falsch gemacht? Haben die Mitarbeiter des Konfirmandenunterrichts etwas falsch gemacht? Ich weiß es nicht und ich kann nur beten: »Herr, übernimm du das Ganze. Pass du auf sie auf, behüte und segne sie.«

»Ich aber dachte, ich arbeitete vergeblich.« (Jesaja 49,4)

26. März

Seniorenheim

Mein Vater und meine Mutter sind schon sehr alt. Eines Tages hatte meine Mutter einen Schlaganfall und musste dann anschließend ins Seniorenheim. Mein Vater zog auch dorthin, in das Nachbarzimmer meiner Mutter. Nun hatten sie dort eine kleine Wohnung. Aber ich hätte schon gewarnt sein müssen, denn ihr Haus hatten sie nicht verkauft. Nachdem mein Vater sich eine ganze Zeit mit angeguckt hatte, wie es im Seniorenheim so lief und was für Leute da waren, passierte es: Eines Tages rief ich wieder an und erreichte ihn nicht im Seniorenheim, sondern in seinem Haus. »Wir sind aus dem Seniorenheim raus«, erklärte er. Mein Vater und meine Mutter waren aus dem Seniorenheim ausgebüxt.

Natürlich kümmerten wir uns dann darum, dass sie in ihrem Haus bleiben konnten. Wir ließen einen Treppenlift in das Reihenhaus einbauen und stellten eine Altenpflegerin an, die für sie sorgen sollte. Und seitdem geht es einigermaßen. Das hätte keiner zu glauben gewagt. Meine Schwester nicht, mein Bruder nicht und ich auch nicht. Und unsere Angehörigen schon gar nicht. Aber es geht. Es geht nicht besonders gut, aber es geht. Und nun freuen sich meine Eltern über jeden Tag, den ihnen der Herr schenkt und den sie gemeinsam miteinander verbringen dürfen.

»Die Kinder sollen lernen, sich den Eltern dankbar zu erweisen; denn das ist wohlgefällig vor Gott.« (1. Timotheus 5,4)

27. März

Bekenntnisschule

Da rief mich wieder einmal einer an. Es war ein Lehrer, der heulend am Bahnhof saß. Er hatte ein Vorstellungsgespräch bei den Verantwortlichen der Bekenntnisschule und war mit Pauken und Trompeten durchgefallen. Jetzt konnte er wirklich nur noch heulen. Wir trafen uns, und dann weinte er sich bei mir aus. Er war ein wirklich gläubiger Mann, aber bei seiner Bewerbung wurde sein Glaube ordentlich durchleuchtet: Wie steht er zur Rockmusik? Geht er ins Theater? Was hält er vom »Faust«?

Das ist jetzt viele Jahrzehnte her. Dann wechselte das Personal der Schule, auf einmal kam ein neues Konzept auf den Tisch. Nun hatten wir keine christliche Schule mehr, keine christliche Mathematik, keine christliche Biologie, kein christliches Deutsch, kein christliches Englisch, sondern jetzt war es eine Schule von Christen. Und siehe da, die ganze Atmosphäre änderte sich. Die Fächer wurden normal unterrichtet, aber sie wurden von Christen unterrichtet. Und die Christen waren bereit, über ihren Glauben Rechenschaft zu geben. Da kam Freude auf. Die veränderte Situation zog die Schüler an. 1500 Schüler hat die Bekenntnisschule jetzt in Bremen, eine der größten Bekenntnisschulen in Deutschland überhaupt.

Ich erzähle diese Geschichte mit einem hohen Respekt und einer tiefen Dankbarkeit gegenüber dem Verein, den Lehrern und allen, die dort mitarbeiten. Natürlich menschelt es noch, aber wo tut es das nicht? Gott sei Dank für diese Schule!

»Denn auch die Schöpfung wird frei werden von der Knechtschaft der Vergänglichkeit zu der herrlichen Freiheit der Kinder Gottes.«
(Römer 8,21)

28. März

17,50 DM

Während meiner Zeit als Vikar hatte ich noch viel zu lernen, zum Beispiel dass ich in einem Gottesdienst sagen sollte: »Wir danken für die Kollekte vom letzten Sonntag, sie ergab 17,50 DM. Wir danken den Gebern für ihre Gaben.« Es waren zwar nur 25 Menschen im Gottesdienst anwesend, aber trotzdem. Die Dankbarkeit müsste größer sein. Sie war es nicht.

Einige Zeit später hatten wir in meiner eigenen Gemeinde Trägervereine ins Leben gerufen. Dorthin kam regelmäßig das Geld von der Gemeinde, ganz oft der Zehnte. Wir hatten hohe Kollekten, wir konnten Mitarbeiter anstellen. Gott hat ja Geld, aber er hat es in den Taschen seiner Leute versteckt.

Bei den ERF Medien (früher Evangeliumsrundfunk) haben wir einen Jahresetat von ca. 15 Millionen Euro. Davon werden 230 hauptamtliche Mitarbeiter und alle Sendungen im Fernsehen, im Rundfunk und im Internet bezahlt. Der ganze Sender lebt ohne kirchliche Zuschüsse, nur von den Spenden seiner Freunde, der Leute Gottes. Bei der Erstellung des Haushaltes haben wir den Faktor »G«: nicht wie Geld, sondern wie Glaube. Denn wir müssen jedes Mal wieder neu glauben, dass Gott uns aufs Neue versorgt – mit all dem, was wir brauchen. Er gibt uns nicht mehr. Er gibt uns aber auch nicht weniger. Wir können nichts auf die hohe Kante legen und verstecken, aber wir bekommen genau das, was wir brauchen. So ist Gott.

»Sorgt euch um nichts, sondern in allen Dingen lasst eure Bitten in Gebet und Flehen mit Danksagung vor Gott kundwerden.«
(Philipper 4,6)

29. März

Golfspiel

Zwei Pastoren in England spielen Golf. Der eine schlägt den Ball, der weit fliegt und trotz allen Suchens verloren bleibt. Da sagt der andere: »Du hast gebetet, dass er ins Loch rollt. Ich habe gebetet, dass er es nicht tut. Ist es da verwunderlich, dass wir den Ball verloren haben?«

Wenn ich mir vorstelle, ich wäre Gott, was sollte ich denn in so einer Situation machen? Da sind zwei Leute, die von der Macht des Gebetes überzeugt sind. Das ist super. Aber eigentlich kann ich den beiden nur den Ball wegnehmen, denn das ist ja ein ganz egoistisches Gebet.

»So will ich nun, dass die Männer beten an allen Orten und aufheben heilige Hände ohne Zorn und Zweifel.« (1. Timotheus 2,8)

30. März

Die Liebe macht den Christen Beine

Er seufzte, als er mir erzählte, er habe schon 248 Bewerbungen geschrieben und alle seien abgelehnt worden. Vergeben. Seine mögliche Arbeitsstelle war schon vergeben. Ein anderer hatte sie bekommen. Glücklicherweise konnte diesem Mann geholfen werden, aber mir ist seine Geschichte nachgegangen.

Vergeben – das kann auch bedeuten: Ein anderer hat uns vergeben. Gott hat uns vergeben. Durch die Christen soll das Versöhnungswerk Gottes in dieser Welt weitergehen. Am Kreuz von Jesus dürfen wir Liebe lernen. Wir möchten ja lieben, aber wir können es so schlecht und stehen uns oft selbst im Wege. Am Kreuz von Jesus wird die Liebesunfähigkeit des Menschen aufgehoben. Als mit Gott Versöhnte werden wir gedrängt, das Evangelium weiterzusagen. Die Liebe hat ihr Vorbild in Gottes Handeln. Sie wird aktiv, auch um den Preis, sich selbst zu verleugnen. Selbstverleugnung statt Selbstverwirklichung, das ist das Stichwort der Christen. Das kann Liebe. Sie ist kein Zwangskorsett, das einem umgelegt wird. Liebe überwindet Vorurteile, Rassenschranken, Feindschaften. Liebe ist immer ausschließlich. Liebe meint den ganzen Menschen. Die Liebe ist die einzige Wirklichkeit, die diese Welt positiv verändern kann und Versöhnung bringt – in der Form des Kreuzes. Vertikal mit Gott, horizontal mit den Menschen.

»Niemand hat größere Liebe als die, dass er sein Leben lässt für seine Freunde.« (Johannes 15,13)

31. März

Personenwechsel

Martin Luther nennt das einen fröhlichen Tausch: »Was ist das für eine fröhliche Hauswirtschaft, wenn ein reicher und vornehmer Bräutigam sich eine arme und böse Hure zur Frau nimmt und zu ihr sagt: ›Nun wollen wir gemeinsame Sache machen.‹ Personengemeinschaft und Gütergemeinschaft. Was dir gehört, das bekomme ich, und was mir gehört, das bekommst du. Jetzt stehe ich staunend da. Er ist der Lügner, mir gehört die Wahrheit. Er der Egoist, ich darf anfangen zu lieben. Er ist bloß gestellt und geschändet, mich hat er geschmückt wie zu einer Hochzeit. Er ist von Gott verflucht, ich bin vor Gott richtig. Was für ein Wechsel.«

So ist Gott zu uns. Er richtet die Sünde und trägt den Sünder.

»Siehe, das ist Gottes Lamm, das der Welt Sünde trägt.« (Johannes 1,29)

April

1. April

Für uns zur Sünde gemacht

Gott hat seinen Sohn gegeben, um uns zu retten und zu helfen. Er gibt seinen Sohn für uns preis. Jesus wird für uns die personifizierte Sünde. Martin Luther gebraucht dafür harte Worte: »Ein Räuber, Mörder, Ehebrecher, Schurke, Heiligtumschänder, Gotteslästerer bist du, und einen größeren wird es auf Erden nie geben.«

Jesus wird die Sünde in Person. Das ist ärgerlich. Ein Jesus als unschuldiges Baby, ein Jesus als strahlender Held, ein Jesus als humanistisches Vorbild edlen Handelns, ein Jesus als großer Religionsstifter, das alles ist uns gut bekannt. Jede Zeit hat auch ihr eigenes Jesusbild gemacht. Im Dritten Reich wurde Jesus sogar zum arischen Helden umfunktioniert.

Aber »Halt!«, ruft Gott, »hört auf, Jesus, sein Leben und Handeln nach eurem Mutwillen und Gutdünken zurechtzubiegen. Es hilft euch nichts.«

»Denn sie suchen alle das Ihre, nicht das, was Jesu Christi ist.« (Philipper 2,21)

2. April

Eine Plastik aus Sünde

Man stelle sich vor, man könnte Sünde mit Schrott vergleichen und wir alle – Menschen aller Länder und aller Zeiten – würden unser Päckchen Altmaterial vor dem Kreuz niederlegen. Was gäbe das für einen gigantischen Berg von Schrott, von Sünde?

Und jetzt stelle ich mir vor, Gott nähme dieses Altmaterial, schmölze es ein und gestaltete daraus eine Plastik. Wie würde die wohl aussehen? Jemand hat gesagt, der leibhaftige Teufel müsste dabei herauskommen. Die Bibel sagt das ganz anders: Gott hat in Jesus alle Sünde der Menschheit konzentriert. Und dann hat Gott seinen Sohn ans Kreuz gehen lassen, um ihn dort an unserer Stelle zu richten.

Es ist unvorstellbar: Jesus, die personifizierte Sünde. Und es ist geradezu erlösend.

»*Denn er hat den, der von keiner Sünde wusste, für uns zur Sünde gemacht.*« (2. Korinther 5,21)

3. April

»So schlecht bin ich nicht!«

Das war der empörte Zwischenruf einer Pastorin in einem rundfunk-homiletischen Seminar bei Radio Bremen. Wir waren eingeladen, eine Morgenandacht mitzubringen, die wir schon einmal gehalten hatten. Die sollten wir dort vorlesen, und dann wollten wir in der Runde über diese Andachten sprechen. Meine Andacht behandelte 1. Korinther 1,18. Das wurde in diesem Pastorenkreis als eine glatte Provokation aufgefasst. Das sollte es gar nicht sein. Es sollte eine Einladung zum Glauben sein. Aber das kam nicht an.

Die folgende Diskussion eskalierte zu einem hitzigen Streitgespräch, wobei ich ziemlich ruhig war. Ich hatte die Bibel auf meiner Seite. Irgendwann griff unser Seminarleiter ein und gab mir noch mal die Gelegenheit, das zu erläutern, was ich dort geschrieben hatte. Das tat ich und sprach von Jesus, von unseren Sünden und dass er für uns gestorben und auferstanden ist. Da platzte eine Pastorin hinein: »Nein, so schlecht bin ich nicht. Für mich musste Jesus nicht sterben.«

»Du arme Frau«, dachte ich, »und ihr armen Zuhörer. Was müsst ihr da über euch ergehen lassen, wenn ihr morgens das Radio einschaltet? Was für Gegensätze werden dort über den Äther gesandt? Soll das die Kirche aufbauen?«

Übrigens: Ich habe weiter Morgenandachten gehalten und bin nicht aus dem Kreis der »Andachtler« ausgeschieden.

»*Denn das Wort vom Kreuz ist eine Torheit denen, die verloren werden; uns aber, die wir selig werden, ist's eine Gotteskraft.*« (1. Korinther 1,18)

4. April

Selbstmord

Der Zug fuhr los. Ich machte es mir bequem. Aber da hielt er schon wieder. Über die Lautsprecheransage wurde uns Reisenden erklärt: »Unplanmäßiger Halt.« Nach einer Weile: »Personenschaden«. Also Selbstmord. Der Halt dauerte. Meine Anschlussverbindungen waren alle weg.

»Wer Selbstmord begeht, wird mit dem Tode bestraft.« Es ist noch gar nicht lange her, dass sich dieser blödelnde Satz an geltendes Recht anlehnte. Wer bei einem Selbstmordversuch erwischt wurde, musste mit Gefängnis, der Einziehung des Vermögens oder – bei Erfolg seines Versuches – mit ehrlosem Begräbnis außerhalb der Friedhofsmauern rechnen. Genützt hat das alles nichts. Es wird weiterhin gestorben – von eigener Hand: alle 40 Minuten in Deutschland. In der ganzen Welt sind es im Jahr ungefähr 365 000 Menschen, die sich selbst töten, pro Tag also ca. 1000.

Wer Selbstmord begeht, ist allein, ohne Lebensziel, ohne Lebensinhalt, ohne Werte, an denen er sich orientieren kann. Er ist allein in seiner Lebenssituation: Alte, Studenten, Geschiedene, Verwitwete und Städter gehören zu den Gruppen mit den höchsten Selbstmordziffern. Das alles löst den Selbstmord nicht aus, aber es grenzt den Entscheidungsraum und die Freiheit des Menschen so ein, dass am Schluss ein absurdes und ein nichtiges Motiv genügen kann, ihn auszulösen.

Selbstmord – ein Ausweg? Nein, gewinnen kann man dabei nicht. Selbstmord löst kein einziges Problem. Im Gegenteil, der Selbstmörder nimmt ein zusätzliches Problem mit: Wie soll er Gott erklären, dass er vorzeitig vor seinem Thron erscheint und das Leben, das Gott ihm anvertraute, durch eigene Schuld beendet wurde?

Ich habe in der Seelsorge oft genug erlebt, dass die Verbindung mit Jesus Christus, die Vergebung und die Gemeinschaft der Christen es wieder hell werden lässt und die dunklen Gedanken verschwinden. Aber oft genug musste auch ärztliche Hilfe in Anspruch genommen werden. Ich danke Gott für jeden, der gerettet *wurde*.

»Der Herr ist mein Licht und mein Heil; vor wem sollte ich mich fürchten?« (Psalm 27,1)

5. April

Neurose der Lebensgestaltung

Ist der Selbstmörder nicht krank? Sehr richtig. Die Selbstmordforscher bezeichnen den Selbstmord als das »Ende einer Krankheit«. Aber sie fügen das alarmierende Wort hinzu, dass jeder Kranke nicht nur seine Krankheit hat, sondern sie selbst auch macht. Krankheit also entschuldigt nicht. Folgerichtig beschreiben die Selbstmordforscher das Endprodukt einer »Neurose der Lebensgestaltung«.

Das heißt nicht weniger, als dass man sein Leben anders gestalten kann und muss. Irgendwann gibt es den Punkt, wo man nicht mehr zurückkann. So wie der Flugzeugführer über dem offenen Meer weiß: Wenn ich jetzt nicht umkehre, habe ich nicht genügend Treibstoff, um überhaupt noch irgendwo landen zu können. Wer sich da einfach treiben lässt, ist rettungslos verloren.

Die Neurose der Lebensgestaltung bedeutet aber auch, dass wir alle gefährdet sind. Unser Lebensstil ist krank. Wir können äußerlich ganz gesund sein, aber wie geht es der Seele? Mancher hätte niemals Selbstmord begangen, wenn er den Weg in die Seelsorge gefunden hätte. Wo alles nur verdeckt wird, wo alles nur in sich reingefressen wird, wo alles nur unter den Teppich gekehrt wird, da können nur Depression und Angst wachsen, da drängt sich womöglich der Selbstmord als scheinbare Fluchtmöglichkeit auf.

Unser Lebensstil ist krank, wenn wir ohne Gott leben. Wir sind nun einmal so gebaut, dass wir die Gemeinschaft mit Gott lebensnotwendig brauchen. Mir geht es nicht um theologische Richtigkeiten. Aber aus der Seelsorge weiß ich, dass es Zukunft gibt, wo alles nur hoffnungslos ist. Wenn einer Jesus Christus, dem Auferstandenen, die Herrschaft über sein Leben anvertraut, hat der Tod ausgespielt, haben die zerstörerischen Mächte des Todes ihre Macht verloren.

»Ich bin die Auferstehung und das Leben. Wer an mich glaubt, der wird leben, auch wenn er stirbt.« (Johannes 11,25)

6. April

Jesus am Kreuz

Lasst uns ihn anschauen, den Gekreuzigten. Seine Hände, die nie jemandem etwas Böses getan haben, durchbohrt von all dem, was Menschen jemals Böses mit ihren Händen gemacht haben. Seine Füße, durchbohrt von all den falschen Wegen, die Menschen zur Durchsetzung ihrer Ichsucht gegangen sind. Seine Stirn, von der das Blut herabläuft – alle Teufeleien, alle sadistischen Pläne und Fantasien, die je ein Menschenhirn entwickelt hat, hat er auf sich genommen. Seine Augen, die nach einem Fausthieb blutunterlaufen sind – all unsere lieblosen Blicke auf andere, all unser gieriges Verlangen hat er auf sich genommen. Sein Mund, die gesprungenen Lippen – all unser Geschwätz, unseren Klatsch, unseren Rufmord, alle verführerische Propaganda und Halbinformationen, alle hämischen Witze, alle Lügen hat er auf sich genommen.

Er leidet und stirbt an unserer Sünde. Wir sind frei. Gott sei Dank!

»Jesus ist um unserer Sünden willen dahingegeben und um unserer Rechtfertigung willen auferweckt.« (Römer 4,25)

7. April

Allergien

Goethe schrieb während eines Aufenthalts in Italien in seinen *Venetianischen Epigrammen*: »Vieles kann ich ertragen. Die meisten beschwerlichen Dinge duld' ich mit ruhigem Mut, wie es ein Gott mir gebeut. Wenige sind mir jedoch wie Gift und Schlange zuwider; Viere: Rauch des Tabaks, Wanzen und Knoblauch und Kreuz.« Als ich das gelesen hatte, musste ich etwas lachen. Wahrscheinlich wäre es Goethe auch zuwider, was ich jetzt gerade hier schreibe.

Schon merkwürdig, welche Allergien Jesus, Sünde und Kreuz auslösen können. Um zum Heil zu kommen, gibt es zwei Wege: Der eine ist der Weg des Gesetzes, der andere ist der Weg der Gnade. Nach dem Weg des Gesetzes sind wir vor dem heiligen Gott gerecht, wenn wir untadelig alle seine Gebote halten, ihn ehren, ihn fürchten, den Sonntag heiligen, den Nächsten lieben, rein, selbstlos, wahrhaftig und göttlich lieben. Und dabei gilt nicht der Wille, sondern dann gilt auch wirklich die Tat.

Zu unserem Glück hat Gott noch einen zweiten Weg. Gott bleibt beim Recht. Gott lässt nicht fünfe gerade sein. Wir sind schuldig und müssen verurteilt werden. Aber Gott bleibt dabei, dass Jesus, sein Sohn, für uns mit seinem eigenen Leben bezahlt. Dass ein anderer für uns gerichtet wird, er unsere Schuld aufhebt und ans Kreuz bringt. Da mag man Pickel kriegen, aber so ist Gott zu uns. Einfach unglaublich großzügig. Liebend.

»Daran haben wir die Liebe erkannt, dass er sein Leben für uns gelassen hat.« (1. Johannes 3,16)

8. April

Er ist nicht zu beschreiben

So würde wohl der Stoßseufzer eines Journalisten anlässlich der Auferstehung lauten. Jesus lebt, er ist da, aber wie soll man den Auferstandenen beschreiben?

Gott schafft Tatsachen, und wir sind zu blind dafür. Gott macht Geschichte und keine Geschichten. Er schafft Fakten des Lebens, und wir können nur in Todeskategorien denken. Wir sind es einfach nicht gewohnt, über den Tod hinaus zu denken. Deshalb kommt Gott uns nicht mit irgendwelchen hohen Gedanken und Ideen, sondern mit harten Tatsachen. Jesus lebt. Er ist auferstanden. Er hat einen neuen Leib. Von wegen mit dem Tod ist alles aus! Und mögen sich noch so Kluge vor diesen Karren spannen lassen, die Bibel ist glaubwürdiger. Mit Jesus ist eben nicht alles aus, sondern mit Jesus beginnt das Leben. Und die gesamte Theologie der Würmer, diese madige Angelegenheit können wir getrost vergessen, denn Jesus lebt.

Das ist Ostern!

»Darum lasst uns das (Oster-)Fest feiern.« (1. Korinther 5,8)

9. April

Raum und Zeit

Es war eine schwierige Diskussion, die ich zu führen hatte. Sie bestritten schlicht und einfach, dass Jesus auferstanden sei, und behaupteten: »Der ist im Grab vermodert.« Sie nahmen dafür die Gesetzmäßigkeiten von Analogie, Immanenz und Kausalität in Anspruch. »Das gehört zu unserem Weltbild«, behaupteten sie. Ich hielt dagegen. »Das Weltbild der Bibel ist ganz anders. Da gibt es zum Beispiel einmalige Fakten, die man nicht ständig wiederholen muss, um zu beweisen, dass es richtig ist. Und der Leib vom auferstandenen Jesus ist nicht mehr gebunden an die Grenzen von Raum und Zeit.«

Wir können ja nur in drei Dimensionen denken: Länge, Breite, Höhe. Vielleicht auch noch in vier Dimensionen, wenn wir die Dimension der Zeit hinzunehmen. Aber schon damit haben wir Probleme. Wenn Gott nun 27 Dimensionen hätte oder einfach unendlich viele?

In der Diskussion gebrauchte ich das Beispiel vom Flachmenschen, der nur lang und breit ist und überhaupt keine Höhe hat. Der nicht versteht, dass er einen nassen Rücken bekommt, wenn es regnet. Er kann nicht in den Himmel gucken. Er sieht die Wolken nicht, die Sonne und den Mond nicht. Er kann eine Doktorarbeit darüber schreiben, warum sich sein Rücken jetzt nass anfühlt, aber er hat nie die volle Übersicht.

Ich bin dankbar, dass wir von Gott die Möglichkeit bekommen haben, über unsere Welt hinauszugucken in seine Dimensionen.

»Denn wenn der erste Bund untadelig gewesen wäre, würde nicht Raum für einen anderen gesucht.« (Hebräer 8,7)

10. April

Wunder

Ein Mathematiker der Universität Mainz referierte. Ich saß im großen Saal des Konzerthauses »Glocke« in Bremen und erwartete eigentlich nichts Besonderes. Aber dann erzählte er von Einstein, Heisenberg, Planck, von der Relativitätstheorie, von der Unschärferelation und dem Quantensprung. Ich kann das nicht alles erklären, ich bin kein Naturwissenschaftler. Da geht es mir wie der Frau von Albert Einstein. Als sie gefragt wurde, ob sie die Relativitätstheorie ihres Mannes verstehe, antwortete sie: »Nein, aber ich verstehe meinen Mann.«

Mein ganzes Weltbild wurde auf den Kopf gestellt. Ich hatte bis dahin immer geglaubt, was die Bibel schrieb, aber ich konnte es nie beweisen. Und jetzt auf einmal stand da vorne ein Naturwissenschaftler und erklärte, dass die Naturwissenschaften keine Möglichkeiten hätten, Wunder zu beweisen oder aber Wunder wegzuerklären. Als Theologe konnte ich das schnell zuspitzen. Das bedeutet dann mit einem Satz, den ich einmal gehört habe: »Seit Jesus auferstanden ist, ist Unglaube Dummheit oder Bosheit.«

Es gibt keinen einzigen anständigen, wissenschaftlichen Grund, der gegen die Auferstehung von Jesus spricht. Der einzige Grund, nicht an den auferstandenen Jesus zu glauben, ist der Unglaube.

»Und nun, Herr, strecke deine Hand aus, dass Heilungen und Zeichen und Wunder geschehen durch den Namen deines heiligen Knechtes Jesus.« (Apostelgeschichte 4,29–30)

11. April

Sie glaubten nicht

Wir glauben eher an Außerirdische als an Auferstandene. Ein Berliner Taxifahrer, der nach seinem Glauben an die Auferstehung gefragt wurde, soll gesagt haben: »Auferstehung? Nee, det glob ick nich', aber ick lass mir überraschen.«

Die Jünger waren damals dazu zunächst auch nicht in der Lage. Dabei hatte Jesus ihnen vorher gesagt, dass er am dritten Tage wieder auferstehen würde. Aber sie waren von seinem Tod am Kreuz so geschockt, dass sie sich nur noch verkrochen hatten und die Berichte der anderen Jünger über die Auferstehung von Jesus einfach nicht glauben wollten. Gleich zweimal lesen wir im Neuen Testament, dass sie nicht glaubten – weder Maria Magdalena noch den zwei Jüngern, die nach Emmaus gegangen waren. Und sogar, als alle aus dem inneren Kreis, der um Jesus herum gewesen war, ihn lebend gesehen hatten, glaubte Thomas der versammelten Mannschaft nicht. Das war ja auch alles so unwahrscheinlich. Ein Toter sollte zurückgekehrt sein?

Aber es war wahr und es war wirklich.

»Selig sind, die nicht sehen und doch glauben.« (Johannes 20,29)

12. April

Was für ein Typ

»Typ« stammt von dem griechischen Wort *typos*, das »Gepräge, Abbild« oder auch »Muster« bedeutet. »Typisch« heißt daher »geprägt«. Jesus war geprägt von dem, was er tat, und von dem, was er sagte. Die Jünger erkannten ihn immer an dem, was für ihn typisch war, zum Beispiel wie er das Brot brach oder an den Nägelmalen in seinen Händen.

So wird es auch einmal in der Ewigkeit sein: Man wird uns erkennen an dem, was für uns typisch ist. Das ist uns nicht fremd. Heute schon wissen wir, wer uns auf der Straße in weiter Ferne entgegenkommt, auch wenn wir ihn noch gar nicht richtig wahrnehmen können. Aber wie der mit den Armen schlenkert, kann das doch nur unser Nachbar sein.

In der Ewigkeit wird es darum gehen, was für unser Leben typisch gewesen ist. Entscheidend wird dann sein, ob sich das Leben von Jesus in unserem Leben durchgesetzt hat. Sein Auferstehungsleben soll in unserem ganzen Leben sichtbar werden. Und man merkt schon hier auf der Erde, ob einer von der Liebe von Jesus geprägt wird. Die Entscheidungsfrage für die Ewigkeit lautet: Ist Jesus für unser Leben typisch? Die Schuldfrage unseres Lebens kommt dann auf einen ganz einfachen Nenner: ob und inwieweit wir das neue Leben durch Jesus in unserem Leben verhindert haben.

»Halt im Gedächtnis Jesus Christus, der auferstanden ist von den Toten.« (2. Timotheus 2,8)

13. April

Würstchenbude

Ich las einmal, dass einer in New York aus einem Rolls-Royce eine Würstchenbude gemacht hat und sich prompt den Protest der Rolls-Royce-Fahrer einhandelte. Ihre Begründung: Dafür sei ein Rolls-Royce nicht gebaut, das gehe an seiner Bestimmung vorbei.

Stimmt. Aber es gibt Wichtigeres als Würstchen. Nein, ich denke auch nicht an Eier. Ich meine auch nicht, dass das Osterfest eine Vereinigung braucht, die es von einem Eier-Hasen-Frühlingsfest wieder seiner eigentlichen Bestimmung zuführt. Das kann keine Vereinigung. Und Gott kümmert sich um seine Sachen schon selbst.

Um uns geht es. Wir sind nicht dafür gebaut, ohne Gott zu leben, und deshalb brauchen wir Jesus, den Auferstandenen. Er ist für uns lebensnotwendig.

»Ihr aber seid das auserwählte Geschlecht, die königliche Priesterschaft, das heilige Volk, das Volk des Eigentums, dass ihr verkündigen sollt die Wohltaten dessen, der euch berufen hat von der Finsternis zu seinem wunderbaren Licht.« (1. Petrus 2,9)

14. April

Keine Lust

Die Kinder kommen von der Schule nach Hause und verkünden lauthals: »Mama, Mama, ich habe keinen Bock mehr. Ich habe keinen Bock drauf.« – »Ja, wo drauf?« Das kann alles Mögliche sein, das kann auch gar nichts bedeuten. Es ist ein absolutes Totschlagargument. »Ich hab' keinen Bock drauf. Ich tue nur noch, wozu ich Lust habe.«

Sinnlichkeit statt Sinn, so hat ein bekannter Soziologe einmal gesagt und damit gemeint, im Leben zählt nur das, was ich fühle. Nur das, wozu ich Lust habe, worauf ich Bock habe und Ähnliches mehr. Ich bin auf einem gefühlsmäßigen Egotrip und lasse mich auch nicht davon abbringen. Wir haben in unserer Familie versucht, dem entgegenzuwirken, und haben gesagt, dass das Wort »Lust« in unserem Haus nicht mehr vorkommen soll. Das ist aber schwierig. Die Kleinkinder bringen es ja schon aus dem Kindergarten mit. Aber warum soll man alles lassen, was schwierig ist?

Wie wäre es denn, wenn es vielleicht genau anders herum geht? Wenn man nur man selbst ist, wenn man verzichtet, wenn man opfert, wenn man Askese übt? Was, wenn es so herum geht und damit anders, als es uns heute verkauft wird? Was wäre denn dann? Dann hat doch eine ganze Generation umsonst gesucht.

»Diese murren und hadern mit ihrem Geschick; sie leben nach ihren Begierden.« (Judas 16)

15. April

»Wie Luther auf der Flucht«

Mein ehemaliger Vikariatsleiter war schon lange Jahre Pastor in einer anderen Gemeinde. Ich hatte ihn eingeladen, doch mal wieder in seiner alten Gemeinde zu predigen. Das tat er und er sagte unter anderem: »Eines Tages kam ein junger Mann zu mir. Er sah aus wie Luther auf der Flucht.«

Dieser junge Mann war ich. Ich kam aus dem Studium, hatte gerade mein Examen gemacht und sah wirklich ziemlich abgemagert aus. Meine Frau bekam schon von wohlmeinenden anderen Frauen aus der Gemeinde zu hören, sie müsse besser auf mich aufpassen und besser für mich kochen, damit ich zu Kräften käme. *Mens sana in corpore sano* – in einem gesunden Körper wohnt auch ein gesunder Geist. Das müsse man schließlich auch ein klein wenig sehen können.

Ich bin nicht wie Luther auf die Wartburg geflüchtet, aber mein Herr hat dafür gesorgt, dass ich spindeldürrer Spargeltarzan endlich wieder zunahm. Das leibliche Brot bekam mir, weil mir auch das geistliche, das heilige Abendmahl, so gut schmeckte. Beides ging Hand in Hand, und ich erfreue mich heute bester Gesundheit. Dem Herrn sei Dank!

»Bietet Brot den Flüchtigen.« (Jesaja 21,14)

16. April

Eine katholische Nonne

Was für eine Prachtfrau! Die Nonne ist fast 80 und führt dem Erzbischof von Hamburg den Haushalt. Ich lernte sie vor ca. 30 Jahren kennen. Ich hatte über Radio Bremen einen Radiogottesdienst aus unserer Gemeinde gemacht und bekam wenige Tage später ein Päckchen mit Blumen darin – aber keine getrockneten Blumen, sondern richtige lebendige. Das war der Beginn unserer Bekanntschaft. Diese Schwester ließ sich auch bald auf die Liste derer setzen, die meine Predigten per Kassette zugeschickt bekamen. Sie besitzt diese Kassetten auch heute noch. Bei einem Telefonat sagte sie neulich: »Das ist etwas mit Herz.« Das tut auch mir gut.

Vor Kurzem feierte sie ihren 50-jährigen Ordinationstag und lud mich ein. Ich wollte in ihr Kloster in der Nähe von Osnabrück fahren und fragte: »Ihr habt ja sicher auch eine Eucharistiefeier, darf ich denn als Evangelischer überhaupt daran teilnehmen?« Sie meinte: »Ja«. – »Nee, da fragen Sie lieber erst mal Ihren Erzbischof.« Er stimmte auch zu. Und so war ich in einer katholischen Messe zu Gast.

Bei dieser Schwester merkt man etwas von der Liebe, die größer ist als alle Grenzen – von der Liebe zu Jesus und untereinander.

»*Seid eines Sinnes, habt gleiche Liebe, seid einmütig und einträchtig.*« (Philipper 2,2)

17. April

Nur ein Blick?

Die Mutter stand zu weit weg, und es waren zu viele Leute im Raum. So konnte sie nichts sagen. Also warf sie ihrem Sohn einen Blick zu, dem es an Deutlichkeit nicht fehlte. Der Sohn war zu diesem Zeitpunkt zwölf Jahre. Der Blick verfehlte seine Wirkung nicht. Die Mutter leitete ihn mit ihren Augen.

Wenn Blicke töten könnten, ja, dann wäre unsere Erde ziemlich leer. Der Einzige, unter dessen Blick wir nur verglühen könnten und dessen heiliger Blick uns Sünder in einen tötenden Schockzustand versetzen würde, der blickt voll Liebe: Jesus Christus. Wenn das zu Tränen der Buße führt wie bei Petrus, als er ihn verleugnet hatte, wächst unter dem Liebesblick von Jesus auch unsere Liebe zu ihm.

»*Ich will dich mit meinen Augen leiten.*« (Psalm 32,8)

18. April

Kopflos

Das erste Examen stand vor der Tür, also lernte und lernte ich. Gerne hätte ich die Prüfer zum »Inselspringen« eingeladen – von einer Insel zur anderen im Meer des Nichtwissens. Ich registrierte deutlich, dass ich langsam, aber sicher kopflos wurde. Aber ein Examen ohne Kopf bestehen?

Man kann den Kopf verlieren. Man kann ihn sich aber auch zerbrechen. Manche sprechen respektlos auch von »Eierköpfen«. Auch für »Quadratschädel« gilt, dass man den Kopf zum Benutzen mitbekommen hat und nicht nur als Hutablage gebrauchen soll. Ob es tatsächlich so erstaunlich ist, dass so viele, die wirklich nachdenken, Christen werden?

Wer sich den Kopf zerbricht, muss wissen, wer er ist, woher er kommt und wohin er geht. Er landet immer bei Jesus Christus. Wer das nicht will, muss schon mit Gewalt seinen Kopf abschrauben oder ihn in den Sand stecken. Ändern tut das nichts. Aus Liebe zu uns hat Gott »den Kopf am Kreuz von Jesus Christus verloren«. So etwas tut nur einer, der wirklich liebt.

»Gegrüßet seist du, der Juden König! Und sie spien ihn an und nahmen das Rohr und schlugen damit sein Haupt.«
(Matthäus 27,29–30)

19. April

Magenschmerzen

Der Befund war deutlich. Der Arzt erklärte meinem Freund, dass seine Bauchschmerzen ein Magengeschwür seien. Er dachte, er hätte einfach nur Magenschmerzen. Aber in Wirklichkeit lag ihm die Sünde auf dem Magen. Er wusste genau, was ich ansprach. Die Sünde war echt.

Da helfen dann auch keine Medikamente. Der Fachmann für Vergebung muss ran: Jesus Christus. Ohne sich zu seiner Schuld zu bekennen, läuft da natürlich nichts. Wie soll Jesus heilen, wenn wir ihm etwas vormachen? Jesus aber will vergeben, und er nimmt die Schuld weg, die einem den Magen zugeschnürt hat. Dann ist man endlich den Druck los. Aus magenverstimmten Menschen werden unbelastete Gotteskinder. Auch aus meinem Freund, der das Evangelium ganz neu entdeckte.

»Ich ging hin zu dem Engel und sprach zu ihm: Gib mir das Büchlein. Und er sprach zu mir: Nimm hin und verschling's! Und es wird dir bitter im Magen sein, aber in deinem Munde wird's süß sein wie Honig.« (Offenbarung 10,9)

20. April

Das kostet den Hals

Bei der Französischen Revolution mussten die Scharfrichter im Akkord arbeiten. Männer und Frauen wurden gleichermaßen zur Guillotine geführt. Aber die Männer blieben bis zum Schluss vornehm: *Ladies first* – die Frauen zuerst.

Das schnürt einem den Hals zu. Erst kann man den Hals nicht vollkriegen und lässt sich auf die Sünde ein, dann steht einem das Wasser bis zum Hals, und endlich legt sich das Leben wie ein Strick um den Hals. Kein Wunder, dass es einem zum Halse herauskommt und nicht mehr schmeckt. Ein Leben mit Sünde wird so zum Halsabschneider.

Gott hat uns so am Hals. Und hat es sich den Hals kosten lassen, um uns neu zu machen. Unser Leben, unsere Sünde, hat Jesus am Kreuz sterben lassen. Jetzt können wir wieder leben.

»Schüttle den Staub ab, steh auf, Jerusalem, du Gefangene! Mach dich los von den Fesseln deines Halses, du gefangene Tochter Zion!« (Jesaja 52,2)

21. April

Kennenlernen

Die SMD (Studentenmission in Deutschland) hatte zu einem Eröffnungsabend des Sommersemesters eingeladen. Als die Tür aufging, kam ein wunderschönes Mädchen herein. »Die Erstsemester werden auch immer jünger«, dachte ich. In der Vorstellungsrunde hörte ich dann, dass sie gerade mit dem Biologiestudium angefangen hatte. Aber die eigentliche Geschichte dahinter erfuhr ich erst später. Denn eigentlich wollte meine spätere Frau – denn um keine andere handelte es sich bei der Biologiestudentin – in die ESG (Evangelische Studentengemeinde) gehen. Ihre Mutter, eine fromme Frau, hatte ihr gesagt: »Geh in die SMD. Da triffst du echte Christen.« Aber so viel »Weisung« wollte sie nicht. Sie wollte lieber unabhängig selbst entscheiden, wohin sie gehen wollte. Und so entschloss sie sich dann für die ESG, die war liberaler als die SMD. Deshalb war sie an diesem Abend hier und traf auf einmal auf geschlossene Türen, weil der Abend in der ESG an diesem Tag ausfiel.

War das ein Zufall? Nein, ich glaube, es war Führung. Andernfalls hätte ich ja meine Frau nie kennengelernt. Den Plan hatte Gott gemacht.

Als sie da nun etwas verloren vor der Tür stand und schon wieder umkehren wollte, kam eine Kommilitonin, die sie kannte, und lud sie spontan zur SMD ein. Auf diese Art und Weise kam meine Frau doch noch in die SMD. Gott sei's gedankt. Ich habe mich ruck, zuck in sie verliebt. Da hat Gott mir ein großes Geschenk gemacht.

»Verlass dich auf den Herrn von ganzem Herzen, und verlass dich nicht auf deinen Verstand, sondern gedenke an ihn in allen deinen Wegen, so wird er dich recht führen.« (Sprüche 3,5–6)

22. April

Gott reißt sich ein Bein aus

Er war Kapitän auf großer Fahrt. Er sah gut aus, hatte Schlag bei den Frauen. Nur die Männer fanden ihn nicht gerade prickelnd. Und wie der da schon wieder stand. In der linken Hand ein Bier, in der rechten eine Zigarette. Seine Ehe hatte er gerade gegen die Wand gefahren.

Das ist doch kein Beinbruch, so ein bisschen Sünde. Fehler hat doch jeder. Fragt sich nur, wie Gott das bewertet. Ob er wirklich fünfe gerade sein lässt? Die Bibel sagt uns, dass Gott vollkommen ist und uns nach diesem Maßstab richten wird. Also doch ein Beinbruch, ein Seelenbruch. Was für ein Glück, dass Gott sich ein Bein für uns ausgerissen hat, um uns durch Jesus heute schon Vergebung zu bringen. Heute, solange wir noch leben und die Vergebung annehmen können.

Der Kapitän nahm sie an und änderte seinen Lebenskurs.

»Das Wort Gottes scheidet Seele und Geist, auch Mark und Bein, und ist ein Richter der Gedanken und Sinne des Herzens.« (Hebräer 4,12)

23. April

Was für ein Gewicht

Eine Bekannte von uns hat eine Freundin. Eine übergewichtige Freundin. Ein Stuhl brach schon unter ihr zusammen. Als sie das letzte Mal zu Besuch war, kam sie allein nicht wieder aus dem Sessel hoch. Unsere Bekannte schaffte es mit letzter Kraft, sie wieder hochzuziehen.

Übergewicht ist nicht gesundheitsfördernd. »Ich muss abnehmen«, ist deshalb oft ein guter Wunsch und Vorsatz. Geistliche Fettsucht und Überfüllung sind immer da, wo Christen ihren Jesus nur für sich haben wollen. Wo sie nur aufnehmen, aber nie abgeben.

Johannes der Täufer hatte einen absolut richtigen Gesundheitstipp, den alternativen Fingerzeig zum gesunden geistlichen Leben: Ich muss abnehmen. Wie? Er muss zunehmen. Wer? Jesus. Natürlich hat er das nicht nötig, aber wir. Er muss in uns zunehmen.

»Er muss wachsen, ich aber muss abnehmen.« (Johannes 3,30)

24. April

Du liegst mir am Herzen

In meinem Arbeitszimmer steht eine Kniebank, die ich gerne gebrauche. Auch in der Seelsorge. Viele haben da schon gekniet und ihr Leben Jesus anvertraut oder vor Jesus in Ordnung gebracht. Wenn sie dann wieder aufstanden, hatte die Freude sie ganz oft überwältigt, ganz nach dem Motto: »Ihr sollt springen wie die Mastkälber« (Maleachi 3,20). In der Decke waren deshalb lauter Dellen – so hoch sind sie gesprungen.

»Das liegt mir am Herzen« oder »Das ist mir wichtig« – wer liebt oder leidet, kennt die Bedeutung solcher Sätze am besten. Wie sehr Gott sie kennt! Dass er sich seinen Sohn Jesus Christus vom Herzen gerissen hat, zeigt, wie sehr wir ihm das Herz schwer gemacht haben. So wichtig sind wir ihm. Da kann einem vor Freude schon das Herz stehen bleiben oder fröhliche Rhythmusstörungen bekommen.

Mein Herze geht in Sprüngen
und kann nicht traurig sein,
ist voller Freud und Singen,
sieht lauter Sonnenschein.
Die Sonne, die mir lachet,
ist mein Herr Jesus Christ;
das, was mich singen machet,
ist, was im Himmel ist.[1]

»*Du erfreust mein Herz.*« (Psalm 4,8)

---

[1] Paul Gerhardt: Ist Gott für mich, so trete. EG Nr. 351,13

25. April

Wenn die Nerven flattern

Sie schien nicht von dieser Welt zu sein. Aber sie war es – meine Frau vor ihrem Examen. Sie nahm nichts mehr wahr. Erkannte mich nur knapp – und machte ihr Examen trotzdem mit einer »Eins«. Die Nerven!

Der geht einem auf die Nerven. Und logischerweise geht man ihm aus dem Weg. Oder wenn man ihm ausgesetzt und die »Frustrationstoleranz« erschöpft ist, explodiert man eben. Au backe! Wenn Gott so wäre. Wie wir dem auf die Nerven gehen mit unserer Quengelei, unserem Stöhnen und unserer Sünde. Dass Gottes Nervenkostüm (noch) nicht reißt und er (noch) nicht explodiert und Schluss macht, liegt nicht daran, dass er etwa eine lange Leitung hätte, sondern daran, dass er (noch) liebt und will, dass seine Liebe uns verändert. Für uns nervtötende Typen eine reelle Chance.

»Selig ist, wer sich nicht an mir ärgert.« (Matthäus 11,6)

26. April

Ich höre

Unsere Erde hat Ohren. Radar-Ohren. Mit denen hören wir weit in den Kosmos hinein. Solche Ohren möchte ich nicht haben. Große Ohren sind schon gewöhnungsbedürftig, und so riesige Ohren erst recht! Gott sei Dank für meine ganz normalen Ohren.

Ich bin ganz Ohr. Natürlich bestehe ich nicht nur aus Ohren, aber ich bin voll da. Jetzt gibt es nichts anderes als zuhören. »Ich höre dich, also sprich«, sagt Gott. Wenn wir man nur mit ihm reden würden! Und wenn wir mit ihm reden, was geht da alles in Gottes Ohr? Was für ein Geplapper! Ein Wunder, dass Gott immer noch ein offenes Ohr für uns hat und nicht nur mit halbem Ohr hinhört.

»Der das Ohr gepflanzt hat, sollte der nicht hören?« (Psalm 94,9)

27. April

Freude auf den Himmel

Meine Schwiegermutter war eine fromme Frau. Nun wurde sie alt und älter. Das Leben wurde beschwerlicher und das Alleinsein auch. Sie wusste: Irgendwann geht es nach Hause – zum Herrn, zum Heiland. Und sie freute sich darauf.

Eines Nachts ging ich in unserem Pfarrhaus über den Flur. Ich hatte noch lange gearbeitet, die Tür zum Schlafzimmer meiner Schwiegermutter war nur angelehnt, damit man im Notfall schnell helfen konnte. Sie hatte kurz zuvor einen Herzinfarkt erlitten und lebte seitdem bei uns. Ich hörte sie beten. Es war nicht zu vermeiden, dass ich es mithörte: »Herr, heute Nacht kannst du mich doch eigentlich zu dir holen. Ich möchte zu dir.«

Was für ein Glaube, was für eine Freude, was für eine Sehnsucht! Aber wann wir gehen, das bestimmt allein unser Herr. Er hat meine Schwiegermutter drei Monate später heimgerufen in sein ewiges und herrliches Reich.

»Ihr aber werdet euch freuen mit unaussprechlicher und herrlicher Freude, wenn ihr das Ziel eures Glaubens erlangt, nämlich der Seelen Seligkeit.« (1. Petrus 1,8–9)

28. April

»Hast du mich lieb?«

»Hast du Jesus lieb?«, wurde ich in einer großen Runde von Menschen gefragt. Ich antwortete ganz spontan: »Natürlich.« Denn Christentum ohne die Liebe zu Jesus, das erschien mir absurd. Aber so spontan, wie ich da geantwortet habe, scheint die Sache nicht zu sein.

Auf einer Superintendentenkonferenz wurde einmal gefragt: »Habt ihr Jesus lieb?« Da war vielleicht was los. Junge, Junge, was bekam man da alles zu hören. Dabei sagt die Bibel klipp und klar, dass wir Gott lieb haben, Jesus lieb haben und unseren Nächsten lieb haben sollen. Aber das scheinen einige vergessen zu haben und halten deshalb nur noch das Wort von »Liebe deinen Nächsten wie dich selbst« hoch.

Aber die Nächstenliebe ist wie die Zierleisten an einem Auto. Das Erste ist die Liebe zu Jesus, dem Motor des Autos. Deshalb gehört zu einem Christen unbedingt, dass er Jesus lieb hat, wenn er Zeuge sein will. Solche Menschen sind gefragt. Menschen, die Zeugen sind, damit andere Menschen Orientierung finden.

»Hast du mich lieb?« (Johannes 21,16)

29. April

Zeuge sein

In den USA wurde eine Umfrage gemacht: »Möchten Sie neben einem Evangelikalen leben?« Die Fragestellung suggeriert ja schon das Nein. Und das Nein kam auch prompt. Nein, man wolle nicht neben einem Evangelikalen leben. Warum nicht? Wollten die Menschen nicht neben einem Zeugen von Jesus leben?

Tja, wenn die Leute nur wüssten, wie schön das ist, neben einem netten Menschen zu wohnen, neben einer netten Familie zu leben, die freundlich und hilfsbereit ist, dem Nachbarn zugewandt, gerne hilft und immer ein Ohr und ein Herz für den anderen hat. Neben jemandem, der sich freut, wenn sich der Nachbar freut, der mitleidet, wenn der Nachbar leidet, der Anteil nimmt an seinen Problemen – aber auf unaufdringliche Art! Einfach freundlich und damit einladend. Woher bekommen denn Menschen solch ein Wesen? Aus der Liebe zu Gott. Ohne die Liebe zu Gott, ohne die Liebe zu Jesus gibt es auch keine Nächstenliebe.

»Zeuge sein« leitet sich aus einer indogermanischen Sprachwurzel ab und bedeutet eigentlich »ziehen«. Ich ziehe jemanden irgendwohin. Nun kennen wir wahrscheinlich alle den Spruch von Karl Valentin: »Erziehung ist zwecklos, Kinder machen sowieso alles nach.« Aber das erscheint mir wie eine Karikatur. Nein, wir wollen andere Menschen zu Jesus ziehen. Wir wollen es unaufdringlich tun. Wir wollen nach dem Wort von Luther leben: »Ein Bettler sagt dem anderen, wo es was zu essen gibt.« Das schafft eine hohe Solidarität. Das vermeidet Arroganz, Hochmut und Überheblichkeit.

»*Wer in der Liebe bleibt, der bleibt in Gott und Gott in ihm.*« (1. Johannes 4,16)

30. April

Eines Sinnes

Die Grundregel bei der Beseitigung von Streit heißt: Tut Buße und lasst euch *einen* Sinn schenken! Darin besteht die Einigkeit.

Verschiedene Meinungen können trotz allem vorhanden sein. Wir werden in einem Mitarbeiterkreis ertragen müssen, dass wir nicht in allen Fragen nur einstimmig abstimmen. Dass zwei eines Sinnes sein und trotzdem schlecht im selben Arbeitsfeld miteinander auskommen können, weil sie in Sachfragen verschiedener Meinung sind, zeigt uns das Beispiel von Paulus und Barnabas. Die trennten sich.

Das ist kein Freibrief, sich auf Kosten der anderen so auszutoben, wie man will, aber auch ein Hinweis darauf, dass wir nicht gut beraten sind, alle Kontroversen und Gefühle um jeden Preis zusammenzukleistern.

»*Und Paulus und Barnabas kamen scharf aneinander, sodass sie sich trennten.*« (Apostelgeschichte 15,39)

Mai

1. Mai

Qualitätsprüfung

Ein Freund von mir wechselte die Arbeitsstelle. Er hörte als Direktor eines Missionswerkes auf und wurde Pfarrer in einer kleinen Gemeinde mit angeschlossenem Freizeithaus. Mit seiner Familie zog er auch in das Pfarrhaus ein. Nach relativ kurzer Zeit wurde eins der Familienmitglieder krank. Dann noch eins und noch eins, schließlich seine Frau und auch er selbst. Eine lange Zeit im Krankenhaus war angesagt. Die Ärzte fanden nicht heraus, was das für eine Krankheit war. Bis eines Tages einer aus dem Dorf sagte: »Kein Wunder. In diesem alten Kasten sind so viele verschiedene Materialien verbaut. Da kann man schon krank werden.« Dieser Satz – ganz unabsichtlich gesprochen – wurde zum Schlüssel für das weitere Wohlergehen der Familie. Das Haus war gesundheitsschädigend.

Der Apostel Paulus hat ein ähnliches Bild verwendet. Am letzten Tag, wenn unser Herr Jesus Christus wiederkommen wird, wird offenbar werden, ob einer mit Gold, Silber und edlen Steinen gebaut hat oder mit Holz, Heu und Stoppeln. Qualitätsprüfung ist angesagt. Und das heißt nach Aussage der Bibel, dass im Gericht Gottes nur bestehen wird, was in unserem Leben aus Liebe heraus geschehen ist. Alles andere wird verbrennen.

Man stelle sich vor: Mutter Theresa hätte ihre ganze fantastische Arbeit nicht aus Liebe zu den Menschen getan, sondern um selbst damit groß rauszukommen. Es wäre immer noch eindrucksvoll, aber vor Gottes Gericht wäre es nichts.

»Wenn aber jemand auf den Grund baut Gold, Silber, Edelsteine, Holz, Heu, Stroh, so wird das Werk eines jeden offenbar werden.« (1. Korinther 3,12)

2. Mai

Ein Strahl

Ich liebe Hochzeiten. Die Leute sind fröhlich, manchmal auch etwas angetrunken. Das Brautpaar ist aufgeregt und wunderschön angezogen. Die Atmosphäre ist – na sagen wir – in freudiger Erwartung.

Da kam ein Brautpaar mit der Kutsche die lange Straße entlang in gleichmäßigem Trab vorgefahren. Der Kutscher auf dem Bock in dem entsprechenden Anzug und Mantel lächelte. Dann gab er das Stoppzeichen und hielt an. Die Braut stieg aus. Sie trug ein wunderschönes Brautkleid, ein kleines »Ah!« entschlüpfte den Anwesenden. Dann erschien der Bräutigam, und man hörte noch ein »Ah!«, wenn auch ein nicht ganz so lautes. Und dann musste dieser Moment festgehalten werden. Auf Fotos natürlich, jeder Menge Fotos. Also stellte sich die Braut neben das Pferd und der Bräutigam daneben. Während die Fotoapparate klickten, hob das Pferd den Schwanz – es ergoss sich ein Strahl vom Pferd über die Braut, über das wunderschöne weiße Gewand. Das war jetzt nicht mehr weiß. Ein entsetzter Aufschrei, dann die Tränen, eine Katastrophe. Das sind Momente, die man nicht vergisst. Wir putzten und wuschen und wischten. Alle weiblichen Mitglieder der Hochzeit waren damit beschäftigt, die Braut wieder herzurichten, und so einigermaßen ging es auch.

Später würde man sich an die Tränen erinnern und darüber lachen. Aber der fröhliche Augenblick war erst einmal zerstört. Da ist es gut, wenn man auch in solchen Momenten seinen Heiland hat.

»Die auf ihn sehen, werden strahlen vor Freude.« (Psalm 34,6)

3. Mai

Foto, Foto

Russlanddeutsche heiraten häufig recht früh. Sie war 17, er war 19 Jahre alt. Und die Kirche war überfüllt. 300 Leute, alle behängt mit Fotoapparaten und mehreren Kameras. Ich dachte mir meinen Teil, während ich mit dem Brautpaar in die Kirche einzog. Und was ich dachte, passierte natürlich. Kaum hatte ich die beiden getraut, kaum hatten sie zueinander »Ja« gesagt, kaum hatte ich sie eingesegnet, stürzte auch schon der Erste mit einem Fotoapparat in der Hand herbei. Dann zehn, dann 50, dann 100, zum Schluss war die ganze Kirche in hellem Aufruhr. Alle wollten knipsen. Ich rief ganz entgegen meiner Gewohnheit mühsam dazwischen: »Das Brautpaar bleibt knien und ist zum Fotografieren freigegeben.« Und dann knipsten sie. Zehn Minuten lang. Das Brautpaar hielt eisern durch. Ob die beiden durch die vielen, vielen Bilder glücklicher waren? Ich weiß es nicht.

Wenn die Bibel von Bildern spricht, dann meint sie nicht Fotos, sondern das Bild des lebendigen Gottes.

»Wir werden verklärt in sein Bild von einer Herrlichkeit zur anderen von dem Herrn.« (2. Korinther 3,18)

4. Mai

»Liebe Trauergemeinde!«

Ich kam von einer Beerdigung und musste sofort zu einer Trauung. Ein nahtloser Übergang. Aber kommt die Seele da eigentlich mit? Meine hatte da ein paar Schwierigkeiten. Und deshalb stand ich vor der versammelten Hochzeitsgemeinde und sprach sie mit den Worten an: »Liebe Trauergemeinde.« Sagen wollte ich: »Liebe Traugemeinde.«

Manche würden mir vielleicht sagen: »Junge, du musst viel abgebrühter sein. Das musst du doch wohl als Pastor hinkriegen können.

Du bist so lange im Dienst, sodass du das auch seelisch verarbeiten kannst.«

Aber ich kann das nicht. Bei einer Beerdigung bin ich zu 100 Prozent bei der Beerdigung, und bei einer Trauung bin ich zu 100 Prozent bei der Trauung. Aber wenn beides so schnell aufeinanderfolgt, überfordert das mich. Alles hat seine Zeit, und so müsste eigentlich von Amts wegen auch eine Zwischenzeit eingeplant sein, damit die Seele des Pastors mitkommt.

Ich habe mich dann umgestellt, um solche Peinlichkeiten zu vermeiden, und habe später nur noch die Trauergemeinde mit »Liebe Trauergemeinde« begrüßt und die Hochzeitsgemeinde mit »Liebe Hochzeitsgemeinde«. Dies sollte mir nicht wieder passieren, und ich denke, die jeweils so unterschiedlichen Gemeinden haben ein Recht darauf, dass ihr Pastor ganz für sie da ist.

»Freut euch mit den Fröhlichen und weint mit den Weinenden.«
(Römer 12,15)

5. Mai

Bei Hochzeiten fällt das Predigen leicht

Manchen sieht man es an, dass sie schon seit vielen Jahren nicht mehr oder noch nie in der Kirche gewesen sind. Und bei manchen spürt man die Abwehr ganz deutlich. Da sitzen sie dann mit einem überlegenen Lächeln, etwas spöttisch grinsend, so nach dem Motto: »Was willst du mir schon erzählen? Meine Erfahrungen habe ich gemacht. Mit dem Leben, mit Männern, mit Frauen. Und nun kommst du.«

Und dann komme ich. Dann predige ich von der Liebe und von den Enttäuschungen, die wir anderen zugefügt haben, und von den Enttäuschungen, die andere uns zugefügt haben. Und dann geht es ganz schnell. Das überlegene Lächeln verschwindet. Sie hören zu. Denn geliebt werden wollen alle. Und lieben können wollen auch alle. Wenn zwei sich jetzt einander aus Liebe anvertrauen, dann brauchen sie dringend die Liebe Gottes, die auf ihrer Seite ist, die sie

Tag und Nacht begleitet, die sie behütet vor allem Bösen. Ich predige eine Ehe zu dritt: das Brautpaar und Jesus.

Wenn ich dann später an der Tür stehe und die Leute verabschiede, guckt mich der eine ganz verwundert an, der andere richtig nachdenklich, die dritte stammelt etwas vor sich hin, das sei aber schön heute gewesen. Der kleinste Teil sagt: »Das war richtig gut, so mal wieder von Jesus zu hören.«

»Nun aber bleiben Glaube, Hoffnung, Liebe, diese drei; aber die Liebe ist die größte unter ihnen.« (1. Korinther 13,13)

6. Mai

Doppelte Hochzeit

Sie sang im Domchor und verliebte sich in einen jungen Mann aus dem Domchor, der aber aus unserer Gemeinde kam. Wie das Leben dann so geht, fanden die beiden tatsächlich zueinander und verliebten sich unglaublich.

Sie kamen zu mir zum Traugespräch. Während wir die formalen Angelegenheiten bald abgearbeitet hatten und auf die Inhalte zu sprechen kamen, wurde die Braut immer stiller, und dann – kurz bevor die Tränen kamen – sagte sie: »Jesus ist in meinem Leben gar nicht dabei. Ich mache alles auf eigene Verantwortung. Auch diese Hochzeit.« Au Backe! Da hatten wir uns festgefahren, dachte ich. Aber dann erkannte ich sehr schnell, dass dies die Gelegenheit war, die sie gesucht hatte, und dass sie schon ganz lange mit Jesus zusammenkommen wollte. Dann haben wir den Schritt gemeinsam getan, zu dritt. Die Entscheidung für Jesus. Die Entscheidung, ihr Leben Jesus zu geben, damit er darin regieren und bestimmen kann und es ihr alles leichter macht, damit sie eine Orientierung in ihrem ganzen weiteren Leben hat, auch in ihrer Ehe.

Und so verstanden wurde es dann eine richtige doppelte Hochzeit: die Hochzeit mit ihrem Mann und die Hochzeit mit Jesus. Da haben die Engel im Himmel gleich doppelt laut jubiliert.

»Selig sind, die zum Hochzeitsmahl des Lammes berufen sind.« (Offenbarung 19,9)

7. Mai

Samstag, 23 Uhr

Um diese Zeit saß ich als Pastor natürlich an der Predigt für den morgigen Gottesdienst. Es klingelte. Ich runzelte die Stirn. Um diese Zeit? Das konnte nur ein Notfall sein. Ein junges Paar stand vor der Tür. Ich guckte sie fragend an, und dann antwortete die junge Frau: »Wir möchten heiraten. Trauen sie uns bitte.« Ich war ein bisschen verdattert und konnte mir insgeheim denken, was dieser Notfall sein könnte: Die beiden wollten zusammen ins Bett, aber die Braut hatte gesagt: »Nur wenn ich verheiratet bin.« Wahrscheinlich hatten sie zu viele amerikanische Filme gesehen und dachten, dass der Pastor auch standesamtliche Befugnisse habe. Hat er aber nicht. Und das war die unangenehme Nachricht für mich, die ich jetzt weitergeben musste. Ich musste sie auf einen anderen Tag vertrösten, an dem sie dann gerne zu mir kommen könnten, nämlich wenn sie standesamtlich verheiratet wären. So konnte ich leider nichts für sie tun. Jetzt guckte das Paar betreten und ratlos. Wir trennten uns. Ich habe sie nie wieder gesehen.

Eine Hochzeit ist ein bisschen mehr als solch eine Blitztrauung, die da verlangt wurde. Eine Hochzeit bindet zwei Leben aneinander für ein ganzes Leben – bis dass der Tod uns scheidet. So soll es sein. So sollte es sein. Und so bitten wir unseren Herrn, so möge es sein.

»Die Ehe soll in Ehren gehalten werden bei allen.« (Hebräer 13,4)

8. Mai

Das Flucherbe

Staunen ist angesagt. König Salomo – was für ein Segenserbe hatte er und auch was für ein Flucherbe! Beides trug er in sich. Erotik, Macht, Reichtum und Ansehen, das waren für Salomo harte Versuchungen. Die Geschichte seiner Eltern David und Bathseba, ihr Wesen hatte ihn anfällig gemacht, sodass er über diese Dinge zu Fall kommen würde. So wie mancher aus der Geschichte seiner Eltern und seiner Familie Anfälligkeiten mitbekommen hatte, über die er gar nicht glücklich war. Erotik, Macht, Reichtum, Ansehen – was Gott als Segen gegeben hatte, das wurde auf einmal vergessen. Es war ein Geschenk, eine Gabe. Und jetzt wollte Salomo einfach alles haben und behalten. Da wurde aus Segen Fluch.

Er entledigte sich seiner Mitbewerber um den Thron durch Mord und Grausamkeit. Er führte seinen Hof wie ein orientalischer Pascha, wie ein Despot. Er nahm Frauen über Frauen. 300 Nebenfrauen, 700 Hauptfrauen. Das sind insgesamt 1000 Frauen! Wie wird man mit 1000 Frauen fertig? Und wie funktioniert denn ein Wochenendausflug mit 1000 Frauen?

Als der Abfall geschieht, heißt es in der Schrift, dass aus dem Segen der Fluch wurde. Salomos Herz war nicht ganz bei Gott. Das ist die eine Übersetzung. Die andere sagt: Sein Herz war nicht ungeteilt.

»Als Salomo nun alt war, neigten seine Frauen sein Herz fremden Göttern zu, sodass sein Herz nicht ungeteilt bei dem Herrn, seinem Gott, war.« (1. Könige 11,4)

9. Mai

Cherchez la femme

Sein großer Harem hat Salomo zu Fall gebracht. Es waren die Frauen, und die sicherlich nicht nur bei ihm. Schließlich gibt es noch mehr Männer auf der Erde, denen die Frauen zu schaffen gemacht haben. Wenn man nach dem Motiv für ein Verbrechen sucht, lautet ein kriminalistischer Grundsatz: *Cherchez la femme* – »Suche nach der Frau«. Bei Salomo war es nicht anders.

Es war sicherlich nicht nur die Menge der Frauen, sondern es war auch die Frage, welche Frauen er sich denn da angelacht hatte. Es waren nicht israelitische, ungläubige Frauen. Und nun reicht ja manchmal schon ein ungläubiger Ehepartner, um es einem schwer zu machen, bei Jesus zu bleiben. Aber gegen tausend ungläubige Frauen ist kein Kraut gewachsen. Da muss man sich doch fragen: »Salomo, wo ist deine Weisheit geblieben?«

»Und Salomo tat, was dem Herrn missfiel, und folgte nicht völlig dem Herrn wie sein Vater David.« (1. Könige 11,6)

10. Mai

Das Alter

Auch unsere Jüngeren werden älter. Sie werden sich wundern, wie schnell das geht. Alter schützt bekanntlich vor Torheit nicht, und wer so manchen Alten sieht, der weiß, dass dieses Sprichwort nur zu wahr ist. Das ist bitter, so etwas überhaupt aussprechen zu müssen. Aber das Alter führt einen nicht von allein zur Weisheit und zum abgeklärten Leben, sondern oft genug in schamlose Torheit. Nicht viel anders ist es Salomo ergangen.

Es ist schlimm, wie manchmal auch gesegnete Leute im Alter alles kaputt machen. Und deshalb warnt uns die Bibel: »Ihr Ende schaut an.« Am Ende wird Bilanz gezogen, nicht zwischendurch in der Blüte der Kraft und auf dem Höhepunkt des Lebens, sondern am Ende, wenn sich einer bewähren muss und bewährt haben muss. Dann wird sich zeigen, was das Leben wert gewesen ist und was man eigentlich gelebt hat.

»Ihr Ende schaut an.« (Hebräer 13,7)

11. Mai

Verklärt oder versteinert?

Wir werden ja alle älter. Im Durchschnitt kann man zur Lebenserwartung von vor 100 Jahren noch einmal 15 bis 20 Jahre hinzuzählen. Das eröffnet ganz neue Möglichkeiten: zu reisen, sein Hobby zu pflegen oder etwas anderes zu tun. Aber es eröffnet auch ganz neue Möglichkeiten, starr und steif zu werden.

»Das Alter«, hat mal jemand gesagt, »versteinert oder verklärt.« Ich halte es für eine Katastrophe unseres Landes, dass so viele versteinerte Alte unter uns sind, aber so wenig verklärte. Unter Verklärung versteht man, dass man Gott in seinem hohen Alter näher gekommen ist und dass man weiß: Ich habe nicht mehr lange Zeit, ich stehe bald vor Gott. Also bringt man sein Leben in Ordnung und versucht, es in den Griff zu bekommen – auch das, was gewesen ist.

Es gehört zu den großartigen Erfahrungen meines Lebens, dass einer mit 92 noch zu Christus gefunden hat und sagen konnte: »Ich habe bisher umsonst gelebt.« Das soll einer mit 92 Jahren erst mal sagen! Aber er hat verstanden, dass nicht mehr viel Zeit bleibt und dass das Alter mehr ist als die Summe des Lebens.

»Verwirf mich nicht in meinem Alter, verlass mich nicht, wenn ich schwach werde.« (Psalm 71,9)

12. Mai

Knapp vorbei ist auch daneben

Man kann ja lange streiten, wo der eigentliche Abfall eines Menschen von Gott beginnt. Ich bin der Meinung, er beginnt nicht erst da, wo einer endgültig stürzt, sondern schon im Verborgenen, im Kleinen, wo es niemand außer Gott sieht.

Wenn Gott nicht der Herr unseres Herzens und unseres Lebens ist, machen sich andere Götter und Götzen über unser Herz her. Die Bibel möchte uns durch das Beispiel des Salomo warnen. Wo stehen wir? Wie sieht unser Herz aus? Ist es ungeteilt bei Gott? Oder sind wir vielleicht nicht ganz bei Gott? Nicht ganz, das genügt. Das ist das Einfallstor des Teufels, um uns von Gott endgültig wegzubekommen. Das wird nicht dramatisch gehen. Das wird nicht mit einem Riesenaufstand geschehen, sondern das geht schleichend und wirkt trotzdem. Es ist ein stilles Gift, aber ein tödliches.

»Der Herr aber wurde zornig über Salomo, dass er sein Herz von dem Herrn, dem Gott Israels, abgewandt hatte.« (1. Könige 11,9)

13. Mai

»Hört auf zu suchen!«

Zwei Jahre war ich bei ihm Vikar. Drei Jahre hatten wir als Pastoren zusammengearbeitet. Dann ging er und ließ mich zurück. Das bedeutete für mich: 6800 Gemeindeglieder, 180 Konfirmanden, jede Menge Trauungen, Taufen, Beerdigungen und Besuche. Wir fingen an zu suchen. Bald war ein Jahr um und wir hatten noch immer nicht den geeigneten Nachfolger gefunden. Ich trug einen weißen Talar und dachte, das würde uns gegen die modernistische Theologie schützen, aber das war ein Irrtum. Das lockte lediglich Pastoren, die gerne im Theater gespielt hätten. Wo haben wir überall gesucht, wo haben wir überall inseriert!

Meine Gesundheit ging den Bach runter. Das war einfach viel zu viel Arbeit. Dabei hatte meine Frau schon den einen Konfirmandenjahrgang übernommen. Das war wegen unserer beiden kleinen Kinder schwierig, aber sie hat es tapfer durchgezogen und durchgehalten. Kurz vor dem drohenden Herzinfarkt sagte mir der Arzt: »Sie müssen raus. Mindestens eine Woche an die See.« Ich antwortete natürlich: »Das geht nicht.« Und ob es ging. Es war eine tolle Zeit.

Aber bald war die Woche um und ich kam wieder nach Hause. Ich las die Bibel, abends betete ich, las dann wieder die Bibel. Ich las sie ja jeden Tag. Aber an diesem Tag las ich eine bestimmte Stelle. Die sprang mich an. Es war mir, als redete Gott mit mir selbst. Ich habe die Stelle angekreuzt und das Datum daneben geschrieben.

Endlich eine Wegweisung! Ich wusste, dass ich im Amt allein bleiben konnte und der Herr mich begleiten würde. Mit diesem Wort bin ich dann in den Vorstand gegangen und habe gesagt: »Hört auf zu suchen. Der Herr hat zu mir geredet.«

»Steh du auf und mache dich an uns; denn wie der Mann ist, so ist auch seine Kraft.« (Richter 8,21)

14. Mai

Auch Pastoren brauchen Jesus

Ein kleiner Junge hatte mich verblüfft. Daniel war fünf Jahre alt, kam in die Kirche und sah mich vor dem Altar in meinem weißen Talar stehen. Ich habe zeit meines Lebens nur einen weißen Talar getragen. Irgendwie war die kirchliche Symbolik so deutlicher –, das weiße Kleid der Gerechtigkeit. Später begegnete ich Daniel auf der Straße und er sagte laut: »Da ist ja der Gott.« Hätte er mich besser gekannt, wäre er natürlich nie im Leben auf den Gedanken gekommen zu meinen, dass ich Gott wäre.

Auch Pastoren sind nur Sünder, die von Gottes Gnade leben. Das wäre ja auch zu schön, wenn das anders wäre und die Pastoren schon die ausgemachten Heiligen wären, ohne jede Sünde und ohne jeden Fehler. *Everybody's darling* – »von jedem geliebt«. Aber so ist das nicht. Auch die Pastoren sind sehr unterschiedlich, sehr, sehr unterschiedlich: in ihrem Charakter, in ihrem Typ, in ihrem Temperament, mit ihrem Intellekt. Die einen können predigen, und die anderen lernen es in ihrem Leben nicht. Die einen sind die geborenen Seelsorger, und die anderen sind es nicht.

Aber wie auch immer, jeder von den Pastoren braucht Jesus. Wie jeder andere normale Mensch auch. Keiner kann ohne Jesus in den Himmel kommen. Keiner kann ohne Jesus hier seinen Dienst tun. Keiner kann ohne Jesus predigen oder Seelsorge üben. Keiner.

»Sie sind allesamt Sünder und ermangeln des Ruhmes, den sie bei Gott haben sollten.« (Römer 3,23)

15. Mai

Die Sauerstoffflasche

Seine Lunge war kaputt, man sah es ihm an. Ich dachte an die vielen Asbestkranken, die ich gekannt hatte und die schon verstorben waren. Dieser Mann in meinem Fitnessklub erinnerte mich an die vielen anderen. Er lief mit seiner Sauerstoffflasche in der Hand herum und trainierte. Nachdem ich ihn das dritte Mal beim Umziehen gesehen hatte, sprach ich ihn behutsam an: »Haben Sie dafür schon einmal beten lassen?« Er guckte mich verständnislos an und fing mit allen möglichen Erklärungen an. »Nein«, sagte ich, »Beten heißt, mit Gott reden.« Plötzlich hörten noch 20 andere Männer zu. Und anschließend wusste jeder, dass ich Christ bin.

Ich erzählte dem Mann, für wie viele Leute ich schon gebetet und wie viele ich schon gesalbt hatte. Und wie meine Freunde und Kirchenvorsteher das tun und getan haben. Aber ich erreichte ihn nicht. Leider. Er ging mit seiner Sauerstoffflasche in der Hand davon. Hatte ich etwas falsch gemacht? Etwas Falsches gesagt? Ich weiß es nicht. Ich weiß auch nicht, ob Gott ihn noch einmal anspricht. Wenn wir ein Zeuge für Jesus sind, dann gibt er uns keine Garantie, dass jedes bezeugte Wort auch Frucht bringt. Er sagt uns einfach: »Tut das! Und dann überlasst mir den Rest.«

Ich habe den Mann leider nie wieder gesehen.

»Das Gebet des Glaubens wird dem Kranken helfen.«
(Jakobus 5,15)

16. Mai

Und du willst Christ sein?

Wie oft habe ich diesen Satz schon gehört. Entweder, weil andere ihn mir selbst sagten, oder wenn andere davon berichteten, dass sie mit ihrem Leben überhaupt nicht klarkamen und dann dies vorgehalten bekamen. Und meine Antwort darauf war immer: »Ja, ich will Christ sein. Dafür ist Jesus gestorben, dass er aus einem Sünder wie mir einen anderen Menschen macht.«

Das eigentlich Christliche ist nicht, dass hier Menschen herumlaufen, die heilig sind, sondern das Wesen des Christentums ist Christus. Und wer zu ihm gehört, der ist an den angeschlossen, der das ganze Leben erneuert. Die Kirche lebt von diesem Geheimnis Christi und nicht von den moralischen Appellen. Wer mit den moralischen Appellen beginnt, der baut den dritten Stock, bevor er das Fundament gelegt hat.

Der Erweckungsprediger Remmer Janssen hat in klarer Sprache gesagt: »Du kannst einem Hund alles abhacken: Schwanz, Pfoten, Beine – er bleibt ein Hund. Aber nimm ihm das Herz raus, und er ist nur noch ein Aas.« Und dann hat er dieses Beispiel auf die Kirche angewandt: »Nimm Jesus raus und die Kirche ist nur noch Aas, ein verwesender Leichnam, der zum Himmel stinkt.«

»Und das Blut Jesu, seines Sohnes, macht uns rein von aller Sünde.« (1. Johannes 1,7)

17. Mai

Der Sohn eines berühmten Vaters

»Lassen Sie mich mit meinem Vater in Ruhe«, schnauzte mich vor einiger Zeit ein gar nicht unbekannter Mann an. Er war der Sohn eines noch berühmteren Vaters. Und als ich ihn so ganz naiv, wie ich war, fragte, ob er der Sohn von dem und dem sei, explodierte er förmlich. Dabei war es keine Schande für ihn, schließlich war er selbst schon ein gestandenes Mannsbild.

Wir alle erben nicht nur das, was uns einer hinterlässt, wenn er stirbt. Wir alle erben schon, wenn wir geboren werden. Wir erben, was unsere Eltern ausgemacht hat. Wir sind viel weniger wir selbst, als wir uns das vorstellen. Wir tragen das Erbe unserer Väter und Mütter in unseren Genen. Manchmal kann man einen erschrecken, wenn man ihm sagt: »Du wirst ja wie dein Vater.« Und dann schlägt er die Hände über dem Kopf zusammen und sagt: »Bloß nicht!

Willst du mich beleidigen?« Manchmal kann man auch jemanden wirklich erfreuen, wenn man ihm sagt: »Du, das hätte dein Vater nicht besser gemacht.«

Wir sind viel weniger original, als wir denken. Wenn wir meinen, wir hätten gerade etwas ganz besonders Tolles geleistet, kommt bestimmt eine Tante mindestens zweiten Grades und sagt: »Das hat er von Onkel Heini geerbt.«

Trotzdem sind wir ein Original, das Gott gewollt hat und das genau so sein soll, wie wir sind. So und nicht anders hat Gott uns gemeint.

»Ich kannte dich, ehe ich dich im Mutterleib bereitete.«
(Jeremia 1,5)

18. Mai

Dein Wille geschehe

Am Ende aller Zeiten, wenn wir vor Gott stehen werden, dann wird es nur noch zwei Arten von Menschen geben. Jene, die zu Gott sagen: »Dein Wille geschehe«, und die, zu denen Gott sagt: »Dein Wille geschehe.«

Was sprachlich so dicht beieinanderliegt, ist ein fundamentaler Unterschied. Die einen sind die, die hier schon auf der Erde nach Gottes Willen versucht haben zu leben und denen es wichtig ist, dass Gott mit seinem Willen zum Zuge kommt. Denn Gottes Wille ist für uns immer das Allerbeste. Und die anderen sind die, denen Gottes Gericht gilt – ganz einfach dadurch, dass er uns unsere Wünsche erfüllt. Wer nie nach Gottes Willen fragt und auch nicht danach leben will, der verspielt sich die Ewigkeit. Der kann alle seine Wünsche erfüllt bekommen auf dieser Erde. Im Gericht fällt er durch.

Ich halte mich lieber an die, die hier schon ihre Knie vor Gott beugen und die nichts anderes wollen, als dass Gott seinen Willen auf dieser Erde durchsetzen kann.

»Dein Wille geschehe wie im Himmel so auf Erden.«
(Matthäus 6,10)

19. Mai

Gott oder Karriere

Der führende Manager einer großen Firma arbeitet und arbeitet. Er bekommt gutes Geld, sehr gutes Geld. Er ist kaum zu Hause, und wie selbstverständlich gehört es dazu, dass auch sonntags gearbeitet wird. Da finden dann immer die Besprechungen statt.

Eines Tages steht unser Mann vor der Alternative: Weitermachen wie bisher, seine Seele an die Firma verkaufen und vielleicht mal irgendwann der reichste Mann auf dem Friedhof sein. Oder das ganze Leben umkrempeln, Zeit haben für die Familie, Zeit haben für den Gottesdienst, Zeit haben für Gott. Er entscheidet sich für Gott. Er lässt sich zurückstufen. Das geht erstaunlicherweise. Von nun an kommt er in den Gottesdienst und nimmt am Gemeindeleben teil, die Karriere ist vorbei. Natürlich verdient er auch viel weniger.

Ich habe selbst miterlebt, dass er ein fröhlicher Mensch geworden ist. Einer, der aus tiefstem Herzen zu seinem Glauben »Ja« sagen konnte und jetzt auch zu seinem Beruf.

»Macht euch Freunde mit dem ungerechten Mammon, damit, wenn er zu Ende geht, sie euch aufnehmen in die ewigen Hütten.«
(Lukas 16,9)

20. Mai

Nach 45 Jahren!

Die Frau, die mich besuchte, kannte ich gut. Sie war schon ganz lange in unserer Gemeinde. Jetzt war sie wie versteinert. Sie hatte ein gewichtiges Anliegen. »Ich habe vor 45 Jahren abgetrieben«, erklärte sie, »und ich habe bei jedem Kinderwagen, den ich sehe, ein schlechtes Gewissen. Inzwischen habe ich es als Schuld erkannt, was ich damals gemacht habe, aber die Schuld kommt nicht zur Ruhe. Sie lebt und sie beschäftigt mich. In meinem Unterbewusstsein ist sie ständig da.« Nach 45 Jahren!

Ach, ist das gut, dass wir einen Heiland haben, der uns kennt und der auch weiß, warum und wie es zu unseren Sünden gekommen ist. Was sind wir gut dran! Ich durfte der Frau das Evangelium noch einmal ganz neu zusprechen: »Das gilt auch für dich und deine Abtreibung. Das hat unser Herr alles mit ans Kreuz genommen und vergeben.« Ich erklärte ihr, dass sie ihre Schuld los sei, wenn sie diese dem Herrn im Gebet sage. Das taten wir gemeinsam. Ich legte ihr dann im Namen des dreieinigen Gottes die Hände auf und sprach ihr die Vergebung der Sünden zu. Gott sei Dank, dass er auch Menschen dafür eingesetzt hat, die dieses weitergeben dürfen. Die Frau ging fröhlich nach Hause. Ihre alte Last war weg. Der Herr hat sie weggenommen und ihr Vergebung geschenkt. Gott sei Dank!

»Jesus Christus ist die Versöhnung für unsere Sünden, nicht allein aber für die unseren, sondern auch für die der ganzen Welt.«
(1. Johannes 2,2)

21. Mai

Nachts

»Müd', allein und in der Nacht, da hat der Teufel Macht.« Das sagte mir der junge Mann, der viel reiste, viel allein war und dem ich erlaubt hatte, mich anzurufen, wann auch immer. Da haben wir so manches Mal miteinander mit dem Teufel gerungen. Manches Böse verhindert. Manche Vergebung habe ich ihm zugesprochen.

Da liegen zwei nebeneinander im Bett. Der eine schläft, die andere wird nachts wach. Und dann überfallen sie wieder alle dunklen Gedanken. Alles, was sie am Tag so einigermaßen unter den Füßen hatte, steht jetzt wieder auf, und den Rucksack, den sie am Tag unter dem Kreuz abgelegt hat, trägt sie auf einmal wieder auf dem Rücken. So schrieb mir eine Pastorenfrau.

Nachts, da scheint der Teufel besonders viel Kraft zu haben. Nachts, da scheint es, als hätte Gottes Wort gar keine Macht.

Nachts, da werden aus Kleinigkeiten riesige Probleme. So scheint es, aber so scheint es auch nur, denn die Wirklichkeit ist anders. Andernfalls könnte man vor Angst ja gar nicht mehr einschlafen. Aber wenn ich zu Jesus rufe und ihn bitte, der Herr dieser Situation zu sein, das Dunkle auszukehren und es wieder in meinem Herzen hell werden zu lassen, dann gibt es eine echte Chance. Und da entpuppt sich die Nacht auf einmal als etwas ganz anderes, nämlich als eine Bewährungsform des Glaubens und eine gute Gelegenheit, damit unser Herr seine Macht demonstrieren kann.

»Der dich behütet, schläft nicht. Siehe, der Hüter Israels schläft und schlummert nicht.« (Psalm 121,3–4)

22. Mai

»Föte wasken«

Meine Frau und ich befanden uns in Oslo. Wir hatten gerade eine Freizeit in einem norwegischen Haus vorbereitet und jetzt, an einem Gründonnerstag, besuchten wir den Gottesdienst in der norwegischen Hauptstadt. Wir verstanden kein Wort. Die Liturgie konnten wir zwar auf Deutsch mitsingen, aber von der Predigt, na ja, verstanden wir leider nichts. Doch dann wurden wir aufmerksam, denn immer wieder fielen zwei Worte: »Föte wasken«. Das erinnerte uns gewaltig an das plattdeutsche Wort für »Fußwaschung«. Darum also ging es: die Fußwaschung durch Jesus. Wir verstanden zwar nur zwei Wörter, und trotzdem konnten wir die biblische Geschichte zur Fußwaschung aufs Neue bedenken.

Ich habe diesen Gründonnerstaggottesdienst und die Predigt nie vergessen. Später ging mir das an anderen Stellen der Erde genauso. Ich bekam ein Wort mit, und dann stand die ganze Geschichte dazu vor meinem inneren Auge auf. Ich habe da gemerkt, dass wir als Christen nicht allein sind. Nicht allein in Deutschland, nicht allein in Europa, nicht allein in der ganzen Welt. Überall gibt es Christen, auch in ganz anderen Kulturen. Gott sei es gedankt.

»*Danach goss Jesus Wasser in ein Becken, fing an, den Jüngern die Füße zu waschen, und trocknete sie mit dem Schurz, mit dem er umgürtet war.*« (Johannes 13,5)

23. Mai

Referat in Englisch I

Es war in der elften Klasse im Englischunterricht. Jeder kam dran. Auch ich. Wir sollten ein Kurzreferat halten. Auf Englisch natürlich, zu einem frei gewählten Text. Da ich bis dahin noch nie in England war, auch keinen englischen Freund hatte oder sonst irgendwann außerhalb der Schule Englisch sprach, hatte ich natürlich gewaltige Angst. Und was für ein Thema sollte ich bloß nehmen? Die Gedanken rasten mir durch den Kopf, aber ich fand einfach nichts Vernünftiges, worüber ich hätte reden können. Bis mir dann ein Traktat in die Hände fiel – auf Englisch. Wieso, warum, woher? Keine Ahnung. Aber da ich es vorher noch nicht gehabt hatte, muss es mir wohl vom Himmel zugeflogen sein. In diesem Traktat wurde die Erweckung in Wales beschrieben. Im 19. Jahrhundert kam es dort zu geistlichen Aufbrüchen, die das Leben im ganzen Land nachhaltig veränderten und geistlich prägten. Zum Beispiel lag bis zu diesem Zeitpunkt die Geburtenrate unehelicher Kinder bei 80 Prozent. Das war jetzt vorbei. Von nun an wurde so gut wie niemand mehr unehelich geboren. Oder die Kriminalität, deretwegen in vielen Dörfern Polizeistationen eingerichtet worden waren, endete mit der Erweckung, und die Polizeistationen mussten aufgelöst werden.

Das sollte mein Referat sein. Es hatte uns niemand gesagt, und es stand auch nirgends geschrieben, dass wir alles selbst ausarbeiten müssten. Und so ging ich mit gutem Gewissen an die Arbeit und nahm das Traktat als Grundlage.

»*Das ist das Zeugnis, dass uns Gott das ewige Leben gegeben hat.*« (1. Johannes 5,11)

24. Mai

Referat in Englisch II

Im Hinterkopf hatte ich bei meinem Referat natürlich meine Klassenkameraden, von denen ich sehr hoffte, dass der eine oder andere interessiert sein oder – noch optimistischer – dass sich vielleicht irgendjemand bekehren würde. Aber das war in der Tat zu freundlich gedacht, denn das passierte nicht. Ich trug den englischen Text vor und berichtete von einer Schule, die durch den Heiligen Geist angerührt wurde, sodass alle Schüler und alle Lehrer innerhalb einer Viertelstunde auf den Knien lagen und zum Herrn beteten und sich zu ihm wendeten – undenkbar heute in einer deutschen Schule. Aber das war damals, als ich das Referat hielt, schon genauso undenkbar. Die ganze englische Schule bekehrte sich.

Die Klasse staunte. Der Englischlehrer war hoch erfreut. Ich hatte nur einen einzigen Fehler gemacht, nämlich *Christ* (»Christus«) und *christian* (»Christ«) verwechselt. Aber das tat dem Ganzen keinen Abbruch. Und ich war froh. Froh, dass ich mich zum ersten Mal in dieser Deutlichkeit zu meinem christlichen Glauben bekannt und von Jesus Christus gesprochen hatte, der das auch heute noch alles tun kann und hoffentlich auch bald noch tun wird. Das ist nach wie vor mein Gebet: Erweckung!

»Weiter, liebe Brüder, betet für uns, dass das Wort des Herrn laufe und gepriesen werde.« (2. Thessalonicher 3,1)

25. Mai

Kirchen zu verkaufen

Ich saß im Großraumwagen im ICE und hörte mit, wie einer den ganzen Zug unterhielt: »Das war eine geile Kirche.« Ich spitzte die Ohren. »Da, wo früher die Kanzel war, hingen jetzt zwei Käfige, große Käfige, und darin tanzten zwei Go-Go-Girls.« Irgendwie kam mir das spanisch vor, so etwas hatte ich in einer Kirche noch nie gesehen. »Ja, und da, wo der Altar stand, war jetzt eine Bar. Super.« Jetzt hatte ich verstanden. Aus der Kirche war eine Kneipe geworden. Die Kirche schien ganz offensichtlich verkauft worden zu sein.

Braucht die Kirche ihre Kirchen? Oder sollen wir sie lieber verkaufen? Ein Lokal daraus machen oder an eine Supermarktkette veräußern? Das kann man sich leicht vorstellen: am Eingang die Registrierkassen, am Altar der Getränkemarkt, die Unterwäsche auf der Orgel, und damit die Heimwerker auch kommen, der Baumarkt im Gemeindesaal. Aber wo soll man dann beten?

»Mein Haus wird ein Bethaus heißen.« (Jesaja 56,7)

26. Mai

Jesus über der Tiefkühltruhe

Das Gemeindeklima ist kalt geworden, und die Gemeinde kriecht immer enger zusammen. Der Gottesdienst findet im Foyer statt oder im Gemeindehaus, das reicht jetzt von der Größe. Manchmal legen auch Gemeinden ihre Gottesdienste zusammen, nehmen einen Kleinbus und fahren die gesamte Gemeinde in einer Tour in den Gottesdienst der Nachbargemeinde, ganz nach dem Motto: »Liebster Jesu, wir sind vier.«

Das ist leider keine Karikatur, und das tut weh, dass es in der Kirche so aussieht. In vielen Gemeinden müssen die Gottesdienste einfach ausfallen, weil Pastor, Küster und Organist allein sind. Die Kirchensteuer macht es möglich, dass die Kirchen auch der Kirche gehören. Woanders ist das ganz anders. Da werden Kirchen verkauft. In Holland habe ich einen Supermarkt in einer Kirche gesehen. Der segnende Jesus im Fenster über der Tiefkühltruhe. In Amsterdam konnte ich beobachten, wie eine Kirche in einen Kongresssaal für eine Hotelkette umgewandelt wurde. Am Eingang stand kein freundlicher Küster, sondern freundliche Japaner, die allen Gästen zunickten. Aus England weiß ich, dass Kirchen an andere Religionsgemeinschaften verkauft wurden, zum Beispiel an die Sikhs. Die haben ihren Tempel jetzt in einer ehemals christlichen Kirche.

»Herr, ich habe lieb die Stätte deines Hauses und den Ort, da deine Ehre wohnt.« (Psalm 26,8)

27. Mai

Pfingsten

Hartnäckig hält sich in Schleswig-Holstein das Gerücht, dass vor langer Zeit ein gläubiger Pastor aus Dithmarschen seinen ungläubigen Bauern das Pfingstwunder verdeutlichen wollte. Er übergab vor Beginn des Gottesdienstes dem Küster eine lebende weiße Taube. Die sollte genau in dem Augenblick von der Empore losfliegen, wenn er am Schluss seiner Predigt ausrufen würde: »Und nun komm, Heiliger Geist!« Der Küster war einverstanden. Nach einer mitreißenden Predigt hob der Pastor die Arme zum Himmel und rief laut: »Und nun komm, Heiliger Geist!« Nichts tat sich. Noch einmal rief er. Nichts tat sich. Ein letztes Mal flehte er, und da ertönte die leise Stimme des Küsters von der Empore: »Herr Pastor, den Hielign Giest hat die Kat freten.« (»Herr Pastor, den Heiligen Geist hat die Katze gefressen.«)

Da ist viel Wahres dran. Sechzig Prozent der Deutschen wissen nicht mehr, was zu Pfingsten gefeiert wird. Eigentlich müsste man, wenn überhaupt, nicht von der Dreieinigkeit sprechen, sondern von der Zweieinigkeit, denn mit dem Heiligen Geist können die wenigsten etwas anfangen. Dabei brauchen wir ihn dringend, um zum Glauben zu finden, um den Glauben zu verstehen, um die Bibel zu verstehen, um vollmächtig zu beten und die Beziehung zu Gott zu haben.

»Ihr werdet die Kraft des Heiligen Geistes empfangen, der auf euch kommen wird, und werdet meine Zeugen sein in Jerusalem und in ganz Judäa und Samarien und bis an das Ende der Erde.« (Apostelgeschichte 1,8)

28. Mai

Ein fröhliches Fest

»Wo haben Sie denn Pfingsten verbracht?« Auf diese Frage bekam ich eine verblüffende Antwort: »Auf der Autobahn hinter einem VW.« So hat Gott sich das nicht gedacht mit Pfingsten und dem Heiligen Geist.

Das Wort »Pfingsten« ist abgeleitet von dem griechischen Wort *pentekoste*. Gemeint ist der 50. Tag nach Ostern, das heißt sieben Wochen nach Ostern. Da hat Gott das Pfingstwunder geschenkt, da ist die Gemeinde Jesu »geboren« worden. Da kam der Heilige Geist mit solcher Macht über die Jünger, dass sie geradezu ekstatisch wirkten und die Leute fragten: »Sind sie betrunken? Und das morgens um neun?«

Der Heilige Geist ist nach wie vor die lebensverändernde Kraft. Er macht aus ängstlichen und verzagten Menschen mutige, standfeste Zeugen für Jesus. Er bringt Verzankte wieder zusammen und versöhnt sie miteinander. Er ist größer und stärker als jede Selbstbehauptung und Selbstgerechtigkeit. Bei ihm lernt man wieder, Jesus die Ehre zu geben.

Veni creator spiritus! Komm, Schöpfer, Heiliger Geist!

»Sie wurden alle erfüllt von dem Heiligen Geist und fingen an zu predigen in andern Sprachen, wie der Geist ihnen gab auszusprechen.« (Apostelgeschichte 2,4)

29. Mai

»Das leuchtet mir nicht ein!«

So sagte es eine flotte, junge Frau zu mir. Aber am christlichen Glauben sind nicht die Dinge interessant, die einem einleuchten.

Wunder? Da gibt es zwei Missverständnisse. Erstens: Das rationalistische Wunder gibt es nicht. Das haben wir schon in der Schule gelernt. Manche Christen genieren sich zu erklären, dass sie an

Wunder glauben. Aber die moderne Naturwissenschaft würde ehrlicherweise nie sagen können: »Es gibt keine Wunder.« Das ist eine Aussage aus dem letzten Jahrhundert. Heute weiß die Naturwissenschaft um die Grenzen ihrer Aussagen. Sie kann Wunder nicht bestreiten und nicht beweisen. Gott der Schöpfer hat zwar Gesetzmäßigkeiten gegeben, die wir erforschen können. Aber Christen rechnen mit Gott dem Schöpfer, dem größere Gesetzmäßigkeiten zur Verfügung stehen, für die unser Verstand leider nicht genügt.

Zweitens: das fromme Missverständnis. Man glaubt, was die Bibel über Wunder schreibt, aber tut es doch alles nur als ein frommes Märchen nach dem Motto »Es war einmal …« ab. Es hat nichts mit einem zu tun. Man nennt es Glauben und hält nur für wahr, was einmal war. Lang, lang ist's her. Aber die Bibel ist kein Geschichtsbuch, sondern die Kampfanweisung von Jesus für die Schlacht um diese Welt. Auf dieser Erde regiert ein falscher Herr. Die Bibel nennt ihn Satan. Unser König Jesus Christus ist gekommen, sein Eigentum einzufordern, und deshalb lehrte er, deshalb heilte er, deshalb machten die Leute damals und machen die Leute heute Erfahrungen mit Jesus.

»Wenn ihr nicht Zeichen und Wunder seht, so glaubt ihr nicht.«
(Johannes 4,48)

30. Mai

Kirche ohne Jesus?

Ich stelle mir vor, wie das weitergegangen wäre, wenn Jesus den Jüngern nicht als Auferstandener erschienen wäre. Vielleicht hätten die Jünger sogar eine Kirche hingekriegt – eine sehr menschliche. Jesus hatte ihnen ja Stoff genug dafür geliefert, genügend Anregungen gegeben. Sein Vorbild hätte locker dazu gedient, eine Kirche aufzubauen und an das Gute im Menschen zu appellieren. »Werdet so wie Jesus. Lebt nach der Bergpredigt.« Aber offensichtlich war das nicht genug. Und Jesus wollte nicht eine Kirche, die einen toten Jesus in einem Mausoleum verehren würde. Jesus wollte eine Kirche, in der er leben kann, in der er der lebendige Mittelpunkt ist. Deshalb sind die Zweifel der Jünger wohl verständlich. Aber nun mussten die Zweifel über Bord gehen, nun mussten sie sich eines Besseren belehren lassen, als Jesus ihnen erschien. Und wie er ihnen erschien! Er schimpfte, er schimpfte über ihren Unglauben, über ihr hartes Herz und dass sie den Zeugen seiner Auferstehung nicht geglaubt hatten.

Was würde Jesus bei uns tun? Müsste er auch schimpfen, dass wir einfach nicht mit ihm rechnen und seinem Wort nicht glauben?

»Der das Ohr gepflanzt hat, sollte der nicht hören? Der das Auge gemacht hat, sollte der nicht sehen? Der die Völker in Zucht hält, sollte der nicht Rechenschaft fordern?« (Psalm 94,9–10)

31. Mai

Wie ein Auto ohne Motor

Eine vornehm wirkende Dame sagte zu mir: »In die Kirche gehe ich nicht. Das brauche ich auch nicht. Das hat mir mein Pastor schon vor meiner Konfirmation erklärt. (Die war schon mindestens 55 Jahre her.) Ich gehe lieber in die Natur und suche dort meinen Gott.« Nun, eine solche Aussage hörte ich nicht zum ersten Mal, und deshalb fiel mir die Antwort auch ganz schnell ein. Ich lächelte etwas und sagte: »Ach, wissen Sie, wenn Sie dann mal sterben sollten, dann lassen Sie sich doch auch vom Oberförster beerdigen.«

Ohne den Glauben an die Auferweckung von Jesus und an die Auferweckung aller zum Heil oder zum Gericht ist das ganze Christentum wie ein Auto ohne Motor. Christlicher Glaube steht und fällt mit Ostern, mit der Auferstehung Jesu. Ferdinand Lassalle, einer der Väter des modernen Freidenkertums, antwortete auf die Frage, was denn sei, wenn es nun doch eine Auferstehung der Toten gäbe, mit umwerfender Aufrichtigkeit: »Dann sind wir die Lackierten.«

Damit man sein Leben nicht auf einen tödlichen Irrtum aufbaut, hat der auferstandene Jesus seinen Jüngern und damit seiner Kirche den Befehl gegeben, das Evangelium, die gute Nachricht, allen Menschen auf der ganzen Erde zu bringen. Verzicht auf Mission ist deshalb unterlassene Hilfeleistung.

Jesus sagt: »Ich bin die Auferstehung und das Leben. Wer an mich glaubt, der wird leben, auch wenn er stirbt.« (Johannes 11,25)

Juni

1. Juni

Wir können uns selbst nicht retten

Das könnte man glauben, solange es einem gut geht. Wenn eine Krise kommt, die bis ins Mark trifft, denkt man anders darüber. Die Bibel beschreibt deshalb Sünde nicht als eine Eigenschaft, sondern als eine Gefangenschaft. Und da ist es zunächst ganz egal, ob wir uns gut fühlen oder ob es uns schlecht geht. Solange wir uns um uns selbst drehen, sind wir auch in uns selbst gefangen. Solange wir uns um die Dinge drehen, die uns wichtig sind, sind wir in diesen Dingen gefangen. Um irgendeine geheime Achse dreht sich jedes Leben. Dabei gibt es manchmal wirklich nette Leute, andere werden unausstehlich.

Irgendwo an einem Bauernhaus las ich: »Es gibt Menschen, die kann man lieb haben. Es gibt Menschen, die kann man nur noch lieb haben. Es gibt Menschen, die kann nur noch unser Herr Jesus Christus lieb haben.« So ist es. Egal, wie wir sind: Jesus Christus hat uns alle lieb.

»Darin besteht die Liebe: nicht dass wir Gott geliebt haben, sondern dass er uns geliebt hat und gesandt seinen Sohn zur Versöhnung für unsre Sünden.« (1. Johannes 4,10)

2. Juni

Zeichen, die folgen

Genauer heißt es: Zeichen, die folgen werden denen, die an ihn glauben. »In meinem Namen werden sie böse Geister austreiben, in neuen Zungen reden, Schlangen mit den Händen hochheben, und wenn sie etwas Tödliches trinken, wird's ihnen nicht schaden; auf Kranke werden sie die Hände legen, so wird's besser mit ihnen werden« (Markus 16,17–18). Alle diese Zeichen kann man symbolisch, aber auch wörtlich verstehen. So wie Jesus nicht symbolisch auferstanden ist, sondern konkret den Tod besiegt hat und das

Grab leer war, so sind auch die Zeichen und Wunder, die er tat, real und konkret. Nicht nur die, die er getan hat, sondern ebenso die, er heute noch tut.

Auch die symbolische Deutung hat sehr reale Auswirkungen. Wie viel Böses ist schon durch Freundlichkeit überwunden worden. Wie viele Teufel sind schon durch Liebe besiegt worden. Wie viel Gift, das man durch Augen, Ohren und durch den Mund an sich und seine Seele herangelassen hat, konnte dennoch keinen Schaden anrichten.

Zeichen sind nicht die Fahne, hinter der wir hermarschieren. Zeichen sind nicht einmal flächendeckend. Alle Zeichen weisen hin auf den Gezeichneten. Auf den, dessen Hände und Füße am Kreuz auf Golgatha durchgraben wurden. Dessen Seite zerstochen wurde. Der dann auferstand und den Tod überwand. Der lebt, damit wir an ihn glauben und durch ihn gerettet werden.

»Die Zeichen aber, die da folgen werden denen, die da glauben, sind diese …« (Markus 16,17–18)

3. Juni

Auf die Kranken werden sie die Hände legen

In unserer Gemeinde legen wir Kranken die Hand auf. Diese Handauflegung ist immer verbunden mit dem Gebet.

Irgendwann hatte ich eine Gürtelrose. Ich ging zu meinem Stammtisch, den wir schon seit Jahrzehnten mit den Schülern haben, die damals hier Abitur gemacht haben. Es prasselte auf mich ein: »Du musst zum Besprechen gehen« und so weiter. Ich antwortete: »Ich lasse für mich beten. Da weiß ich, wer regiert. Beim Besprechen weiß ich nicht, welchen Kräften man sich aussetzt und aus welchen Quellen man schöpft.«

Natürlich weiß ich auch, dass das Besprechen äußerlich wohl helfen kann. Aber dahinter steht nicht Gott oder irgendeine neutrale

Macht. Auch der Teufel hat Macht. Selbst wenn er als Engel des Lichts erscheint, heilt er nie. Was er äußerlich heilt, verlagert er auf die Seele. Vielleicht hätte ich meine Gürtelrose verloren, aber meine Seele wäre krank geworden. Und Jesus warnt uns ausdrücklich vor falschen Christussen und falschen Propheten, die auch Zeichen und Wunder tun.

Jesus will nicht nur gesund machen. Jesus will uns heilen. Und Heilung ist mehr als Gesundheit. Aber Jesus macht auch vor der Krankheit nicht Halt, als wäre dies ein Bereich, der seiner Macht nicht unterstünde.

»*Auf Kranken werden sie die Hände legen, so wird's besser mit ihnen werden.*« (Markus 16,18)

4. Juni

Die Migräne ist weg

Ich kannte die Frau schon lange. Vor ca. 20 Jahren kam sie zu mir und bat mich, dass wir für sie beten. Lassen wir sie selbst erzählen: »Jahrzehntelang hatte ich Migräne, genau genommen seit meinem 17. Lebensjahr. 30 Jahre lang habe ich alles versucht, um meine Migräne loszuwerden. Ich habe sämtliche Tablettensorten und alles Menschenmögliche probiert. Nichts half. Oft hatte ich schon am Dienstag meine gesamte Wochenration an Tabletten verbraucht. Ich wusste einfach keinen Ausweg mehr. Nach langem Überlegen und Beten bat ich meinen Pastor und einen der Kirchenvorsteher meiner Gemeinde, mir die Hände aufzulegen und für mich zu beten. Das haben sie getan, und es hat mir augenblicklich geholfen. Ich mochte es erst gar nicht richtig glauben, aber die Migräne war wirklich weg. Das ist jetzt fast 20 Jahre her. Seitdem habe ich keine Migräne mehr. Dafür bin ich meinem Herrn Jesus Christus sehr dankbar und preise ihn.«

»*Strecke deine Hand aus, dass Heilungen und Zeichen und Wunder geschehen durch den Namen deines heiligen Knechtes Jesus.*« (Apostelgeschichte 4,30)

5. Juni

Ischias, oh Ischias

Eine junge Frau kam zu mir und klagte über ihren im Kreuzbein eingeklemmten Ischiasnerv. Schon seit mehreren Wochen hatte sie diese Beschwerden. Die ärztlichen Behandlungen halfen nicht. Unter Handauflegung wurde dann für sie darum gebetet, dass Jesus den Nerv frei werden lassen und die Schmerzen nehmen möge. Später erzählte sie dann: »Ich war danach zwar fröhlich, bin aber trotzdem nach Hause gehumpelt. Im Laufe des Tages ließen die Schmerzen nach. Beim Arzt hatte ich noch mehrere Termine. Aber als er mich untersuchte, fragte er mich nur, was ich eigentlich noch bei ihm wolle, und sagte, ich brauchte nicht mehr wiederzukommen. Ohne zu humpeln und ohne Schmerzen bin ich nach Hause gegangen. Dabei ist es auch geblieben. Das ist jetzt ca. ein Jahr und drei Monate her. Jesus, der große Arzt, hat mich geheilt.«

»Dem, der überschwänglich tun kann über alles hinaus, was wir bitten oder verstehen, (…) dem sei Ehre in der Gemeinde und in Christus Jesus zu aller Zeit.« (Epheser 3,20–21)

6. Juni

Herr, warum?

Zwei Freundinnen kamen zu uns in die Gemeinde, um für sich beten zu lassen. Sie stammten beide aus einer uns befreundeten Gemeinde. Die eine war dort Kindergartenleiterin und die andere war Missionarin im Heimaturlaub. Die eine konnte zum Altar nur mühsam gehen, fast musste sie schon kriechen. Die andere war so fürchterlich schlapp, dass sie dringend Hilfe brauchte. Und dann segneten wir beide und beteten für sie. Das Ergebnis? Die eine konnte mit ihren Rückenproblemen aufspringen und spontan nach hinten durch die Kirche wieder weggehen. Bei der anderen änderte sich nichts, gar nichts. Zweimal wurde derselbe Segen ausgesprochen, aber es gab nur eine sichtbare Wirkung. Die zweite hatte damit zu tun, dass der Herr ihr nicht geholfen hatte. Warum?

Da war jetzt nicht mehr die zeichenhafte Handlung gefragt. Jetzt war Seelsorge angesagt. Denn mit der Warum-Frage konnte man sie nicht allein lassen. Das war eine schwierige Situation, gerade weil die Freundin Heilung erfahren hatte. War sie womöglich selbst schuld? Nein, aber endlich untersuchte jemand ihre Blutwerte. Ein katastrophales Ergebnis. Aber die medizinische Behandlung konnte einsetzen.

»Jesus sprach zu ihnen: ›Meint ihr, dass diese Galiläer mehr gesündigt haben als alle anderen Galiläer, weil sie das erlitten haben? Ich sage euch: Nein.‹« (Lukas 13,2–3)

7. Juni

Die verschiedenen Ergebnisse

Und die anderslautenden Berichte? Wir erleben ja nicht nur, dass Kranke körperlich gesund werden und eine innere seelische Heilung erfahren. Deshalb heißt diese Form der Krankensegnung und -salbung ausdrücklich nicht »Heilungsgebet«. Der Herr der Heilung ist unser Herr. Wir bleiben bescheiden. Der Herr allein heilt.

Wir erleben auch, dass Menschen äußerlich nicht gesund werden, wenn wir für sie beten, wohl aber, dass sie eine innere Kraft bekommen, die Krankheit zu tragen. Wir erleben des Öfteren, dass die Krankheit eine Sprache bekommt. Da weiß man auf einmal, warum einem Gott diese Krankheit nicht genommen hat. Und wir erleben auch, dass Krankheiten in ihrem Verlauf gestoppt werden und zum Stillstand kommen.

Aber wir erleben ebenso eine Form der Heilung, von der selten geredet wird und die nicht besonders beliebt ist: nämlich dass Jesus den Krankheitsprozess beschleunigt und es dann zu einer endgültigen Heilung kommt. Und das ist das ewige Leben, in dem es kein Leiden, keine Krankheit und keinen Tod mehr geben wird.

»*Gott wird abwischen alle Tränen von ihren Augen, und der Tod wird nicht mehr sein, noch Leid noch Geschrei noch Schmerz wird mehr sein; denn das Erste ist vergangen.*« (Offenbarung 21,4)

8. Juni

Unter unseren Möglichkeiten

Wir haben nicht auf alles eine Antwort. Wir wissen nicht, warum Gott den einen ihre Krankheit lässt und die anderen gesund macht. Es ist ganz allein Gottes Sache. Wer für sich beten lässt, der begibt sich ganz in Gottes Hände. Wir sehen allerdings, dass viele Christen unter ihren Möglichkeiten leben. Es sind mehr krank, als krank sein müssten. Jesus lebt doch. Sein Wort gilt. Also darf man davon Gebrauch machen.

Es soll in jedem Fall besser werden, wenn wir krank sind und für uns beten lassen. In früheren Jahrhunderten war das noch stärker im Bewusstsein. Bevor man zum Arzt ging, ging man in die Kirche, um für sich beten zu lassen.

Wir sehen auch, dass Wunder nichts beweisen, aber sie bezeugen den lebendigen Jesus Christus. Jede körperliche Heilung hat ein geistliches Ziel. Jede Heilung ist aber auch nur ein Zeichen für das angebrochene Reich Gottes. Es war, glaube ich, der große irische Literaturwissenschaftler C. S. Lewis, der gesagt haben soll: »Wer an Gott glaubt, ist vor Wundern nicht geschützt.« Stimmt!

»*Ich glaube; hilf meinem Unglauben.*« (Markus 9,24)

9. Juni

In Haft

Ein Missionar erzählte, dass eine Pastorenfrau, die schon seit drei Jahren in Haft war, für wenige Stunden aus dem Gefängnis entlassen wurde, um zum Arzt zu gehen. Währenddessen wurde sie von zwei Bewacherinnen begleitet und fand auch noch die Zeit, in ihrer eigenen Gemeinde vorbeizusehen. Die Gemeindeglieder staunten darüber, dass die Bewacherinnen fast Dienerinnen der Frau waren. Sie waren längst im Gefängnis zum Glauben gekommen. Die Pastorenfrau weinte und betete und sagte zur Gemeinde: »Ich weiß gar nicht, ob ich euch bitten darf, für mich zu beten, dass ich rauskomme. Ich habe längst eine Gemeinde im Gefängnis gefunden.«

Was für ein Zeugnis! Den Konflikt kann ich verstehen. Da, wo wir sind, sollen wir ein Zeugnis für Christus sein. Es gehört zu den Menschenrechten, dass jeder das Evangelium hören kann. Auch die im Gefängnis – die Inhaftierten und auch die Bewacher.

»Um die Mitternacht aber beteten Paulus und Silas und lobten Gott. Und die Gefangenen hörten sie. Plötzlich aber geschah ein großes Erdbeben, sodass die Grundmauern des Gefängnisses wankten.« (Apostelgeschichte 16,25–26)

10. Juni

Verhaftet

In der Zeitung *Rheinischer Merkur* unter der Rubrik »Christ und Welt« wurden im Mai 1990 diese Sätze als »Fundsache« zitiert: »A few were arrested for being a Christian. Would there be enough evidence to convict you?« (»Einige wurden verhaftet, weil sie Christen waren. Würde es genügend Beweise für dein Christsein geben, um dich zu verurteilen?«)

Ist es tatsächlich nur eine »Fundsache«, die lange unter meinen Arbeitszetteln lag? Nein, es ist eine warnende, mahnende Frage. Gibt es genügend Beweise dafür, dass du Christ bist? Ja, was macht das Christsein aus? Sonntags in den Gottesdienst gehen, in den Hauskreis, die Bibel lesen, beten – sind das Beweise für das Christsein? Es sind zumindest Hinweise. Aber die wirklichen Beweise, die liegen tiefer. Die liegen da, wo unser Herz mit Christus verbunden ist. Und da, wo Jesus spürbar in uns lebt. Da, wo wir anders handeln, als wir nach unserem alten Wesen gehandelt hätten. Da sind die Beweise für das Christsein. Die sieht man oft nicht. Aber dann kommen sie überraschend zum Vorschein.

»Ihr verlangt ja einen Beweis dafür, dass ihr einmal gewahr werdet, wer in mir redet, nämlich Christus, welcher gegen euch nicht schwach ist, sondern ist mächtig unter euch.« (2. Korinther 13,3)

11. Juni

Der Teufel übertreibt

Mose David Berg hieß der Begründer der »Kinder Gottes«. *Flirty fishing* war eine Methode, mit der diese Sekte neue Leute zu werben versuchte – also Prostitution in geistlichem Gewand. Was der Teufel nicht verhindern kann, das übertreibt er.

Irgendwo war eine Tochter von zu Hause weggelaufen. Die Mutter rief uns ganz entsetzt an. »Meine Tochter ist bei den ›Kindern Gottes‹. Ich kann sie nicht wieder herausholen.« Ich wandte mich an den damaligen Landesjugendpfarrer. Wir gingen dann zu zweit zu ihnen und wurden tatsächlich hineingelassen. Aber wir wurden sofort getrennt. Jeder kam in einen separaten Raum und bekam eine Extrabetreuung. Dann mussten wir viele Gespräche führen. Halb biblisch, halb theologisch, halb sektiererisch. Und immer versuchten wir, nach diesem Mädchen zu fragen, das hier irgendwo in diesem Haus verschwunden war. Schließlich wurde sie zu uns geführt und wir bekamen sie zu Gesicht. Ich sagte ihr, wo sie sei und was sie zu erwarten habe – gegen den Aufstand der anwesenden Betreuer. Dann wurde sie sofort wieder weggebracht. Mitnehmen konnten wir sie nicht. Am nächsten Tag kam die Mutter zu uns und es geschah das absolut Unerwartete. Das Mädchen musste in sich gegangen sein. Sie wollte mit der Mutter weg. Es gab einen riesigen Krawall in dem Haus. Aber dann lief das Mädchen aus dem Haus, bevor sie festgehalten werden konnte, und fuhr nach Hause.

Damit war die Geschichte noch lange nicht zu Ende. Nun musste das aufgearbeitet werden, was sie bei den »Kindern Gottes« alles erlebt hatte.

»… (damit sie) wieder nüchtern werden aus der Verstrickung des Teufels, von dem sie gefangen sind, zu tun seinen Willen.«
(2. Timotheus 2,26)

12. Juni

Lebensmittel – Todesmittel

Die Mittel, die diese Welt zum Leben gibt, sind nicht Mittel zum Leben, sondern Todesmittel. Ein schreckliches Beispiel dafür gab es in Königsberg, kurz vor dem Einmarsch der Russen: Da fuhren Wagen durch die Stadt und verkauften Zyankalikapseln. Todesmittel!

Gott gibt Lebensmittel, Mittel zum Leben. Er vermittelt uns das Leben durch sein Wort, die Bibel, durch Taufe und Abendmahl und durch die Gemeinschaft mit ihm und anderen Christen, die daraus folgt.

Im Letzten hält nicht, was unser kleiner oder großer Glaube tut oder versucht zu tun, sondern das, was Gott an uns tut. Martin Luther hat in großen Anfechtungen, als von Zweifel viel und von Glauben wenig zu sehen war, mit Kreide auf den Tisch geschrieben: »Ich bin getauft.«

»Oder wisst ihr nicht, dass alle, die wir auf Christus Jesus getauft sind, die sind in seinen Tod getauft?« (Römer 6,3)

13. Juni

Der Mann aus der letzten Reihe

Er war ein begeisterter Schachspieler. Irgendwann einmal verschlug es ihn in unseren Gottesdienst. Da saß er nun in der letzten Reihe. Bevor ich zum Kirchkaffee gehen und am Ausgang die Leute verabschieden konnte, war er schon verschwunden. Einfach weg. Es war, als wäre er gar nicht da gewesen. Aber er war da und der Heilige Geist arbeitete und wirkte an ihm, sodass er eines Tages wirklich zum Glauben fand. Von nun an wurde alles anders. Das Schachspielen gab er auf, weil er gar keine Zeit mehr dafür hatte. Er wurde Mitarbeiter in unserer Gemeinde, er sang im Chor mit, er war im Hauskreis und natürlich jeden Sonntag im Gottesdienst – aber nicht mehr in der letzten Reihe. Dann wurde er in den Vorstand gewählt und war 18 Jahre lang Kirchenvorsteher, als Diplomingenieur zuständig für Baulichkeiten. Er war immer dabei, bei den Männerabenden und bei den Männer-Wanderfreizeiten.

Was Gott aus einem Leben machen kann – unglaublich! So ein wunderbares Zeugnis.

»Es ist gut, auf den Herrn (zu) vertrauen.« (Psalm 118,8)

14. Juni

Harre, meine Seele

Es war Samstagmorgen, 11.30 Uhr. Zwei Herren standen vor meiner Tür. Meine Vorgesetzten. Ich war Vikar. Der Herr Pastor und der Herr Kirchenmusiker, der A-Musiker, guckten ernst. Ich bat sie herein und war gespannt, was es jetzt wohl zu reden gab. Ohne Grund hätten sie mich ja wohl nicht privat aufgesucht. Es gab tatsächlich etwas zu reden. Es ging um das Lied »Harre, meine Seele, harre des Herrn«. Ich sollte am nächsten Tag, am Sonntag, predigen und hatte auch die Auflage bekommen, die Lieder für den Gottesdienst auszusuchen. Unter anderem hatte ich dieses Lied ausgesucht, weil ich dachte, das würde die Menschen dort erfreuen. Im Gottesdienst waren meistens ältere Menschen anwesend, und die kannten das in jedem Fall. Aber – der Herr Kirchenmusiker hatte gerade seiner Gemeinde dieses Lied ausgetrieben. Da war nichts mehr mit »Harren«. Das Lied gab es einfach nicht mehr (obwohl es jetzt wieder im Regionalteil des Evangelischen Gesangbuches Niedersachsen und Bremen steht).

Ich hörte mir die Geschichte an. Ich war etwas verdutzt, und dann sagte ich schließlich um des lieben Friedens willen: »Okay, ich verzichte auf dieses Lied und suche dafür ein anderes aus.« Das habe ich getan, und dann war wieder Frieden, und die beiden gingen fröhlich von dannen. Tja, was man alles so lernen muss als Vikar.

»Der Herr ist mein Helfer, ich will mich nicht fürchten; was kann mir ein Mensch tun?« (Hebräer 13,6)

15. Juni

»Spring doch!«

Das Schwimmen tat mir gut. Mein Rücken entspannte sich und ich schwamm Runde um Runde. Auf einmal schwammen alle anderen im Schwimmbad an den Rand, hielten sich fest und guckten in Richtung Sprungturm. Ich machte das natürlich auch und sah oben auf dem Dreimeterbrett ein kleines Mädchen stehen, schätzungsweise acht Jahre alt. Und sie stand dort und stand und stand. Die Leute von unten riefen: »Spring doch, das macht Spaß.« Aber sie blieb stehen. So ging das zehn Minuten. Da bewegte sich der Bademeister, den das Mädchen nicht sehen konnte, hinten in die Ecke und holte eine dieser langen Stangen, die vorne eine Schleife haben, mit denen er sonst den Kindern das Schwimmen beibrachte. Er nahm die Stange umgekehrt herum in die Hand und stupste das Mädchen ein bisschen an. Sie fiel sofort herunter, kam wieder hoch, schwamm an den Rand, rannte zum Dreimeterbrett und sprang erneut ins Wasser. Dann kletterte sie wieder aus dem Becken, lief zum Sprungturm, sprang ins Wasser usw. Es war eine einzige Freude. Nur die erste Angst musste überwunden werden, aber dann ging das alles ganz flott.

Diesen kleinen Stups wünsche ich mir auch: zu sehen, wann er dran ist, und ihn dann auch auszuüben. Wie oft wäre er hilfreich für die Leute, die zum Glauben kommen wollen, aber dann den letzten Schritt doch nicht tun. Ein heiliger Stups.

»Kommet her zu mir, alle, die ihr mühselig und beladen seid; ich will euch erquicken.« (Matthäus 11,28)

16. Juni

Kritik

Ein Vertretungsgottesdienst war angesagt und ich wusste, dass es in dieser Gemeinde einen Mann gab, der sich als »Wächter« vestand. Er schrieb an alle und jeden, an kirchenleitende Instanzen, an x-beliebige Pastoren. Er schrieb und schrieb. In der Regel immer nur Kritik, warum etwas falsch war und warum das anders gemacht werden müsste. Auch während ich predigte, saß er in der letzten Reihe und hatte die ganze Gemeinde im Blick.

Zum Schluss des Gottesdienstes ging ich an die Tür, um mich per Handschlag von allen Besuchern zu verabschieden. Der Erste, der herausging, war der »Wächter«. Er sagte: »Alles richtig!« Und ich konnte nur antworten: »Ja, und?« Ein paar Leute waren schon hinter ihm, hörten das Ganze und fingen laut an zu lachen. Die hatten es offensichtlich besser verstanden.

Es geht nicht darum, nur zu hören und Zensuren zu verteilen, auch wenn es dieses Mal offensichtlich eine glatte Eins war. In einer Predigt hört man und setzt sich dem Wort Gottes aus. Da braucht man keine Instanz dazwischen, zwischen dem Wort Gottes und mir, sondern da lasse ich das Wort Gottes an mir wirken. Hat der arme Mann nach jahrzehntelangem Predigthören immer noch nicht verstanden, dass Gott erst einmal ihn meint? Wenn ich weiß, dass da vorne ein lieber Bruder von mir steht, der das Wort Gottes genauso versteht wie ich, dann habe ich zunächst einmal zu hören und nicht zu kritisieren.

»Ist mein Wort nicht wie ein Hammer, der Felsen zerschmeißt?« (Jeremia 23,29)

17. Juni

»Glauben Sie das wirklich?«

Die Frau eines guten Freundes war gestorben. Natürlich hielt ich die Beerdigung und sagte dann während meiner Predigt auch diesen

Satz: »Der wichtigste Punkt in ihrem Leben kam, als sie im letzten Jahr Jesus ihr Leben gab.«

Nach der Trauerfeier kam ein Mann auf mich zu und fragte: »Glauben Sie das wirklich, was Sie gepredigt haben?« – »Natürlich, Wort für Wort.« Er sagte dann: »Ich habe so große Schwierigkeiten mit der Auferstehung. Ich bin in einem theologischen Arbeitskreis gewesen, und da hat man mir das ganz anders erklärt.« Ich lud ihn zum Gespräch mit mir ein. Bis jetzt hat er sich nicht gemeldet. Vielleicht hat er doch lieber seine Schwierigkeiten.

Wenn ich auf das Leben der Verstorbenen zurückschaue, dann kann ich nur staunen, was Gott gemacht hat. Jahrelang ging der Ehemann allein in die Kirche. Jahrelang betete er für seine Frau. Jahrelang betete die Tochter für die Mutter. Und dann kam die Lebenswende, der entscheidende Punkt. Sie gab Jesus ihr Leben. Das galt für die Zeit. Das gilt für die Ewigkeit. Wer zu Jesus gehört, ist gerettet. Wer zu Jesus gehört, hat das ewige Leben.

Und ich? Glaube ich das wirklich? Natürlich glaube ich das wirklich. Ohne Jesus wäre ich verloren.

Jesus spricht: »Ich bin die Auferstehung und das Leben. Wer an mich glaubt, der wird leben, auch wenn er stirbt; und wer da lebt und glaubt an mich, der wird nimmermehr sterben. Glaubst du das?« (Johannes 11,25–26)

18. Juni

Eine alte Dame

1937 kam sie zur Welt. 2002 wurde sie geliftet. Ihre LüA (Länge über alles) ist 55,20 Meter. Und ihre Verdrängung 460 Tonnen. Wie Sie vielleicht schon gemerkt haben: Es geht um ein Schiff, ein Flussschiff namens »Ozeana«, das bei uns auf der Weser direkt am Anleger vor der Kirche St. Martini liegt. Dieses Schiff hatten wir gechartert, um damit die Weser herunter und wieder zurückzufahren. Das Schiff war für 700 Gäste ausgewiesen – Sitzplätze im Restaurant gab es allerdings nur 300 –, also warben wir und bestellten die besten Musiker der damaligen Zeit. Wir hatten zwei Decks zur Verfügung, die Musiker konnten nicht wechseln, aber dafür die Leute.

Und dann kamen sie: 700. So viele Eintrittskarten hatten wir ausgegeben. Aber die 700 konnten, wie gesagt, nicht alle sitzen, das heißt, 400 mussten stehen oder sich mit den anderen 300 abwechseln. Und das war bei der guten, evangelistischen, missionarischen Musik auch nicht so schwer. Dann fuhren wir vier Stunden bis Bremerhaven und vier Stunden wieder zurück. Das ganze Schiff war voller Gesang. Was für eine Freude!

Es lohnt sich, für den Herrn etwas zu tun und zu werben.

»Und die ganze Gemeinde betete an und der Gesang erscholl und die Trompeten ertönten.« (2. Chronik 29,28)

19. Juni

Lobe den Herrn

Wieder hatten wir die »Ozeana« gechartert und fuhren dieselbe Strecke von Bremen bis Bremerhaven. So viel Auswahl hat man ja nicht. Aber dieses Mal war es doch mehr ein Gemeindeausflug der Epiphaniasgemeinde zusammen mit den landeskirchlichen Gemeinschaften. Wir hatten keine Band an Bord, dafür einen 50 Mann starken Posaunenchor. Und der konnte blasen! Was war der gut. Der konnte auch laut blasen.

Auf dem Rückweg, als wir auf die Martini-Kirche zuliefen, musste der Steuerstand runtergeklappt werden, damit die Aufbauten nicht die Brücke rammten und das Boot unter der Brücke noch hindurchkam. Wir spielten das Lied »Lobe den Herrn«, von Joachim Neander in der Kirche St. Martini gedichtet. Das war ein Aufsehen mitten in Bremen! Die Leute kamen an die Weser und staunten über die »Ozeana«, die mit Sang und Klang in Bremen einlief. Keiner war über Bord gegangen. Das Schiff hatte kein Leck, sondern der Tag machte uns fröhlich im Herrn und motivierte uns, wieder Neues für ihn zu tun.

Lobe den Herren, den mächtigen König der Ehren.
Meine geliebete Seele, das ist mein Begehren.
Kommet zuhauf, Psalter und Harfe wacht auf.
Lasset den Lobgesang hören.

»Ermuntert einander mit Psalmen und Lobgesängen und geistlichen Liedern, singt und spielt dem Herrn in eurem Herzen.« (Epheser 5,19)

20. Juni

Der Zeigefinger

»Er muss wachsen, ich muss abnehmen.« Das hat Johannes der Täufer gesagt. Er sprach dabei von Jesus. Das sind Abmagerungskuren im geistlichen Leben, das ist nicht einfach eine Frage des Gewichts. Matthias Grünewald hat im Isenheimer Altar Johannes mit übergroßem Zeigefinger gemalt, der auf Jesus hinweist.

Als die Abgesandten der Mächtigen zu Johannes kommen, ist er unbestreitbar der bekannteste Mann in Israel. Das Volk strömt zu ihm. Und nun kommt Jesus, und Johannes nimmt sich zurück. Er wird offensichtlich nicht neidisch, er nimmt es hin, dass es um ihn stiller wird. Und dass seine Jüngerschar kleiner wird. Ja, dass sogar einige von seinen eigenen Jüngern zu diesem Jesus überwechseln.

Mancher Mitarbeiter im Reich Gottes kann davon ein Lied singen. Da hat er jahrzehntelang treu seinen Dienst getan, sich eingebracht, hat geopfert, gespendet, sich eingesetzt, die Familie vernachlässigt. Dann kommen auf einmal andere, jüngere. Für die zählt nicht die Vergangenheit, und das, was man geopfert und getan hat, schon gar nicht. Kann man sich da mit den anderen freuen, die jetzt im Rampenlicht stehen? Die vielleicht Erfolg haben, vielleicht sogar noch mehr Erfolg haben? Kann man sich zurücknehmen um Jesu und der Menschen willen und um des Reiches Gottes willen? Das kann man nur, wenn die Liebe Gottes einen erfüllt. Nur dann.

»Alle aber miteinander haltet fest an der Demut; denn Gott widersteht den Hochmütigen, aber den Demütigen gibt er Gnade.«
(1. Petrus 5,5)

21. Juni

Der Vorläufer

»Bist du der Messias selbst, zumindest Elia oder ein Prophet?« So fragt die Untersuchungskommission Johannes den Täufer. Und diese beiden, Elia und der Prophet, waren damals im Judentum hoch angesehene und erwartete Gestalten. Bevor der Messias käme, sollte Elia kommen oder der zweite Mose, dann als Prophet. Die beiden sollten die Vorläufer sein. Johannes antwortet: »Nein.« Und Jesus bestätigt das später: Er ist es nicht, aber er ist der Typus des Elia. Er ist wie Elia. Was im Alten Testament vorgeschaltet ist, erfüllt sich im Neuen Testament.

Johannes will nicht unter irgendeinem Namen erscheinen. Er will nichts sein als ein Zeuge für Jesus, als ein Vorläufer des Messias. Es ist sicher eine Stunde voller Versuchung, die Ehre nicht in Anspruch zu nehmen, die Jesus zukommt. Als Prophet hätte Johannes sich doch zumindest ausgeben können, wenn schon nicht als Messias. Aber wenn er »Ja« gesagt hätte, wäre das für ihn zum Schaden gewesen und auch für Jesus.

Der Teufel wirbt immer wieder mit sehr attraktiven Versuchungen. Und für Johannes war es eine Versuchung. Vielleicht stärker und größer, als wir sie kennen. Aber auch wir kennen Versuchungen und wissen darum, welche Sogkraft sie haben, selbst wenn wir genau erkennen, dass es der falsche Weg ist.

»Ihr Lieben, lasset euch durch die Hitze nicht befremden, die euch widerfährt zu eurer Versuchung.« (1. Petrus 4,12)

22. Juni

Johannes der Täufer

Der Jordan tritt aus dem See Genezareth heraus. Genau an dieser Stelle ist eine Taufstelle gebaut worden, an der täglich Hunderte von Menschen in Bussen vorfahren und sich dann in weißen Kleidern taufen lassen. Nun ist ja vielleicht bekannt, dass die Nachkommen des Königshauses in England mit echtem Jordanwasser getauft werden. Wie viel das qualitativ bringt, vermag ich nicht zu sagen. Wasser scheint mir Wasser zu sein, aber wenn's denn hilft, wünsche ich allen kommenden Königinnen und Königen viel Wasser.

Ungefähr an dieser Taufstelle am Jordan hat Johannes der Täufer getauft. Der »kirchlichen Untersuchungskommission« waren Johannes der Täufer und die Leute, die zu ihm kamen, unheimlich. So viele Leute, wie zu dem strömten, das konnte doch nicht mir rechten Dingen zugehen. Er war ja ein Priester. Aber wie der schon rumlief! Johannes lebte in der Wüste. Er hatte ein Kleid aus Kamelhaaren an, trug einen ledernen Gürtel um die Lenden, und er ernährte sich von Heuschrecken und wildem Honig. Er war ein Nasiräer, ein Gottgeweihter. Er trank keinen Wein. Er nahm kein Blatt vor den Mund. Und das, was er sagte, das meinte er. Mit welchem Trick arbeitete er? Das musste die Untersuchungskommission überprüfen – und fand doch keinen. Er verkündigte einfach Gottes Botschaft.

»*Tut Buße, denn das Himmelreich ist nahe herbeigekommen.*«
(Matthäus 3,2)

23. Juni

Lohnt es sich, Christ zu sein?

Darüber kann man trefflich diskutieren. Theoretisch. Deshalb habe ich einige Leute gefragt. Praktisch. In der Gemeinde natürlich: »Was hast du davon, dass du Christ bist?« – »Jesus hat mir alle meine Sünden vergeben. Ich konnte noch einmal richtig neu anfangen. Das ist stark.«

»Und du, was hast du davon?« – »Als ich Christ wurde, ist Gott mein Vater geworden. Der hat mich quasi als sein Kind adoptiert. Seitdem habe ich ein ganz neues Vertrauen geschenkt bekommen. Sogar die Beziehung zu meinem leiblichen Vater ist viel besser geworden.«

»Und du, was hast du davon?« – »Früher haben mich meine Sorgen immer aufgefressen und ich konnte überhaupt nicht richtig schlafen. Jetzt weiß ich, dass Gott für mich sorgt, und ich kann mit meinen Sorgen viel besser umgehen.«

»Und was hast du davon?« – »Ich habe von Gott die Kraft geschenkt bekommen, mich mit einem Feind zu versöhnen. Wir sind deshalb noch nicht gleich dicke Freunde geworden, aber die Luft ist jetzt wirklich rein.«

»Und du?« – »Früher war ich allein, selbst in den lustigsten Gesellschaften. Jetzt habe ich in der Gemeinde eine ganz neue Gemeinschaft gefunden. Da herrscht irgendwie ein anderer Geist. Da geht es zwar auch menschlich zu, aber ich möchte diese Gemeinschaft nicht mehr missen.«

»Und du, bist du auch Christ?« – »Ja.« – »Was hast du davon?« – »Seitdem ich Christ bin, weiß ich, was der Sinn meines Lebens ist. Ich weiß, woher ich komme, wozu ich da bin, wohin ich gehe. Mein Leben ist nicht umsonst.«

»Siehe, ich komme bald und mein Lohn mit mir.«
(Offenbarung 22,12)

24. Juni

Acapulco

Da hatte doch tatsächlich jemand in einem ganz normalen Reihenhaus unten im Keller einen Swimmingpool eingebaut. Es war etwas beengt. Man konnte auch nur diagonal darin liegen. Die Arme ließen sich gerade zu einer Schwimmbewegung ausstrecken. Aber die

Gegenstromanlage machte es möglich, dass man tatsächlich darin schwimmen konnte. »Unser Acapulco«, nannte das Ehepaar dieses in einem Reihenhaus selten anzutreffende Bad, das sie uns stolz präsentierten.

Wir waren zu zweit unterwegs und wollten diesem Ehepaar so gerne das Evangelium weitersagen. Als wir wieder oben im Wohnzimmer waren, steuerten wir auf unsere beiden diagnostischen Eingangsfragen zu. Die erste lautete: »Wenn Sie heute Nacht sterben, wüssten Sie dann mit Sicherheit, dass Sie bei Gott sind?« Und die zweite: »Warum soll Gott Sie in seinen Himmel lassen?«

Es kostete mich jedes Mal Überwindung, diese Fragen zu stellen, denn man fragt andere einfach nicht nach dem Tod. Als wir dann das Evangelium erklärten, kam die erstaunliche Antwort: »Das ist gut, dass es so etwas gibt.« Ich freute mich schon. Aber dann ging es weiter: »Das ist etwas für die Leute im Gefängnis. Für die Mörder, die Totschläger, die Diebe, für all die Verbrecher.« Das Abwehrsystem hatte mal wieder geklappt – ich bin nicht gemeint, mich geht das alles nichts an, ich kann so bleiben, wie ich bin.

Das war's dann und wir wünschten dem Ehepaar beim Abschied noch viel Freude in Acapulco.

»In ihm haben wir die Erlösung durch sein Blut, die Vergebung der Sünden, nach dem Reichtum seiner Gnade.« (Epheser 1,7)

25. Juni

Die Geschichte hat ein Ziel

»Es ist alles so sinnlos«, sagte er, als er auf der Weserbrücke stand und zu springen drohte. »So furchtbar sinnlos.« Ich konnte ihn gut verstehen, aber ich musste auch Einspruch einlegen. Nein, die Geschichte ist nicht sinnlos. Nicht unsere persönliche Geschichte und auch nicht die Geschichte dieser Welt.

Denn das Ziel der Geschichte wird sichtbar in der Auferstehung von Jesus. Da ist die neue Schöpfung sichtbar angebrochen. Alle, die zu Jesus gehören, sind in dieser neuen Schöpfung verwurzelt und gehören dazu, selbst wenn sie vom Bösen noch angefochten und angefeindet werden. Was auch auf dieser Erde gewesen ist und was noch kommt – und sei es nach unseren Maßstäben noch so sinnlos –, Gott hat ein Ziel. Er bringt diese Geschichte zum Ziel. Mitten in dieser verworrenen Weltgeschichte, durch die keiner durchblickt, zieht Gott wie an einem roten Faden seine Heilsgeschichte und bringt diese Geschichte mit seinem Heil mitten im Unheil dieser Welt zum Ziel. Und wenn er wiederkommt, dann werden sich zwar einige die Augen reiben, aber für Christen wird alles vollkommen klar sein. Da gibt es nichts Sinnloses und Verworrenes mehr, nichts Unsinniges, da hat alles seinen Platz.

Ich konnte den jungen Mann auf der Weserbrücke retten. Ich konnte ihm die gute Nachricht von Jesus sagen, und da fing er an zuzuhören.

»Ich aber laufe nicht wie aufs Ungewisse.« (1. Korinther 9,26)

26. Juni

Aus dem Eigenen leben?

Ein Zeuge verweist immer auf einen anderen. Wer Zeugnis von Jesus gibt, verweist auf Jesus. Wenn Menschen eine besondere Verantwortung im Reich Gottes haben und sie vielleicht »vorne« stehen müssen, sind sie extrem gefährdet und brauchen besonders viel Gebet. Die Gefahr ist riesig, dass man nur noch die Menschen sieht und nicht mehr Jesus dahinter. Das gilt für jeden Christen, aber besonders für die Hauptamtlichen. Und das ist tödlich, wenn Menschen aus dem Eigenen leben und nicht mehr nur davon, auf Jesus hinzuweisen. Die Vollmacht eines Christen liegt darin, wie sehr er auf Jesus hinweist.

Ich habe oft darum gebetet, dass der Herr uns Erweckung schenkt. Und ich bete weiter dafür. Aber manchmal frage ich mich, ob unsere christlichen Gemeinden eigentlich auf die Erweckung vorbereitet sind. Wenn ganze Landstriche von Jesus erfasst würden und Menschen in Scharen zum Glauben kämen, wer sollte sich um sie kümmern? Und wenn sie dann in die Gemeinde kämen, wenn sie sich zur Wahl stellen würden, dann säßen sie nicht nur auf den Plätzen, auf denen wir jetzt sitzen, sondern dann würden sie womöglich noch in die Ämter gewählt, die man selbst gerne bekleiden würde. Nein! Es geht darum, sich füreinander und sich mitzufreuen, was der Herr an den anderen Menschen tut! Wenn wir das nicht können, dann müssen wir darum bitten, dass der Herr es uns schenkt. Und er tut es.

»Ich lebe, doch nun nicht ich, sondern Christus lebt in mir.«
(Galater 2,20)

27. Juni

Wesentliches

Da hatte ein Student einen Schlaganfall. Er war 24 Jahre alt, sportlich, dynamisch, topfit, und dann …! Anschließend war er ein halbes Jahr gelähmt, saß im Rollstuhl und sagte: »Ich will nur noch für Wesentliches leben.«

Ich kenne mich da aus. Ich hatte auch einen Schlaganfall im Jahre 2000. Zwanzig Minuten nach dem Anfall war ich im Krankenhaus. Gott sei es gedankt. Denn da bekam ich gleich die richtige Hilfe, die richtigen Tabletten. Ich brauchte ungefähr ein Jahr, bis ich das alles hinter mir hatte. Ich hatte Sprachlähmungen. Was habe ich mich gefreut, als ich die Wörter wieder richtig auf die Reihe bekam! Ich wollte dann auch nur noch Wesentliches tun.

Wir tun so viel Wirkliches, so viel Wichtiges, aber ist es auch wesentlich? Hilft es mir zu unterscheiden zwischen dem, was getan werden muss, zwischen dem, was einfach dran ist, und zwischen dem, was Frucht bringt für die Ewigkeit?

Dietrich Bonhoeffer hat unterschieden zwischen dem Letzten und dem Vorletzten. Wir leben immer im Vorletzten, und das Letzte kommt noch, das ist die Ewigkeit. Und deshalb sollen wir uns auch im Vorletzten ausrichten auf das Letzte. Gott sei es gedankt: Wir haben einen Herrn, der uns dabei hilft.

»Jesus Christus hat dem Tode die Macht genommen und das Leben und ein unvergängliches Wesen ans Licht gebracht durch das Evangelium.« (2. Timotheus 1,10)

28. Juni

Die Verwandlung beginnt

Was tut das gut: Wir dürfen uns ändern. Wir dürfen Auswirkungen des Glaubens im ganz alltäglichen Leben spüren. Große Auswirkungen vielleicht in einem ganz kleinen Leben. Wir dürfen einer kaputten Ehe Jesus bringen und erleben, dass die Ehe wieder heil wird. Natürlich kostet das Zeit. Natürlich sind da viele Gespräche nötig, aber es funktioniert. Wir dürfen einem Alkoholiker von Jesus erzählen und erleben, wie seine Abhängigkeit aufhört. Auch dies braucht Zeit. Aber wir erleben es.

Ich war gerade dabei, das heilige Abendmahl auszuteilen, als ich sah, dass hinten im Eingang zur Kirche ein – na, sagen wir es ruhig – Penner stand. Seine Fahne konnte man beinahe bis nach vorne zum Altar riechen. Er hatte offensichtlich auf der Straße geschlafen – wenn er überhaupt geschlafen hatte –, und nun kam er zum Abendmahl nach vorne. Ich überlegte, was ich jetzt machen sollte. So etwas hatte ich im Studium nicht gelernt. Kann ich einem Angetrunkenen das heilige Abendmahl geben?

Zum Schluss habe ich es getan. Er erzählte später, in dem Augenblick, als er das heilige Abendmahl empfing, habe es ihn wie ein Blitz oder ein elektrischer Schlag durchzuckt. Das war der Beginn seiner großen Verwandlung. Er kam weg vom Alkohol. Seine Ehe kam wieder in Ordnung. Er lebte dann in Krelingen als Maurer. Inzwischen ist er beim Herrn. Ich bin dankbar, dass sein Leben ein Zeugnis wurde.

»Alles, was von Gott geboren ist, überwindet die Welt; und unser Glaube ist der Sieg, der die Welt überwunden hat.«
(1. Johannes 5,4)

29. Juni

Selbsterkenntnis und Gotteserkenntnis

Jemand hat mal gesagt: »Wer auf Erden nicht Buße tut, der wird das in der Hölle büßen.« Die Buße führt uns durch die Hölle ins Himmelreich. Und wer hier nicht in die Hölle der Buße kommt, kommt dort nicht ins Himmelreich.

Der Erweckungstheologe August Tholuck (1799–1877) stellte fest: »Vor der Himmelfahrt der Gotteserkenntnis steht die Höllenfahrt der Selbsterkenntnis.« Es ist unangenehm, wenn ich mich im Lichte Gottes sehe; wenn ich erkenne, wie ich wirklich bin und nicht, wie ich es mir eingebildet habe zu sein. Das tut sogar weh. Aber der Ballast des Lebens muss uns abgenommen werden. Was uns kaputt- und fertigmacht, muss kaputtgemacht werden. Es ist notwendig, das loszulassen. Merkwürdigerweise tun wir uns ganz schwer, selbst die Dinge loszulassen, die für uns schädlich sind, die uns vergiften und uns umbringen. Und das merken wir ja schon heute und nicht erst in der Ewigkeit.

»Alles, was zum Leben und zur Frömmigkeit dient, hat uns seine göttliche Kraft geschenkt durch die Erkenntnis dessen, der uns berufen hat durch seine Herrlichkeit und Kraft.« (2. Petrus 1,3)

30. Juni

Gott ist mächtig

Vor Kurzem überraschte mich eine Zeitungsnotiz über einen Prominenten, der zugab, jeden Abend zu beten. Für ihn sei das Gebet aber mehr ein Gespräch mit sich selbst, da er nicht an Gott glaube.

Da werden sich noch alle die wundern, die Gott zu einem pflaumenweichen August gemacht haben, zu einem Hollywood-Santa-Claus, zu einem lieben, alten Opa, der dümmlich grinsend im Weltall sitzt. Zu einem senilen Greis, zu dem man abends vor dem Einschlafen betet – im Sinne einer Einschlafdroge. In einem sind sich diese alle einig: Falls es Gott überhaupt gibt, hat er keine Macht. Überhaupt nicht. Meinen sie. Und übersehen dann leichtfertig oder gewollt: Dieser Gott hat alle Macht der Welt.

Das hat er gezeigt, als er die Welt entstehen ließ, als er mit seinem Leben schaffenden Wort Jesus in der Jungfrau Maria entstehen ließ, als er durch sein Wort Jesus vom Tod auferstehen ließ. Und diese Macht wird er zeigen, wenn er eines Tages bei der Wiederkunft von Jesus den gesamten Kosmos zerbrechen und durch sein Wort einen neuen Himmel und eine neue Erde schaffen wird.

»Und Gott sprach: Es werde Licht! Und es ward Licht.«
(1. Mose 1,3)

Juli

1. Juli

Überfall I

Am nächsten Tag sollte ich in Siegen in der Hammerhütte bei einem großen Jugendabend predigen, also bereitete ich mich vor. Ich saß am Schreibtisch, mir gegenüber lag meine Frau auf dem Sofa und las in der Bibel. Sie war leicht grippekrank und deshalb heute Abend nicht zum Hauskreis gegangen. Es war 20.30 Uhr, als es klingelte. Ich ging zur Tür. Vor mir standen zwei maskierte Männer mit einer Waffe in der Hand. Die hielten sie mir gleich unter die Nase und sagten: »Lassen Sie uns rein, dann passiert nichts.« Ich reagierte reflexartig und versuchte die Tür zuzuwerfen. Es ging nicht, weil der Arm des einen mit der Pistole dazwischen war. Er war ein Linkshänder. Ich drückte gegen die Tür, die beiden drückten von außen auch gegen die Tür. Es war ein heftiges Gerangel. Ich schrie laut: »Marieluise, ruf die Polizei, ruf die Polizei« und quetschte dabei die ganze Zeit den Arm gegen die Wand. Die Pistole war ca. 20 cm von mir entfernt. Ich konnte den Schmauch riechen, also war sie schon gebraucht worden.

Wie lange dieses Ganze hin und her ging, weiß ich nicht mehr. Auf einmal jedenfalls ließen die beiden von mir ab, drehten sich um und nahmen den Küster, der ihnen nachgegangen war, als Geisel.

Ortskundig waren sie nicht, denn die vielen Wege zum Pfarrhaus kannten sie nicht.

Der Küster musste ihnen wie auf dem Hinweg alles wieder aufschließen. So konnten sie das Gelände verlassen. Meinen Adrenalinspiegel konnte ich nicht mehr messen, aber Gott sei Dank war nicht noch Schlimmeres passiert.

»*Gott ist mein Fels, meine Hilfe und mein Schutz.*« (Psalm 62,7)

2. Juli

Überfall II

Die Polizei kam sehr schnell. Wir durchsuchten die Kneipen in der Nähe. Zwei junge Polizisten mit der Maschinenpistole im Anschlag gingen hinter mir her. Ich musste als Erster in die Kneipen reingehen und gucken, ob die beiden noch irgendwo zu finden waren. Ich dachte mir: »Na ja, vielleicht haben die beiden ja kleine Kinder. Deshalb schicken sie mich vor und bleiben selbst mit der Waffe im Hintergrund.« Natürlich konnten wir die beiden Eindringlinge nicht fassen.

Am nächsten Abend in Siegen hatte ich einen »hervorragenden« Einstieg in meine Predigt. Ich erzählte die Geschichte vom Vortag. Paul Deitenbeck, Pfarrer in Lüdenscheid, kam auf mich zu und sagte, so etwas sei ihm auch schon passiert, und drückte mir 10 Mark für meine Frau in die Hand.

Aber es war doch viel mehr passiert, als ich gedacht hatte. Seit dem Überfall war die Angst da. Mein Adrenalinspiegel hatte sie zunächst niedriggehalten, doch dann kam sie. Ich habe eine Menge daran tun müssen, dass ich meine Familie ruhigen Gewissens allein lassen konnte, wenn ich später über Nacht wegfuhr. Das ging nur mit einer Menge Gottvertrauen und Gebet. Zum Glück ist meine Frau nicht ängstlich. Gott sei Dank. Anders wäre das kaum auszuhalten gewesen. Aber ich bin nie mehr weggefahren, ohne dass ich meine Familie und mein Haus in die Hände Gottes befohlen hätte.

»Jesus sagt: Ein Dieb kommt nur, um zu stehlen, zu schlachten und umzubringen. Ich bin gekommen, damit sie das Leben und volle Genüge haben sollen.« (Johannes 10,10)

3. Juli

Einbruch I

In unserem Haushalt lebten sechs Personen und ein Hund. Eines Nachts, als wir sanft und selig schliefen, wurde bei uns eingebrochen. Dies war das erste Mal. Insgesamt ist bei uns siebenmal eingebrochen worden. Unser kleines Fenster in der Wirtschaftsküche war gekippt. Da konnte kein erwachsener Mensch durch. Aber wir hatten nicht damit gerechnet, dass irgendwelche Leute ein kleines Kind da durchschicken würden. Und dann ging dieses kleine Kind in die Wohnstube und öffnete die Terrassentür. Schon war meine absolut neue Stereoanlage, die ich gerade einen Tag hatte, futsch. Wir hatten nichts gemerkt, der Hund auch nicht. Auf den war ich sauer.

Am nächsten Morgen kamen wir in das Wohnzimmer. Da lag Omas Portemonnaie mit dem Geld, das sie den Enkelkindern und uns immer mitbrachte. Das heißt, das Geld lag nicht mehr da. Die Terrassentür war wieder fein zugemacht, und das Küchenfenster war angelehnt. Das hatte man hinter sich zugezogen, so weit es ging. Wir standen wie belämmert da und konnten nur versuchen, den Schaden festzustellen und ihn der Versicherung zu melden. Aber das Lebensgefühl war anders geworden. Wir lebten nicht mehr so vertrauensvoll und schliefen nicht mehr so locker ein, wir wachten öfter auf und sahen nach dem Rechten.

Gut, dass wir einen Herrn haben, dem wir uns anvertrauen konnten. Das taten wir auch!

»Ihr sollt euch nicht Schätze sammeln auf Erden, wo sie die Motten und der Rost fressen und wo die Diebe einbrechen und stehlen.«
(Matthäus 6,19)

4. Juli

Einbruch II

Das ist schon ein komisches Gefühl, wenn man weiß, es war jemand im Haus und wir haben es nicht gemerkt oder wir waren nicht da. Das ist dann so, als würde jemand in der eigenen Unterwäsche herumwühlen und nach versteckten Schätzen suchen. Die gibt es im Pastorenhaus nun wahrlich nicht. Wir wohnten allein neben unserer Kirche und begannen uns zu fragen, ob es nicht besser wäre, wenn wir Nachbarn hätten. Wir fühlten uns allein – mitten in der Großstadt.

Irgendwann wurde meiner Frau der ganze Schmuck gestohlen, darunter war auch das Konfirmationskreuz ihrer Oma aus dem Jahr 1895. Das schmerzte sie sehr. Dieses Kreuz hatten vier Generationen getragen, und mit ihm wurde immer auch Tradition weitergegeben. Welch eine Freude war es, wenn sich auch die nächste Generation wieder zu Jesus bekehrt hatte.

Nun wissen wir natürlich auch, dass das Totenhemd keine Taschen hat und man in die Ewigkeit nichts mitnehmen kann. Aber trotzdem: Das Gefühl, dass irgendjemand auf irgendeinem Flohmarkt diesen Schmuck verramscht oder einfach alles einschmilzt – das tut weh. Da muss man schon auf das Wort Gottes hören, um die Dinge in ihrer Wertigkeit zu beurteilen und sein Herz nicht an irdische Dinge zu hängen.

»Sammelt euch aber Schätze im Himmel, wo sie weder Motten noch Rost fressen und wo die Diebe nicht einbrechen und stehlen. Denn wo dein Schatz ist, da ist auch dein Herz.«
(Matthäus 6,20–21)

5. Juli

Unser Wille

Die Bibel ist deutlich, oft unangenehm deutlich. Sie sagt klar, dass der Mensch sich gegen Gott aufgelehnt hat und dass Gott zornig geworden ist. Aber als er den Menschen aus dem Paradies entlassen musste, hat er ihm Kleider gemacht. Die hat der Mensch mitgenommen. Unser Wille jedoch ist nicht einfach ausgerottet. Der steckt in uns ganz tief, auch in den ganz Frommen.

Wir können für unsere Gemeinden beten, dass sie wachsen und groß werden und noch größer werden. Es ist ein gutes Gebet, ein Supergebet, über das sich jeder nur freuen kann. Auch Gott. Aber schon wieder ist unser Wille da. Wir freuen uns, dass man keinen an eine andere Gemeinde abgegeben hat. Nein, wir haben einen aus einer anderen Gemeinde gewonnen. Einen? Eine ganze Familie! Aber hatten wir nicht Gott gebeten, dass er unsere Gemeinde wachsen ließe?

Unsere Gebete sind vielschichtig, verwoben mit Gut und Böse. Nur gut, dass Gott sie sortieren kann.

»Des Gerechten Gebet vermag viel, wenn es ernstlich ist.« (Jakobus 5,16)

6. Juli

Energieverschwender

Jesus will sein Auferstehungsleben in unser irdisches Leben bringen. Das zu wissen tut mir gut, denn das ist stärker als all das Mickrige meines Lebens. Wenn sich jemand an Jesus hängt, dann hat er das ewige Leben. Jesus ist Sieger. Ihn konnte der Tod nicht halten, ihn konnten sie nicht einmauern. Er ist auch heute noch stark genug für unsere Mauern. Die Gnade arbeitet nicht vergeblich, auf die ist Verlass. Und das ist eine sehr energische Gnade. Sie hat einen ungeheuren Vorrat an Energie, und an dieser Stelle bin ich gerne ein Energieverschwender der Gnade Gottes.

Hier zeigt auch unser Leben Spuren der Auferstehungswirklichkeit – nachprüfbare Spuren. Wirkliches zeigt Wirkungen: Aus Saulus wurde vor Damaskus Paulus, der Verfolger wurde Apostel. Franz von Assisi küsste die Aussätzigen vor den Toren der Stadt und sorgte hinfort für sie, weil sie die geringsten Brüder von Jesus waren.

»Der Tod ist verschlungen vom Sieg. Tod, wo ist dein Sieg? Tod, wo ist dein Stachel?« (1. Korinther 15,55–56)

7. Juli

Würde

Ein Mann sitzt im eigentlich ausverkauften Stadion des Fußball-EM-Finales, der Sitz neben ihm ist leer. Irritiert fragt er den Zuschauer auf der anderen Seite des leeren Platzes, ob der Platz jemandem gehöre. »Nein«, lautet die Antwort. »Der Sitz ist leer.« – »Aber das ist doch unmöglich! Wer in aller Welt hat eine Karte für das EM-Finale, dem größten sportlichen Ereignis überhaupt, und lässt dann den Sitz ungenutzt?« – »Nun, der Sitz gehört zu mir. Meine Frau wollte mitkommen, aber sie ist kürzlich verstorben. Es ist das erste Finale, das wir uns nicht gemeinsam ansehen können, seitdem wir geheiratet haben.« – »Oh, das tut mir leid! Aber wollte denn niemand Ihrer Verwandten oder Freunde an ihrer Stelle mitkommen?« Der Mann schüttelt den Kopf: »Nein, die sind alle auf der Beerdigung.«

Nach dem ersten Lachen bleibt mir der Mund offen stehen. Ich weiß ja nicht, ob diese Geschichte sich wirklich so ereignet hat, aber wenn, dann wäre das eine Katastrophe. Ein Fußballspiel ist wichtiger als ein Mensch? Und unter dem Gesichtspunkt der Ewigkeit wird das alles noch viel schlimmer. Entweder ist diese verstorbene Frau eine gläubige Christin gewesen, dann kann man sie gerne verabschieden – auch unter Tränen –, oder sie ist keine gläubige Christin gewesen, dann wird sie Rechenschaft abgeben müssen über ihr Leben. So oder so – ein Fußballspiel ersetzt nicht die Würde eines Lebens!

»Wir lassen (…) nicht ab, für euch zu beten (…), dass ihr des Herrn würdig lebt, ihm in allen Stücken gefallt.« (Kolosser 1,9–10)

8. Juli

Die Ernsten

Irgendwann gab es einmal in Deutschland, im Schwäbischen, eine Frömmigkeitsrichtung, deren Mitglieder sich die »Ernsten« nannten. Die gingen nur in Schwarz und blickten traurig drein. Da war das Lachen schon beinahe in der Hölle angesiedelt. Die Welt ist viel zu ernst, als dass es darin noch fröhlich zugehen könne – so dachten sie. Und dabei hatten sie noch nicht einmal ganz unrecht. Die Welt ist wirklich ernst. Aber sie ist auch schön. Und diese Schönheit hat Gott ihr gegeben. Und zur Schönheit gehört das Lachen. Nein, natürlich nicht das Auslachen, das Lachen über andere, das sie nur herabsetzt. Ein Lachen, das aus dem Herzen kommt. Und das im Grunde Gott preist.

In der Hölle gibt es kein Lachen mehr. Da ist es wirklich ernst, ganz ernst.

»Wenn der Herr die Gefangenen Zions erlösen wird, so werden wir sein wie die Träumenden. Dann wird unser Mund voll Lachens und unsere Zungen voll Rühmens sein.« (Psalm 126,1–2)

9. Juli

Schwarz

Mir gefror das Blut in den Adern. Die Gemeinde vor mir ließ es einen frieren. Alles war dunkel. Die Frauen waren schwarz gekleidet, die Männer waren schwarz gekleidet. Nur ein einziges junges Mädchen saß mit einem knallroten Kleid zwischen den Frauen. Die Frauen und Männer saßen in Blöcken getrennt. Es war einfach alles traurig gestimmt. Als ich so predigte, wie ich es gewohnt bin, und auch einige fröhliche Geschichten erzählte, über die man durchaus lachen kann, verzog kein Mensch eine Miene. Ich dachte, ich hätte zu schlecht erzählt, und erzählte vorsichtshalber noch eine andere Geschichte, über die man noch mehr lachen konnte. Aber wiederum verzog keiner eine Miene. Da endlich kam ich dahinter, dass es in dieser Gemeinde schlicht unanständig war, zu lachen. Vermutlich lachten die lieben Mitchristen verstohlen nach innen. Aber äußerlich ließen sie sich nichts anmerken.

Dies war einmal der Stil einer bestimmten Zeit. Inzwischen findet man ihn selten. Denn die Freude am Herrn lässt sich nicht unterdrücken.

Lachen und Weinen sind uns von Gott gegeben. Deshalb dürfen wir getrost davon Gebrauch machen – auch im Gottesdienst.

»Freuet euch in dem Herrn allewege, und abermals sage ich: Freuet euch!« (Philipper 4,4)

10. Juli

Neu gemacht!

Eine Demo fand in Marburg statt. 1000 Menschen nahmen am Seelsorgekongress teil, während draußen 1000 Demonstranten standen. Dazwischen befanden sich 200 Polizisten. Der Atheismus gab sich kämpferisch. Transparente waren zu sehen: Ein Schwein am Kreuz und »Wir sind nur hier, um eure religiösen Gefühle zu verletzen«. Das Ganze war ziemlich heftig.

Eine ehemalige Studentin sagte: »Ich habe auch in Marburg studiert. Damals hätte ich auf der anderen Seite gestanden – nicht auf der der Christen. Gott sei Dank, dass er mich da rausgeholt hat. Er hat mich wirklich ganz neu gemacht. Er hat mir eine ganz neue Sicht gegeben.«

»Der, der auf dem Thron saß, sprach: Siehe, ich mache alles neu.« (Offenbarung 21,5)

11. Juli

Tischgebete

»Komm, Herr Jesus, sei du unser Gast und segne uns und was du uns bescheret hast.« So beten wir normalerweise bei uns zu Hause vor dem Essen, und zwar aus einem ganz einfachen Grund: Wir laufen nicht wie die Schweine zum Trog, wenn es irgendwo etwas zu essen gibt, sondern wir wissen ganz genau, dass es nicht selbstverständlich ist, dass Gott uns wieder einmal versorgt. Und dafür wollen wir ihm Dank sagen und ihm die Ehre geben.

Ich war zum Predigen beim Frankfurter Jugendtag eingeladen. Da saß ich mit dem dortigen Pastor beim Essen. Auch er betete selbstverständlich vor dem Essen, aber mit einem kleinen Unterschied: »Komm, Herr Jesus, nimm uns zu Gast und segne, was du uns bescheret hast.« In diesem Gebet war alles auf den Kopf gestellt. Nicht Jesus ist unser Gast, sondern wir bitten ihn, dass er uns zu Gast nimmt. Mir erschien das einleuchtender, auch wenn ich bei beiden Varianten weiß, dass da theologische Fragen übrig bleiben. Aber von nun an beteten wir immer: »Nimm uns zu Gast.«

Irgendwann waren Freunde zu Besuch. Wir beteten wie immer »Nimm uns zu Gast«. Sie horchten auf und waren verblüfft.

Es lohnt sich, auch seine Rituale zu überdenken und nicht gewohnheitsmäßig immer dasselbe zu tun.

»Ob ihr nun esst oder trinkt oder was ihr auch tut, das tut es alles zu Gottes Ehre.« (1. Korinther 10,31)

12. Juli

Grundkurse

Grundkurse des Glaubens hat Gott uns geschenkt. Was für ein Segen liegt auf diesen Kursen! Seit 1989 habe ich sie durchgeführt – allein oder vertreten durch andere. Es waren immer Leute da, die auf diese Weise das Wort Gottes kennenlernten und zum Glauben kamen.

Irgendwann war ich im Bremer Norden in einer Gemeinde, von der niemand gedacht hätte, dass sie sich auf so etwas einlassen würde. Aber der Pastor dort sagte ganz einfach: »Entweder machen wir es jetzt so oder wir schließen die Kirche, weil sie eingeht.« Dort bin ich sechsmal hingefahren und habe das Wort Gottes verkündigt. Es kamen auch einige zum Glauben, andere fühlten sich bestätigt und bestärkt. Darunter war auch ein Ehepaar, das eine Freundin ganz bei uns in der Nähe hatte. Und die erzählten ihr begeistert von dem Grundkurs des Glaubens. Diese Freundin wusste nichts über den

Glauben. Sie hatte überall gesucht und nie das Richtige gefunden. Und nun kam sie auf die Empfehlung ihrer Freundin in unseren Grundkurs, hörte das Evangelium und fand zum Glauben an Jesus Christus.

Heute ist sie eine von Gott gesegnete Mitarbeiterin. Man kann sich nur von Herzen freuen über den Dienst, den sie für Gott tut, und wie der Herr sie gebraucht.

»Denn ich habe euch weitergegeben, was ich auch empfangen habe: Dass Christus gestorben ist für unsere Sünden nach der Schrift; und dass er begraben worden ist; und dass er auferstanden ist am dritten Tage nach der Schrift.« (1. Korinther 15,3–4)

13. Juli

Generationen kommen und gehen

Die moderne Städtebauweise hat mit ihren Schlafstädten dafür gesorgt, dass ganze Gegenden nicht nur furchtbar gleich aussehen, sondern sie hat gleichzeitig auch eine sehr homogene Struktur geschaffen. Ich erinnere mich an Konfirmandenjahrgänge von 90 Konfirmanden pro Jahrgang und an andere Jahrgänge, da gab es im ganzen Jahrgang nur zwei Kinder.

Unser Kinderchor war zu der Zeit der beiden einzigen Kinder im Jahrgang niedlich, aber schrecklich klein. Inzwischen haben wir in unserem Kindergottesdienst, dem sogenannten »Regenbogenland«, jeden Sonntag 30 bis 40 Kinder unterschiedlichster Altersstufen. Es ist eine Freude, da zuzuschauen. Natürlich erfordert das einen enormen Personal- und Kraftaufwand. Wo sind die vielen ehrenamtlichen Mitarbeiter, die das machen? Ich brauche mich nicht zu beklagen. Gott sei gedankt. Er hat sie uns gegeben.

»... damit du dein Leben lang den Herrn, deinen Gott, fürchtest und alle seine Rechte und Gebote hältst, die ich dir gebiete, du und deine Kinder und deine Kindeskinder, auf dass du lange lebest.« (5. Mose 6,2)

14. Juli

Verdammt

Er konnte es nicht fassen. Er war über und über tätowiert. Die Haare wirr und strähnig, der Blick unstet und skeptisch. Zum ersten Mal hatte er Gottes Wort gehört und es verstanden: »Das gilt mir.«

Jesus will nicht, dass wir verloren gehen, sondern dass uns geholfen wird. Und deshalb bietet er uns auch die Möglichkeiten dazu an. »Wer da glaubt und getauft wird, der wird selig werden; wer aber nicht glaubt, der wird verdammt werden.« Das Wort »verdammt« reizt natürlich ungeheuer. Was ist das für ein Gott der Liebe, der einen verdammen kann? Und genau diese Nachricht hatte dieser junge Mann immer herausgehört. Aber nun – wie gesagt – hatte er es verstanden.

Jesus lädt zur Liebe Gottes ein. Und er sagt, dass es für uns tödlich ist, ohne die Gemeinschaft mit Gott zu leben. Das Evangelium ist deshalb eine gute Nachricht. Man kann darüber froh werden, wenn man weiß, dass es eine Möglichkeit gibt, gerettet zu werden. Und ich finde es ausgesprochen lieblos, jemanden in sein sicheres Verderben rennen zu lassen, ohne ihn zu warnen und ihm den Weg aus dem sicheren Verderben zu zeigen.

»Wer da glaubt und getauft wird, der wird selig werden; wer aber nicht glaubt, der wird verdammt werden.« (Markus 16,16)

15. Juli

Gottes Wort – die Messlatte

In der Schweiz hatten Soldaten bei einem Manöver ein Biwak bei minus 30 Grad in über 4000 Metern Höhe zu errichten. Sie bauten sich einen Iglu. Und als sie es sich in diesem Iglu schön behaglich gemacht hatten, fragten sie sich, wie viel Schnee wohl unter ihnen sei. Sie nahmen eine Stahlrute, die man sonst bei der Suche nach Verschütteten im Schnee verwendet, und steckten sie in den Schnee.

Einen Meter, zwei Meter, auf drei Meter kamen sie nicht mehr, da ging die Stahlrute schon ins Leere. Die Soldaten hatten sich auf einem überhängenden Schneebrett eingegraben. Sie hingen in schwindelerregender Höhe. Diese Standortbestimmung war für die Männer lebensrettend. Niemand beklagte sich, als sie sich vorsichtig und langsam auf sicheren Grund zurückzogen.

Diese Begebenheit ist ein eindeutiges Beispiel für das Wort Gottes. Es ist die Messlatte, durch die wir feststellen, wie es um uns steht. Und das Wort Gottes macht uns Mut, auf sicheren Grund umzukehren, auf dem wir leben können. Das ist die Gemeinschaft mit Gott, in die Jesus Christus uns hineinruft.

»Ich freue mich über dein Wort wie einer, der große Beute macht.« (Psalm 119,162)

16. Juli

»Engel in Sicht«

Mit diesen Worten kündigte uns ein Freund den nächsten Gast an und bezog sich dabei auf ein Wort aus der Bibel: auf Hebräer 13, Vers 2. Wir kannten unseren neuen Gast nicht, aber unser Freund kannte ihn. Und nun war er auf der Tour durch Deutschland, besuchte Christen und Gemeinden und brauchte ein Quartier, das wir ihm gern anboten. Wir lernten ihn dann kennen, er war ein südafrikanischer Evangelist. Zur Zeit des Apartheidssystems hatte er ein Bein verloren. Aber jetzt warb er für Jesus und für Versöhnung. Was für ein Mann!

Also stimmte die Ankündigung: »Engel in Sicht«.

»Gastfrei zu sein vergesset nicht; denn dadurch haben einige ohne ihr Wissen Engel beherbergt.« (Hebräer 13,2)

17. Juli

Haus Meedland

Meine erste Jugendfreizeit fand im Haus Meedland, einem der Freizeithäuser der Bremischen Evangelischen Kirche, auf Langeoog statt. 46 Personen fuhren mit – 45 Teilnehmer und ein Mitarbeiter. Das war ich. Eigentlich sollten es zwei Mitarbeiter sein. Aber der zweite Mitarbeiter wurde krank. Deshalb nahm ich schnell noch einen weiteren Jugendlichen mit.

Wir aßen zusammen mit den Gruppen und Pastoren aus den beiden anderen Häusern. Natürlich wollten wir bei jeder Mahlzeit auch ein Tischgebet sprechen. Das war fast nicht möglich, denn meine beiden Kollegen waren strikt dagegen und fingen ohne Gebet an. Ich war standhaft und habe einfach angefangen zu beten. So ging das dann weiter.

Mit den Tagen merkte ich, dass meine Kräfte langsam abnahmen. Am viertletzten Tag war es passiert: Meine Stimme war weg. Ich konnte nur noch flüstern. Wir hatten noch einen Jugendgottesdienst in der Inselkirche übernommen. Ich gründete ein Team. Wir steckten die Köpfe zusammen, lauter konnte ich ja gar nicht reden. Es entstand ein wunderbarer Jugendgottesdienst. Ein hohes Lob auf die Jugendlichen, sie hatten sich tapfer geschlagen. Ich stand immer nur flüsternd im Hintergrund.

Jesus war stärker als alle Anfeindungen. Jesus hat gesiegt.

»Unser Glaube ist der Sieg, der die Welt überwunden hat.«
(1. Johannes 5,4)

18. Juli

Bornholm

Kaum waren wir angekommen, hatten die Sachen ausgepackt und die Küche eingerichtet, da saßen schon die ersten Jugendlichen bei schönem Sonnenschein draußen an den Tischen und fingen an,

Mau-Mau zu spielen. Es dauerte nicht lange, bis die Hausdame kam und uns unmissverständlich klarmachte, dass es das in diesem Haus der *Dansk Lutherisk Mission Forening* nicht gäbe: kein Tanzen, kein Alkohol und kein Kartenspiel. Davon wusste ich nichts. Das hatte man mir nicht gesagt, als ich die Freizeit anmeldete. Nun gut, wir kamen auch ohne dies aus. Wir wollten sie auch gar nicht stören, wir waren ja in aller Freundschaft da. Und dies war eben ihre Art zu glauben.

Die Freizeit war umkämpft. Eigentlich waren es zwei Freizeiten: Die eine fand tagsüber mit den 75 Teilnehmern statt und die andere nachts mit den Mitarbeitern, meinen Theologiestudenten. Es war einfach anstrengend. Das Schlimmste war, dass es nachts so laut war, dass die Mitarbeiter aus der Küche abfahren wollten. Sie wollten nicht länger hinnehmen, dass sie nicht schlafen konnten. Aber diese Drohung wirkte viel besser als meine gesprochenen Ermahnungen. Danach wurde es tatsächlich ruhiger, und dann kamen auch die Leute zum Glauben. Nicht wegen der Küche, sondern weil das Wort Gottes sie erfasst und ihr Herz erreicht hatte.

»Es wuchs die Zahl derer, die an den Herrn glaubten.«
(Apostelgeschichte 5,14)

19. Juli

Norwegen

Wir fuhren mit 111 Personen in zwei doppelstöckigen Bussen und freuten uns auf die vor uns liegende Freizeit in Norwegen. Sie war wirklich schön. Es gab viel Positives zu berichten, aber eins war gar nicht gut. Man mag es ja kaum so beschreiben, wie es war: Wir hatten einen Virus, der von einem zum anderen ging, der jeden auf der Freizeit erfasste – auch unser kleines Baby, das wir mithatten. Unser Junge bekam es gleich zweimal. Wir kämpften gegen diesen verborgenen Virus an. Die Toiletten wurden wieder und wieder geschrubbt. Wir wuschen und wuschen uns die Hände. Ich hielt mich wirklich gut, bis eines Tages dieser Virus auch mich überfiel und ich dachte, ich müsse sterben. Nein, es ging nur um Übelkeit und Erbrechen, aber das auf eine schlimme Weise.

Nach 14 sehr geistlichen Tagen konnten wir die Busse einteilen in den Virusbus, in dem die mitfuhren, die den Virus gerade akut hatten, und in den »befreiten« Bus, in dem diejenigen saßen, die es schon hinter sich hatten. So fuhren wir dann wieder nach Hause. Dort warteten jede Menge Eltern – bei 111 Personen ist das kein Wunder. Unsere Jugendlichen stiegen aus und freuten sich, wieder zu Haus zu sein. Zuerst stiegen die aus, die die Krankheit schon überstanden hatten. Dann stiegen die anderen aus, die es noch hatten. Das war schlimm. Einige spuckten ihren Eltern sofort vor die Füße. Trotzdem waren sie bei der nächsten Freizeit wieder mit dabei.

»Der Herr wird ihn erquicken auf seinem Lager; du hilfst ihm auf von aller seiner Krankheit.« (Psalm 41,4)

20. Juli

Theologiestudenten

Aus unserer missionarischen Jugendarbeit sind 25 Pastoren hervorgegangen – nach und nach, nicht alle auf einmal. Weil ich aus eigener Erfahrung noch wusste, wie schwierig das ist, wenn man ganz allein in seinem Studium ist, haben wir regelmäßig Theologiestudenten-Freizeiten angeboten. Das waren unglaublich wichtige Freizeiten mit verschiedenen Referenten, mit gemeinsamem Gebet und mit vielen, vielen Gesprächen. Nicht alle haben das Studium durchgestanden. Der Dauerbeschuss der modernistischen Theologie war zu stark. Manche haben die Seiten gewechselt und weisen heute stolz darauf, dass sie auch aus der frommen Ecke kommen und das alles kennen. Aber viele, überwiegend die meisten, haben es durchgestanden und sind gläubige Pastoren geworden.

Heute ist vieles besser geworden. Heute gibt es Studienhäuser und Gruppen. Man ist nicht mehr ganz allein. Aber die intellektuelle Auseinandersetzung, die muss von jedem Einzelnen geführt werden. Ich wünsche mir, dass für die Theologiestudenten viel gebetet wird. Denn ohne Gebet sind sie verloren. Aber mit Gebet werden wir uns über die freuen können, die im Namen des Herrn antreten.

»Um deines Namens willen wollest du mich leiten und führen.«
(Psalm 31,4)

21. Juli

St. Isaak Kathedrale

Vor einiger Zeit war ich auf einem kirchlichen Seminar und sollte dort auch ein kluges Wort über die Zukunft der Kirche sagen. Danach meinte ein Kirchenoffizieller, die Schere gehe nicht weiter auf. Soll heißen: Die Lage habe sich beruhigt. Die Austrittszahlen hätten sich stabilisiert. Das war natürlich kompletter Unsinn. Wir haben in ganz Deutschland in den letzten Jahren mehrere Millionen Kirchenaustritte gehabt. Das spricht für sich. Wir wissen heute, dass Angehörige anderer Religionsgemeinschaften, also des Buddhismus, Hinduismus, Islams, der Sekten usw., genauso viele Gottesdienstbesucher haben wie wir, wie die gesamte evangelische und katholische Christenheit in Deutschland zusammen. Das christliche Abendland ist am Ende. Tatsächlich?

Ich war in der St. Isaak Kathedrale in St. Petersburg. Die Kommunisten machten diese Kathedrale zu einem Museum des Atheismus. Das war einmal. Inzwischen ist sie wieder eine christliche Kathedrale. Das Museum des Atheismus ist lange vorbei. Gott ist größer. Jesus regiert.

»Wandelt nur würdig des Evangeliums Christi, damit (…) ihr einmütig mit uns kämpft für den Glauben des Evangeliums.«
(Philipper 1,27)

22. Juli

Es ist noch einer draußen

Meine Frau geht in den Gebetskreis. Ich unterstütze das, denn ich bin fest davon überzeugt, dass die Gebetskreise die eigentliche »Heizung« der Gemeinde sind.

Wir haben es immer wieder erleben dürfen, dass der Herr unsere Gebete erhört und immer wieder neu einen erwecklichen Aufbruch geschenkt hat. Strukturen müssen sein, klar. Sogar gute Strukturen müssen sein, die schlechten können alles vernichten. Aber wer die Arbeit wirklich trägt, sind die Beter. Eine Gemeinde lebt nur so weit, wie auch gebetet wird.

Unser Herr ist im Mittelpunkt, man trifft sich, um ihn anzubeten, und da entsteht eine höchst intime Gemeinschaft, die trotzdem nicht langweilig wird, weil sie nach oben und nach außen gerichtet ist – oben auf den Herrn und nach außen auf die anderen, die noch nicht im Glauben dabei sind. Das ist die heilsame Unruhe, die wir an der Küste kennen, wenn das Schiff in Seenot ist und die Rettungsdienste auch unter Gefahr für das eigene Leben hinausfahren, weil die Sorge um das Leben der anderen sie gepackt hat. Es ist noch einer draußen.

Mein ganz persönliches Gebet für mich und für alle anderen ist, dass uns diese heilsame Unruhe weiter geschenkt wird. Dann können wir gespannt sein, was der Herr noch mit uns vorhat.

»Wo zwei oder drei versammelt sind in meinem Namen, da bin ich mitten unter ihnen.« (Matthäus 18,20)

23. Juli

Geht!

Ach, es ist zum Verzweifeln. Wie viele Christen sitzen in ihren Kirchen, hören das Evangelium, gehen nicht hinaus und sagen es nicht weiter – nicht ihren Freunden, geschweige denn ihren Feinden. Dabei hat Jesus doch in seinen letzten Worten gesagt: »Geht! In alle Welt.«

»Alle Welt« fängt an unserem Gartenzaun an. Zeugen für Jesus bleiben niemals einfach in ihren Kirchenbänken hocken, sondern das Evangelium hat eine »Gehstruktur«: »Geht, sagt es bitte weiter. Um Himmels willen verschweigt es nicht.«

Unser armes Land, unser armes Volk, das vom Evangelium nichts weiß und an seiner inneren Leere erstickt, braucht dringend die gute Nachricht von Jesus. Und wenn wir gehen, dann wissen wir, dass wir es ja nicht aus eigener Kraft tun. Da, wo die Bibel von Zeugen redet, da spricht sie auch davon, dass diese Zeugen erfüllt werden mit der Kraft des Heiligen Geistes. Im Griechischen steht dafür das Wort *dynamis*. Davon ist das Wort »Dynamit« abgeleitet. Das Evangelium hat Sprengkraft. Deshalb sind Christen enorm dynamisch.

»Sorgt nicht, (...) was ihr sagen sollt; denn der Heilige Geist wird euch in dieser Stunde lehren, was ihr sagen sollt.«
(Lukas 12,11–12)

24. Juli

Christen arbeiten

Arbeiten Christen wirklich? Ich habe da so manchmal meine Zweifel. Wir haben in Bremen zurzeit ca. zwölf Prozent Arbeitslosigkeit. Aber wenn ich mir das Reich Gottes anschaue, dann sehe ich höchstens zwölf Prozent Arbeitende. Nicht weil da nicht mehr Arbeit ist, sondern weil viele einfach zu faul sind und konsumieren wollen. Aber Jesus ist nicht gekommen, um uns löffelchenweise Babybrei in den Mund zu stopfen, um uns zu päppeln und zu pflegen. Wir sollen arbeiten und nicht nur konsumieren.

Wenn ich den 2. Korintherbrief lese, dann staune ich. Dann sehe ich, was der Apostel Paulus gemacht und getan hat. Der ist allein 7800 Kilometer zu Fuß für das Evangelium gegangen. Bei uns schaffen es die Leute ja kaum einmal, anständig zu parken. Man könnte ja eine Minute länger zu Fuß gehen müssen. 9000 Kilometer ist Paulus mit einer Nussschale übers Wasser geschippert. In einer Nussschale, die man Schiff nannte. Paulus hat sich schlagen lassen, er war im Gefängnis, man hat ihn gesteinigt. Und als er auf der Müllkippe von Lystra mit seinem Schädelbruch lag, da ist er anschließend nicht in Kur gegangen, sondern aufgestanden und weitergezogen im Namen seines Herrn. Unvorstellbar für uns heute.

»Als Mitarbeiter aber ermahnen wir euch, dass ihr die Gnade Gottes nicht vergeblich empfangt.« (2. Korinther 6,1)

25. Juli

Ich kann nur staunen

Nein, ich habe es nicht verdient, dass Jesus mich in seine Mitarbeit gerufen hat. Aber irgendwann habe ich angefangen nachzudenken und sah, wie ich bin, wie ich wirklich bin, wie Gott mich sieht, ja sehen muss. Und dann wurde mir immer mehr klar, dass es nur die Liebe von Jesus zu mir war, warum er mich in seinen Dienst gerufen hat. Bis dahin hatte ich immer gedacht, ich sei ein patenter Kerl, und gemeint, dass wir doch ganz prächtige Leute seien. Aber heute weiß ich nicht einmal, ob ich Jesus in irgendeiner besonderen Weise sympathisch bin. Das wäre schön, aber wissen kann ich es nicht.

Und dass Jesus dann nicht nur mich liebt, sondern auch noch die anderen, die ich unausstehlich finde, ist für mich oft nur schwer verständlich. Das ist doch eigentlich eine merkwürdige Eigenart unseres Herrn. Aber er hat uns bis aufs Blut geliebt. Auch mich. Er ist auch für mich ans Kreuz gegangen – ob ich ihm nun sympathisch bin oder nicht.

Sympathie hat auch immer mit Liebe zu tun. Aber die Liebe von Jesus zu uns geschieht nicht aus *Eros* (leidenschaftlicher Liebe/Sehnsucht) oder *Philia* (Freundesliebe), sondern aus selbstloser, reiner Liebe, aus der *Agape* heraus, obwohl wir es nicht wert waren und nicht wert sind. Da kann ich nur staunen, dass Jesus uns so unglaublich liebt.

»Ihm, der uns liebt und uns erlöst hat von unseren Sünden mit seinem Blut (...), ihm sei Ehre und Gewalt von Ewigkeit zu Ewigkeit.« (Offenbarung 1,5–6)

26. Juli

Gemeindewachstum in Indien

Es war heiß. Furchtbar heiß. Wir gingen mit Paul Raj über die Felder in das nächste Dorf, wo wir erwartet wurden. Paul Raj war ein Brahmane und einen Kopf größer als die Leute, die jetzt von ihm gegrüßt wurden – die Ureinwohner in dem ehemaligen Dschungel. Hier war früher ihr Jagdgebiet. Es gehörte allen. Dann kamen die Inder und nahmen es ihnen weg. Daraufhin mussten sie als Kulis bei den Indern arbeiten, so auch jetzt in der sengenden Hitze auf dem Feld. Paul Raj grüßte sie: »Halleluja!« Wo er konnte, predigte er. Die Leute kamen zum Glauben. Sie nahmen an Glaubenskursen teil und ließen sich taufen. Die Kirche wuchs in einem atemberaubenden Tempo.

Endlich kamen wir an. Wir bekamen etwas zu trinken, zogen unsere Sandalen aus und legten uns auf bereitstehende Betten – draußen im Freien. Wir durften eine freundliche Massage genießen. Dann stand das Unterrichtsprogramm an. Es waren einige Christen dort, die noch mehr über den christlichen Glauben lernen wollten. Der zentrale Vers für sie war Johannes 3, Vers 16. Den lernten sie auswendig. Das ganze Dorf stand herum und guckte zu. Da gab es nichts zu verstecken. Wieder und wieder hörte ich diesen Vers.

»Denn also hat Gott die Welt geliebt, dass er seinen eingeborenen Sohn gab, damit alle, die an ihn glauben, nicht verloren werden, sondern das ewige Leben haben.« (Johannes 3,16)

27. Juli

Gerettet sein bringt Rettersinn

Das muss man erlebt haben. »Gerettet sein bringt Rettersinn« – dies ist nicht nur ein altes Wort, sondern es ist immer noch richtig. Und es lebt. Da kommt einer zum Glauben. Er wird gerettet und verändert sein ganzes Denken. Bis dahin lebte er aus Idealismus, ganz human, und merkte doch, dass er einen sehr kurzen Atem hatte. Man ist so schnell erschöpft. Oder besser gesagt: Man ist so schnell ausgeschöpft, wenn man nur dem Gesetz gehorcht und vom Evangelium nichts weiß.

Ich sprach mit unserem späteren geistlichen Repräsentanten der Kirche. Er fragte: »Woher habt ihr eure Mitarbeiter?« Ich antwortete: »Sie haben sich bekehrt.« Als er etwas ungläubig guckte, setzte ich noch eins drauf und erklärte: »Sie haben sich dreifach bekehrt: erstens zu Christus, zweitens zur Gemeinde und drittens zur Welt.«

Die Bekehrung zu Christus ist der entscheidende Schritt. Man ändert sein Leben, man wird neu. Die Bekehrung zur Gemeinde ist ebenfalls ein wichtiger Schritt, denn niemand kann allein Christ sein. Allein geht man ein. Bei der Bekehrung zur Welt ist man missionarisch tätig und hat sie um Christi willen und um der Menschen willen lieb. Dass das funktioniert, zeigt uns die hohe Zahl von ehrenamtlichen Mitarbeitern in unserer Gemeinde und auch von Hauptamtlichen, die wir selbst bezahlt haben.

»*Darum bekehrt euch, so werdet ihr leben.*« (Hesekiel 18,32)

28. Juli

Unterschied

Das hat schon so mancher erlebt. Er nimmt an irgendeiner fröhlichen Gesellschaft teil. Lauter nette Menschen sind da zusammen. Das Gespräch geht hin und her. Irgendeiner fängt mit Religion an. Ein Christ erwähnt den Namen Jesus. Schlagartig kippt die Stimmung um. Es scheint so, als hätte der Name Jesus eine magische Kraft, sodass jeder sofort weiß: Jetzt wird es ernst. Aber herzlichen Glückwunsch an unseren tapferen Zeugen, denn selbstverständlich und leicht ist das nicht.

Ich war auf einer Kreuzfahrt und saß 14 Tage mit denselben Leuten am Tisch. Wir unterhielten uns über dies und das und jenes. Am 14. Tag, kurz vor dem Auschecken, sagte ein Mann: »Ich bin auch Pastor.« Mir blieb der Mund offen stehen. Wie kann man sich 14 Tage lang so verstecken?

In einer *Spiegel*-Untersuchung wurde gefragt: »Worin unterscheiden sich Christen von Nichtchristen?« Und erstaunlicherweise fielen die Christen nicht wegen ihrer Beziehung zu Jesus auf, nicht wegen der ethischen Fragen zu Abtreibung, Libertinismus, Feminismus, Homosexualität. Nein, die Christen fielen dadurch auf, dass sie mehr spendeten.

»Wer nun mich bekennt vor den Menschen, den will ich auch bekennen vor meinem himmlischen Vater. Wer mich aber verleugnet vor den Menschen, den will ich auch verleugnen vor meinem himmlischen Vater.« (Matthäus 10,32–33)

29. Juli

Missionskonferenz

Vor einiger Zeit erzählte mir ein Freund von einer Missionskonferenz. Ein Vertreter einer deutschen Missionsgesellschaft hielt ein langes und beredtes Referat, weshalb es heute besser sei, keine Missionare mehr nach draußen zu schicken. So etwas kann man in unserer Zeit ja öfter hören. Aber in dieser Situation war ungewöhnlich, dass zwei Afrikaner dabei waren und einer von ihnen im anschließenden Referat sagte, sie würden herzlichst und dringend darum bitten, dass Deutschland mehr Missionare nach Afrika schicke. Die Betroffenen wollten Mission. Sie wollten nicht, dass aus Hindus bessere Hindus, aus Moslems bessere Moslems, aus Juden bessere Juden würden. Sie wollten, dass Menschen gerettet werden.

Es geht um eine Not, und deshalb machen wir, wie Luther gesagt hat, ein fröhliches Geschrei von Christus. Es geht darum, ob Menschen gerettet werden oder ob sie verlorengehen. Es geht darum, ob wir Menschen den Sinn des Lebens bringen können oder ob wir sie sich selbst überlassen mit ihrer Angst und Furcht, selbst wenn wir ihnen »nur« gute europäische Bildung bringen.

»Das ist gewisslich wahr und ein Wort, des Glaubens wert, dass Christus Jesus in die Welt gekommen ist, die Sünder selig zu machen.« (1. Timotheus 1,15)

30. Juli

Bei den Einheimischen in Kolumbien

Wir waren zusammen in einem Jugendkreis. Ich wurde Pastor, und meine Bekannte ging zu den Wycliff-Bibelübersetzern nach Kolumbien. Eines Tages fuhr sie mit ihrem Bruder, auch einem Wycliff-Bibelübersetzer, und einem befreundeten Paar in einem Kanu. Es wurde langsam dunkel, und sie suchten ein Quartier. Bei dem nächsten Dorf legten sie an und stiegen aus. Derjenige, der ihnen ein Quartier gab, war der Zauberer des Ortes. Er bot ihnen eine eigene Hütte an. Ein erstaunlicher Luxus! Dort gingen sie schlafen und beteten vor dem Schlafen noch einmal ganz heftig, weil sie die Umgebung nicht kannten, und stellten sich bewusst unter das Blut von Jesus Christus. Dann schliefen sie ein.

Nachts wurden sie auf einmal wach. Sie wurden gewürgt, sie wurden fast erwürgt, sie riefen zum Herrn Jesus. In dem Augenblick, als sein Name genannt wurde, lockerte sich bei allen vieren der Würgegriff. Der Spuk war vorbei.

Am nächsten Morgen bei Licht stellten alle vier Würgemale an ihrem Hals fest. Es war kein Traum, es war wirklich lebensbedrohlich. Aber das Gebet hatte sie gerettet.

»Wer überwindet (…), dem will ich Macht geben über die Heiden.« (Offenbarung 2,26)

Was für einen Zauber habt ihr?

Nachdem die beiden Wycliff-Bibelübersetzer und das befreundete Ehepaar die Würgemale entdeckt hatten, ging die Tür auf, der Zauberer trat ein und bekam beinah einen Herzinfarkt, als er die vier dort lebendig vorfand. Er fiel auf die Knie und sagte: »Was habt ihr für einen starken Zauber? Wieso ist euer Zauber stärker als mein Zauber?« Und dann berichtete er ihnen, dass er seinen stärksten Zauber angewandt habe, um sie zu vernichten, und dass ihm dieses augenscheinlich misslungen sei. Anschließend lud er sie zum Essen ein. Es war wie in biblischen Zeiten. Sie aßen zusammen, sie erklärten ihm das Evangelium, sie berichteten ihm von Jesus, von dem, der alle Macht in der Welt hat. Der auch stärker ist als alle Dämonen. Der Mann bekehrte sich. Später ließ er sich taufen und wurde zu einem begnadeten Prediger und Verkündiger des Evangeliums.

Gott sei Dank, dass Jesus die Macht hat, Bindungen zu lösen und Menschen frei zu machen.

»Niemand kann aber in das Haus eines Starken eindringen und seinen Hausrat rauben, wenn er nicht zuvor den Starken fesselt; erst dann kann er sein Haus berauben.« (Markus 3,27)

August

1. August

Ein Ruf nach Afrika

Der afrikanische Bischof Festo Kivengere war bei uns in der Gemeinde zu Gast. Er ist einer der führenden Männer der ostafrikanischen Erweckungsbewegung. Nun stand er bei uns auf der Kanzel. Er predigte, und die Leute hingen an seinen Lippen. Als er fragte, ob jemand mit nach Afrika gehen wolle, um dort als Arzt oder Krankenschwester oder auf eine andere Art und Weise zu helfen, war ich gespannt. Es meldete sich tatsächlich jemand. Eine junge Frau, Kinderkrankenschwester in Bremen, sagte, Gott habe sie angesprochen und wolle sie nach Afrika holen.

Das war die geistliche Entscheidung, aber die hätte ganz schnell wieder zu Ende sein können, denn jetzt folgte erst einmal die Bürokratie. Die Beurlaubung von der Arbeitsstelle, die Rentenversicherung, die Krankenversicherung – das musste alles geklärt werden. Und es wurde zum Glück auch geklärt. Die junge Frau ging für ein Jahr nach Afrika, es war die erste Spendenstelle der Gemeinde, denn ihr Gehalt bezahlte die Gemeinde.

Die Kinderkrankenschwester erlebte in Afrika viel Positives und auch viel Schweres. Sie kam zurück mit einer ganz neuen Sicht der Welt und mit vielen, vielen Kontakten, die bis heute gehalten haben.

»Geh hin; denn ich will dich in die Ferne zu den Heiden senden.« (Apostelgeschichte 22,21)

2. August

Pannen in der Mission

Wie würde unsere Welt heute aussehen, wenn der Apostel Paulus sich nicht für Griechenland und Rom entschieden hätte, sondern den Weg zur anderen Seite der Welt gegangen wäre? Nach China, Indien, in den ganzen Osten? Würden wir dann hier immer noch zu

Wotan beten? Ich danke meinem Herrn, dass er mich gerettet und dass das Evangelium den Weg zu mir gefunden hat.

Einmal gab es die großartige Gelegenheit, den gesamten Osten zu missionieren. Daraus wurde leider nichts, denn eine der größten Pannen der Missionsgeschichte ereignete sich im Jahre 1271. Niccolò und Matteo Polo (Vater und Onkel des Marco Polo) besuchten den Kublai Khan, der in jener Zeit ein Weltherrscher über ein Reich von Indien über China bis in den Fernen Osten war. Kublai Khan war von der Botschaft der Christen, die ihm Niccolò und Matteo übermittelt hatten, sehr angetan. Es sandte sie zurück, um 100 christliche Gelehrte zu holen. Sie sollten zuerst ihn taufen, dann seine Barone und andere einflussreiche Leute bis zum letzten Diener. Dann würde es bei ihm mehr Christen geben als im Westen. 30 Jahre lang passierte nichts. Dann wurden zwei oder drei Missionare geschickt. Es waren zu wenige und es war zu spät.

Wir können uns kaum vorstellen, welche Auswirkungen es auf die Welt gehabt hätte, wenn ganz China, Indien und der Osten christlich geworden wären. Wie werden wir einmal im Lichte Gottes unsere Tätigkeit beurteilen?

»Sie versagten wie ein schlaffer Bogen.« (Psalm 78,57)

3. August

Ja oder Nein

Wenn Gott einen ruft, kann man nur mit Ja oder mit Nein antworten. Dazwischen gibt es nichts. Man kann Gott auch Vorwürfe machen: »Das ist nicht fair.« Aber er ist der Herr. Wenn Gott einen ruft, dann gibt es nichts mehr zu diskutieren. Dann heißt es: »Herr, hier bin ich« oder »Herr, lass mich.« Ich denke an einen Arzt, der in seinem Leben viel Geld verdient hatte und dann am Ende seines Lebens sagte: »Einmal hat Gott mich in die Mission gerufen, und ich bin nicht gegangen. Ich bin mein ganzes Leben hinter einer nicht verwirklichten Berufung hergelaufen.«

Falsche Wege. Ist es nun ein Beruf oder eine Berufung? Wenn man eine Berufung hat, dann muss man ihr folgen. Sonst kann man noch so viel Geld verdienen, glücklich wird man damit nicht.

Aber wenn Gott einem eine Berufung gibt, dann ist es immer mit Liebe verbunden. Das ist die Gewalt der Liebe. Was für eine riesige Gewalt diese Liebe hat, können nicht nur unsere Verliebten erzählen, die sich freiwillig an den anderen binden. Gott wird mich immer fragen: »Willst du das?« Und er wird immer in der richtigen Schrittlänge mit mir gehen, sodass ich weiß, dass ich das kann. Auch wenn es kleine Schritte sind oder manchmal große Schritte – Gott geht immer auf mich ein.

»Denn der Sohn Gottes, Jesus Christus, (…) der war nicht Ja und Nein, sondern es war Ja in ihm.« (2. Korinther 1,19)

4. August

Die Götter gehen schlafen

Es war mein erster Besuch in Indien. Ich war maßlos überrascht, als ich einen hinduistischen Tempel besuchte. Da sah ich, dass die Götter schlafen gelegt wurden. Es waren Puppen! Sie wurden vorher gewaschen, es wurde ihnen Essen hingestellt. Das Essen war den nächsten Tag weg, weil es sich die Schlangen oder die Ratten geholt hatten. Was für ein himmelweiter Unterschied zu dem Gott, zu dem wir durch Jesus gehören!

Mich hat diese ganze Szene nachdenklich gemacht. Wieso laufen in Westeuropa so viele Menschen irgendwelchen Göttern nach? Diesen Puppen, die gar kein Gott sind? Dem Buddhismus, der gar kein personales Gegenüber kennt? Da ist niemand, der uns trösten kann, niemand, der uns Halt geben kann, niemand, der uns unsere Schuld wegnimmt. Und trotzdem: Sie folgen ihnen zuhauf. Sie liefern ihr Leben an die fremden Götter aus und gehen an Jesus vorbei.

»Ach, Herr Herr, siehe, du hast Himmel und Erde gemacht durch deine große Kraft und durch deinen ausgereckten Arm, und es ist kein Ding vor dir unmöglich.« (Jeremia 32,17)

5. August

James Hudson Taylor

Der Chinamissionar James Hudson Taylor fuhr eines Tages auf einem Fluss, als er ein gekentertes Boot entdeckte. Er stellte fest, dass tatsächlich einer aus dem Boot gefallen war. Selbst mehrere Tauchgänge blieben ohne Erfolg. Dann schrie er zu einem Fischerboot in der Nähe: »Kommt schnell, hier ertrinkt einer. Bringt eure Netze und helft mir.« Die Fischer erwiderten: »Wir haben im Moment zu viel Arbeit.« Taylor flehte sie an: »Ich bezahle euch, wenn ihr sofort kommt.« – »Wie viel?«, erwiderten sie. »Ich gebe euch zehn Dollar, wenn ihr sofort kommt.« – »Das ist nicht genug«, sagten sie. »15 Dollar. Mehr habe ich nicht. Kommt bitte schnell«, schrie er ihnen zu.

Widerwillig setzten sie sich in Bewegung und ruderten zu der Stelle, an der Taylor den Mann zuletzt gesehen hatte. Sie warfen ihre Netze aus und innerhalb kürzester Zeit hatten sie den Mann. Sie zogen ihn an die Wasseroberfläche und hievten ihn ins Boot. Der Mann war tot. Ertrunken, während die Fischer ums Geld feilschten.

Wie konnten die Fischer so gleichgültig sein? Hätten wir sofort geholfen oder ähneln wir den Fischern mehr, als wir glauben? Ist es möglich, dass wir gegenüber den Milliarden Verlorenen genauso gleichgültig handeln wie diese Fischer?

»Der Herr hat Geduld mit euch und will nicht, dass jemand verloren werde.« (2. Petrus 3,9)

6. August

Zwei Jahre

Ludwig Harms (1808–1865), Erweckungsprediger aus Hermannsburg, ließ ein Missionsschiff, die Candace, bauen. Als seine Missionare mit diesem Schiff wegfuhren, rief er ihnen nach: »Ich will euch hier nie wieder sehen.« Was für eine Verheißung, was für ein Auftrag, was für ein Glaube! Und dann fuhren die Missionare und ihre Familien nach Togo und wussten, dass sie nur zwei Jahre Lebenserwartung hatten. Die Krankheiten, die Nöte und die Härten sorgten dafür. Deshalb packten sie ihr Hab und Gut in Särge, weil sie genau wussten, was auf sie zukam.

Einige Afrikaner stellten die Missionare auf die Probe, um herauszufinden, ob ihre Botschaft nun wirklich der Wahrheit entsprach. Ein Stamm akzeptierte die Frohe Botschaft erst, nachdem die ersten Missionare und ihre Familien verstorben waren. Und dann sagten die Stammesältesten: »Seht, wie sie gestorben sind. Sie haben Gott nicht verflucht, und geflüchtet sind sie auch nicht, sondern sie dienten ihm im Angesicht des Todes, der ihnen bevorstand.«

»Meine Generation ist ein Produkt der Mission. Ohne die Mission und die Missionare wäre ich heute nicht hier. Ich werde niemals genügend Worte haben, um den Missionaren für das zu danken, was sie uns getan haben.« Wer das gesagt hat? Nelson Mandela.

»So sei es euch kundgetan, dass den Heiden dies Heil Gottes gesandt ist; und sie werden es hören.« (Apostelgeschichte 28,28)

7. August

Lord's Party

Man nehme einen Menschen, der missionarisch predigen kann. Man nehme eine einigermaßen gut spielende Band. Man nehme lauter Tische, die man im Saal aufbaut, und man lade kräftig ein. Fertig ist die »Lord's Party« – die »Party unseres Herrn«. 15 Jahre lang war sie die Hauptmethode unserer Gemeinde, um Menschen mit der guten Nachricht von Jesus Christus bekannt zu machen. Und die jungen Leute kamen, sie kamen zuhauf. Es ging los mit 40, dann waren wir 250, dann nachher wieder weniger, bis sich das Modell einfach totgelaufen hatte.

Natürlich war es damals viel einfacher, jungen Leuten von Jesus zu erzählen. Man brauchte wirklich nur eine Band, es gab nur eine Musikrichtung. Heute ist das alles zergliedert in viele unterschiedliche Musikrichtungen. Aber es war ein Instrument, das Gott gesegnet hat. Immer wieder begegne ich hier oder woanders Menschen, die sagen: »Ich war damals auch auf der ›Lord's Party‹.« Ich muss dann immer fragen: »In welchem Jahr?«

Das gepredigte Wort hat Früchte gebracht. Gott sei's gedankt.

»Von der Hoffnung habt ihr schon zuvor gehört durch das Wort der Wahrheit, das Evangelium, das zu euch gekommen ist, wie es auch in aller Welt Frucht bringt.« (Kolosser 1,5–6)

8. August

Amen

Meine Familie und ich waren im Urlaub, in Kärnten, und gingen am Sonntagmorgen nach Villach in den Gottesdienst. Die Kirche war schön, es waren viele Menschen da. Die Liturgie lebte. Und dann kam der Pastor mit der Predigt. Er las den Predigttext vor. Wir standen dazu auf. Anschließend setzten wir uns wieder hin. Ich lehnte mich gemütlich zurück und richtete mich innerlich auf das ein, was ich jetzt gleich zu hören bekommen sollte. Ich staunte, als er sagte: »Besser kann ich es auch nicht sagen. Amen.« Was war das? Das war die ganze Predigt? Und ich hatte beim Predigttext wieder nicht so richtig aufgepasst! Den musste ich jetzt unbedingt noch einmal nachlesen. Ich guckte meine Frau an. Die fing langsam an zu lächeln. Ich guckte meine Kinder an. Die kapierten erst gar nicht, was da los war. Jetzt waren sie begeistert. Es war mit Sicherheit die kürzeste Predigt aller Zeiten!

Und hatte der Pastor nicht auch recht? Besser als das Wort Gottes kann ich es auch nicht sagen? Das stimmt. Unsere Predigtarbeit ist ja immer nur Übersetzungsarbeit. Also tat es gut, einmal das Wort Gottes pur zu hören.

»Darum sprechen wir auch durch ihn das Amen, Gott zum Lobe.« (2. Korinther 1,20)

9. August

Luganer See

Ich saß mit meiner Schwester und ihrem Mann beim Frühstück auf der Terrasse oberhalb des Luganer Sees – eine herrliche Aussicht. Traumhaft, wie aus einem Reiseprospekt. Und dann las mein Schwager aus einem Andachtsbuch vor und betete anschließend. Ich fing an zu summen: »Du großer Gott, wenn ich die Welt betrachte.« Ich summte ganz bewusst, denn sonst durfte man kaum husten, weil die Nachbarn alles hörten. Die Wände waren etwas dünn gebaut. Aber jetzt, jetzt sangen wir laut – zur Ehre des Herrn. Ein Lied nach dem anderen. Es machte das Herz frei und brachte uns in Übereinstimmung mit der Schöpfung und dem Schöpfer.

»Herr, wie sind deine Werke so groß und viel! Du hast sie alle weise geordnet, und die Erde ist voll deiner Güter.« (Psalm 104,24)

10. August

Zölibat

Manchmal lobe ich mir die katholische Kirche. Natürlich nur ganz heimlich – wegen des Zölibats. Und zwar immer dann, wenn ich keine Lösungen mehr habe.

Da war ein Pastor, und ich hörte seine Bibelarbeiten. Ich war begeistert. Das war ein kommender Mann in der Szene. So begabt, so demütig, so mitteilend, so seelsorgerlich zuhörend. Aber dann. Was musste der Mann verkraften? Seine Ehe, die Ehefrau – man konnte nur den Kopf schütteln. Die Ehefrau wollte mit dem Beruf ihres Mannes nichts zu tun haben. Sie ging auch nicht ans Telefon. Sie kam mit den unmöglichsten Fragen immer gerade dann, wenn er kurz davor war, auf eine Kanzel steigen zu müssen. Und er fühlte sich gebunden an Gottes Wort. Doch sie schliefen schon lange nicht mehr zusammen.

In diesen Augenblicken lobe ich mir den Zölibat und denke: »Was hätten wir es gut, wenn wir katholisch wären.« Natürlich weiß ich, dass sie damit auch riesige Probleme haben. Aber so manchmal, so heimlich dürfte man sich das dann ja auch mal wünschen.

Insgeheim, neben diesem Wunsch, war ich verzweifelt und habe gebetet: »Jesus, mach du. Jesus, hilf du.« Tja, was, wenn die Pastoren durch ihre Frauen am Dienst gehindert werden?

»Ihr kennt das Haus des Stephanas, dass sie die Erstlinge in Achaja sind und haben sich selbst bereitgestellt zum Dienst für die Heiligen.« (1. Korinther 16,15)

11. August

Wir singen ein Lied

Wir beteten zusammen, das heißt, wir wollten es – wir wollten in einer Gebetsgemeinschaft beten. Aber dann betete nur einer und betete und betete. Er hörte einfach nicht auf. Er hielt dem lieben Gott eine lange Predigt. Und das alles noch in einer Sprache, die jeder in dieser Gebetsgemeinschaft kannte. Jeder wusste schon, welcher Satz als Nächstes käme.

Innerlich habe ich heimlich mit mir geschimpft, warum ich eigentlich so viel Freiheit gab und es dann so schiefgehen konnte. Da hätte ich mir gewünscht, dass ich wie der amerikanische Evangelist

Moody den Mut gehabt hätte, aufzustehen, als einer in seiner Gebetsstunde mit dem Gebet nicht aufhören wollte: »Bis unser Bruder sein Gebet beendet hat, singen wir ein Lied.«

»Vernimm mein Schreien, mein König und mein Gott; denn ich will zu dir beten.« (Psalm 5,3)

12. August

Israel

Einem Witz zufolge soll der Papst in Rom einmal Besuch gehabt haben vom Oberrabbiner. Während sie zusammensitzen und miteinander sprechen, sieht der Oberrabbiner das rote Telefon auf dem Schreibtisch des Papstes: »Ist das die Telefonleitung nach oben zu *ihm*?« Der Papst antwortet: »Ja.« Fragt der Oberrabbiner: »Darf ich mal?« – »Ja, natürlich.« Und dann geht er an das Telefon und spricht mit Gott. Hinterher fragt er: »Was kostet das?« – »15 Euro, ist doch relativ billig.« Später einmal ist der Papst beim Oberrabbiner in Jerusalem zu Besuch und sieht auch beim Oberrabbiner das rote Telefon stehen. Er fragt: »Darf ich auch mal?« – »Ja, selbstverständlich.« Und dann telefoniert er auch mit Gott und fragt anschließend: »Was muss ich zahlen?« Da sagt der Oberrabbiner: »Gar nichts, das war ein Ortsgespräch.«

Israel hat es in sich. Und auch wenn Israel inzwischen sehr europäisiert ist, habe ich noch keine Gruppenfahrt dorthin unternommen, bei der nicht Menschen ein sehr, sehr persönliches Erlebnis mit Jesus gehabt haben.

Wenn Gott mit einem reden will, kann man nicht ausweichen. Es ist nicht nur rückwärts gewandtes historisches Erleben, wenn man da ist, wo Jesus war, und sich an Stellen begibt, von denen man sicher weiß, dass er hier entlanggegangen ist. Es ist die Gegenwart. Die Gegenwart des auferstandenen Herrn, der uns ganz nah kommt.

»Ich will dir zur Harfe lobsingen, du Heiliger Israels.« (Psalm 71,22)

13. August

Ohne Kamera

Wir wollten nach Israel fliegen und standen in Hamburg-Fuhlsbüttel auf dem Flughafen. Irgendwo in einer Ecke dieses Flughafens befand sich die Abfertigungsstelle der Fluggesellschaft El Al. In einer Ecke, die man gegen plötzliche Angriffe gut schützen kann. Unsere Reisegruppe musste die Koffer auspacken. Alles, was eingepackt war, musste heraus. Es wurde gefilzt. Körpervisite. Dann guckte mich einer der Verantwortlichen an und sagte: »Wo ist denn Ihr Fotoapparat?« Ich antwortete: »Ich habe keinen Fotoapparat.« – »Dann können Sie doch gar kein Tourist sein.« – »Ich bin schon 14 Mal in Israel gewesen und habe alles abfotografiert. Ich brauche jetzt keinen Fotoapparat mehr. Und wenn tatsächlich etwas Besonderes kommt, fotografieren das die anderen.« Ohne Fotoapparat nach Israel zu reisen, das ging nicht.

Ich bin trotzdem nach Israel gekommen und freute mich über das Land. Jesus hat hier gelebt und gearbeitet. Er ist für uns am Kreuz gestorben und wieder auferstanden, gen Himmel gefahren. All das geschah im Land Israel. Manchmal spürt man etwas davon, und manchmal ist das so unglaublich weit weg. Denn Israel ist natürlich kein Museumsdorf aus der Zeit von Jesus Christus, sondern hat sich weiterentwickelt, ist bebaut worden. Die Stellen, die mit Jesus in Zusammenhang gebracht werden, muss man schon suchen. Trotzdem, es ist *sein* Land.

»Gott ist in Juda bekannt, in Israel ist sein Name herrlich.«
(Psalm 76,2)

14. August

Du sollst dir kein Bildnis machen

Massada – was für ein Berg, was für eine Geschichte! Als im Jahre 71 n. Chr. Jerusalem von der zehnten römischen Legion eingenommen wurde, flüchteten sich die restlichen Befreiungskämpfer nach Massada. Die Römer kesselten diesen Berg ein und fingen an, eine große Rampe zu bauen – zwei Jahre lang. Dann war es soweit. Sie stürmten den Berg und fanden nur ein paar versteckte Frauen vor. Alle anderen, über 900 Personen, hatten Selbstmord begangen. Bis vor Kurzem fand auf diesem Berg jedes Jahr die Vereidigung der Rekruten für Israels Armee statt.

Wir hatten es einfach. Wir brauchten keine Rampe zu bauen, und wir brauchten auch nicht heraufzulaufen, obwohl das über den Schlangenpfad auch geht. Wir konnten mit der Seilbahn nach oben fahren. Zwei orthodoxe Juden waren mit uns in der Kabine, leicht erkennbar an ihren Schläfenlocken und der Kippa auf dem Kopf. Beide hatten einen Fotoapparat um den Hals. Ich fragte unseren Reiseleiter: »Wozu haben die denn einen Fotoapparat? Es heißt doch: ›Du sollst dir kein Bildnis machen.‹ Das dürfen die doch gar nicht.« Der Reiseleiter lachte: »Natürlich dürfen sie das nicht. Aber sie haben jeder den Fotoapparat des anderen um den Hals.«

Auch so kann man Gottes Wort austricksen, auf rein formalistische Art und Weise.

»Du sollst dir kein Bildnis noch irgendein Gleichnis machen, weder von dem, was oben im Himmel, noch von dem, was unten auf Erden, noch von dem, was im Wasser unter der Erde ist: Bete sie nicht an und diene ihnen nicht.« (2. Mose 20,4–5)

15. August

Wenn der Hahn kräht

Gallicantu heißt der Brunnen, in den Jeremia geworfen wurde, das Haus des Hohenpriesters, in das Jesus nach seiner Gefangennahme am Ölberg gebracht wurde, und der Hof mit dem Lagerfeuer, an dem Petrus Jesus dreimal verleugnete. Von diesem Ereignis kommt der Name: *Gallicantu* – »der Hahnenschrei«. »Ehe heute der Hahn kräht, wirst du mich dreimal verleugnen« (Johannes 22,61).

Ich hatte in meiner Gruppe eine etwa 50-jährige Frau, die sich nicht daran erinnern konnte, wann sie das letzte Mal geweint hatte. Wenn überhaupt. Und sie würde gerne weinen, damit die Trauer herausfließen könnte. Aber es ging nicht. Sie ging den Weg, den Jesus mit ziemlicher Sicherheit auch gegangen ist, auf den uralten Stufen den Berg hinauf zum Haus des Hohenpriesters, stand dort im Hof und fing auf einmal an zu weinen und weinte und weinte. Es brach richtig aus ihr heraus. Der Heilige Geist hatte sie berührt. Seitdem kann sie weinen.

So etwas kann Israel. So etwas können bestimmte Orte in Israel, aber so etwas ist nicht machbar oder gar planbar. Da kann man von einem Ort zum anderen reisen und rechnet mit gar nichts, aber auf einmal an irgendeinem Ort, den man sich nicht ausgesucht hat, da erwischt einen der Heilige Geist.

»Und alsbald krähte der Hahn zum zweiten Mal. Da gedachte Petrus an das Wort, das Jesus zu ihm gesagt hatte: Ehe der Hahn zweimal kräht, wirst du mich dreimal verleugnen. Und er fing an zu weinen.« (Markus 14,72)

16. August

Salben!

Wir fuhren in die Nabatäerstadt Petra in Jordanien und gönnten uns den Luxus, durch den Suk mit einem Esel zu reiten. Wir staunten über die Geschichte dieses Ortes.

In der Nacht schmerzte es an einer sehr empfindlichen Stelle. Da, wo ich drauf gesessen hatte, war etwas wund gescheuert. Eine sehr unangenehme Stelle. Am nächsten Tag sah ich, wie ein paar Damen verstohlen eine Salbe weitergaben. Neugierig fragte ich: »Wofür ist denn das?« Etwas verschämt kam die Antwort: »Wir haben uns unseren Allerwertesten wund geritten.« Aha! Es ging also nicht nur mir so. Freundlich bat ich die Damen, ob sie mir die Salbe nicht auch einmal zur Verfügung stellen konnten. Sie konnten.

Später erreichten wir das Tote Meer. Es war wunderbar. Endlich einmal ins Tote Meer springen! Man kann im Wasser liegen und Zeitung lesen, man geht einfach nicht unter. Man kann? Man könnte. Ich konnte es nicht. Mich machte das Tote Meer sehr lebendig, denn die offene Stelle war noch nicht verheilt. Und dann das ganze Salz des Toten Meeres! Es tat scheußlich weh, und ich sprang mit einem Aufschrei wieder aus dem Wasser. Hätte ich bloß dickere Kleidung angezogen und nicht nur diese dünnen Sommerklamotten auf dem Rücken des Esels. Ich Esel.

»Du hast auf unseren Rücken eine Last gelegt, du hast Menschen über unser Haupt kommen lassen, wir sind in Feuer und Wasser geraten. Aber du hast uns herausgeführt und uns erquickt.«
(Psalm 66,11–12)

17. August

Christliche Soziallehre

Was ein Wort ausmacht! Wir waren auf Wolgakreuzfahrt und gingen durch die Markthalle von Saratow. Die war gut gefüllt. Alles, was das Herz begehrt, gab es hier zu kaufen. Hunger musste keiner leiden. Müsste keiner leiden. Wir sahen viele alte Leute, Rentner, auch viele Bettler neben all den jungen, dynamischen Einkäufern.

Auf unsere Nachfrage antwortete unser Reiseleiter: »Ja, denen geht es schlecht. Aber wer nicht arbeitet, soll auch nicht essen. Das steht schon in der Bibel.« Ich war elektrisiert. Das kannte ich doch. »Einspruch, Euer Ehren! In der Bibel steht etwas ganz anderes. Nur ein Wort ist anders. Da heißt es: ›Wer nicht arbeiten will, soll auch nicht essen.‹ Die Bibel sagt nicht, wer nicht arbeiten *kann.*«

Um die, die nicht arbeiten können, müssen sich die Christen und die Gesellschaft kümmern. Wer nicht arbeiten will und nur seinen faulen Bauch auf Kosten anderer pflegt, der soll auch nicht essen. Die Bibel ist wieder einmal unangenehm deutlich. Aber man spürt, sie hat ein Herz für die Menschen, für die Armen, für die Kranken, für die Arbeitslosen. Aber sie hat kein Herz für die Parasiten des Systems. Was für eine Wirtschaftsethik!

»Wer nicht arbeiten will, soll auch nicht essen.«
(2. Thessalonicher 3,10)

18. August

Eine Evangelische in Russland

Natürlich wissen Sie, wo Rostow Weliki liegt. Oder etwa doch nicht? Ich habe diese Stadt auch erst bei einer Busfahrt in der Nähe der Wolga kennengelernt. Unsere Reiseleiterin sprach hervorragend Deutsch und führte uns in eine Kirche. Dort warteten drei gewaltige Stimmen auf uns und sangen russische Lieder. Ergreifend. Sie fragte uns: »Wann haben Sie denn das letzte Mal als Gruppe zusammen gesungen?« – »Gestern.« – »Wie, gestern?« – »Ja, gestern haben wir zusammen Gottesdienst gefeiert.« – »Ist denn hier irgendein Pastor?« – »Ja, ich bin der Pastor.« Die Frau war überrascht. Sie schlug das Lied »Laudate omnes gentes« vor. Ich traute meinen Ohren nicht. Das hätte ich ja nun mitten im orthodoxen Russland überhaupt nicht vermutet. Wir sangen es ganz, ganz fröhlich.

Auf der Rückfahrt sagte sie mir: »Ich bin ja evangelisch.« – »Wie bitte?« Damit hatte ich noch viel weniger gerechnet – eine Evangelische mitten in dem orthodoxen Russland. Und dann fügte sie hinzu: »Ich bin dort Predigerin.« – »Und ich bin Pastor. Das passt ja prima.« Was für eine Freude! Manfred Siebald singt: »Überall, überall hat Gott seine Leute«. Stimmt! Man trifft sie und fühlt sich auf einmal etwas mehr zu Hause. Man hat ein Gefühl der Zusammengehörigkeit und Vertrautheit. So ist das mit der Familie Gottes, die über die ganze Welt verstreut ist.

»Viele werden kommen von Osten und von Westen und mit Abraham und Isaak und Jakob im Himmelreich zu Tisch sitzen.«
(Matthäus 8,11)

19. August

Eine Gemeinde in Samara

Wir besuchten eine deutschsprachige, evangelisch-lutherische Gemeinde in Samara. Die Gemeinde hatte hier ihr Zentrum und ihre Kirche erst vor einigen wenigen Jahren zurückbekommen. Die Leute gehörten zu den Wolgadeutschen, die von Stalin verschleppt wurden, als Hitler in Russland einmarschierte – nach Sibirien, Kasachstan und Kirgisien.

Unsere Kreuzfahrtdirektorin hatte uns gesagt: »Ich möchte Ihnen gerne eine evangelische Kirche zeigen, die ›arbeitet‹.« Das war der gängige Ausdruck für Kirchen, in denen Gottesdienste stattfanden. Und so saßen wir da, fast alle Passagiere von Bord, und sangen ein deutsches Lied. In diesen veränderten Umständen sangen auch die mit, die sonst nie gesungen hätten. Eine Pastorin erzählte uns vom Schicksal dieser Gemeinde. Das war zu Herzen gehend. Das tat richtig weh, wenn man hörte, wie die Kinder und die Mütter auseinandergerissen wurden, wie die Jugendlichen ab 15 Jahren aufwärts mit den Vätern irgendwo in Arbeitslager kamen, fast vergleichbar mit den Konzentrationslagern. Aber nun durften wir mit ihnen zusammen sein, durften uns von ihnen einladen lassen. Die Leute aus der Gemeinde konnte ich nicht von den Russen draußen unterscheiden, aber sie sprachen Deutsch und waren uns sehr nahe.

Der Blick über den Tellerrand tat gut. Das Leid der anderen tat uns weh. Was kann ich dafür, dass ich in Westdeutschland aufgewachsen bin?

»Mir sollen sich alle Knie beugen, und alle Zungen sollen Gott bekennen.« (Römer 14,11)

20. August

Urlaub in Samara

Die Pastorin aus Samara kam an meinen Tisch und unterhielt sich mit mir. Wir kannten manche gemeinsamen Leute, unter anderem hatte sie ihre Ausbildung in Unterweissach in Süddeutschland gemacht. Und dann sagte sie: »Ich suche dringend jemanden für die Jugendarbeit. Egal ob er für drei Monate zu uns kommt oder für drei Jahre. Oder auch nur für drei Wochen.« Ich fühlte mich zum Glück nicht zuständig. Das wäre doch eine etwas zu schwere Arbeit geworden.

Aber dann sprach sie mich an: »Wollen Sie nicht hierherkommen und mal Urlaub machen? Dann können Sie in unserer Dienstwohnung wohnen.« An so etwas hatte ich überhaupt nicht gedacht. Das verschlug mir die Sprache. Da bekam ich eine Wohnung zur Verfügung gestellt, nur weil ich Christ bin und zu demselben Herrn Jesus Christus gehöre. Wenn Sie mich also mal wieder zu Hause nicht erreichen, bin ich gerade in Samara …

»Im Hause meines Vaters sind viele Wohnungen.« (Johannes 14,2)

21. August

Nur ein Denkmal

Überall ist er zu sehen. In jedem Dorf, in jeder Stadt, in jedem Vorort einer Stadt. Einfach überall. Man kann nicht an ihm vorbei. Da steht er dann. Das Kinn trotzig nach vorne gestreckt, den rechten Arm weit vor sich weisend gereckt. Den Mantel leicht flatternd. Ein Mann voller Bewegung, voller Dynamik und Energie. Aber er ist ein Mann aus Stein. Ein Denkmal. Lenin. Aufgebahrt liegt er im Mausoleum auf dem Roten Platz vor der Kremlmauer. Man erzählte mir, man wollte ihn schon entfernen, so wie man auch Stalin damals aus dem Mausoleum geholt hatte. Aber man fürchtete das Volk bzw. die Unruhe, die dann ausbrechen würde.

Schon heute stehen Menschengruppen mit Transparenten da: »Wir stehen zu dir, Lenin.« Trotz allem, er ist tot. Einfach tot. Da nützt ihm kein Mausoleum. Da nützt ihm auch kein Denkmal. Er ist und bleibt tot. Was hatte Herr Uljanow – so hieß er in Wirklichkeit, Lenin war nur sein Deckname – und sein System gemordet, terrorisiert, Menschen geknechtet und in Angst versetzt. Und heute?

Ich freue mich über das, was Gott tut. Was er an mir und auch an all den anderen Menschen tut. Gott hat Zeit. Er kann warten, bis sich das Böse überlebt hat, weil es sich ausgelebt hat. Er kann abwarten, wie Menschen sich hier abzappeln und behaupten, es gäbe ihn nicht. Gott kann.

»Ich will denen in meinem Hause und meinen Mauern ein Denkmal und einen Namen geben (...). Einen ewigen Namen will ich ihnen geben, der nicht vergehen soll.« (Jesaja 56,5)

22. August

Prominentenfriedhof

Da liegen nun all die Promis neben dem Jungfrauenkloster in Moskau. Ein ganzer eigener Friedhof für die Nomenklatura. Wer ist nun der einflussreichste Tote? Besser gesagt, wer war mal der einflussreichste Tote? Das ist schon etwas gespenstisch: die Büsten der politischen Prominenz und Funktionäre, die Stelen mit ihren darauf geschriebenen Namen. Ein Grab fällt besonders auf. Es ist das Grab von Jelzin. Eine riesige, blau-weiß-rote russische Flagge liegt auf dem Boden, leicht gewellt, und darunter der ehemalige Generalsekretär. Keine 20 Meter weit davon entfernt steht eine große weibliche Plastik: Raissa, die Frau von Gorbatschow. Und um nur noch einen zu nennen: Etwas weiter entfernt liegt Chruschtschow. Der war mal an der Kremlmauer beerdigt und wurde dann umgebettet.

Nein, ich möchte hier nicht beerdigt sein. Und manche sind auch nicht freiwillig dort beerdigt worden. Es gibt auch noch die Wissenschaftler und die Künstler, aber keinen einzigen Pastor. Es fehlt ganz deutlich ein Hoffnungszeichen: ein Kreuz, ein großes Kreuz.

Ich fing an, ein Lied zu summen, und merkte dann, was das für ein Lied war und wie mir das Herz leichter wurde. Die Beklemmung wich. Wir hatten dieses Lied früher in unserem Jugendkreis gesungen: »Seht, man musste sie begraben, die der Welt Gebote gaben, und ihr Wort hat nicht Bestand.« Und dann der Refrain: »Jesu Name wird bestehen, Jesu Reich nie untergehen, sein Gebot gilt alle Zeit.« Gott sei Dank!

»Das Wort vom Kreuz ist eine Torheit denen, die verloren werden; uns aber, die wir selig werden, ist's eine Gotteskraft.«
(1. Korinther 1,18)

23. August

Im Keller eines Kaufhauses

Die Stadt Wolgograd liegt – wie man sich leicht denken kann – an der Wolga. Früher hieß sie Stalingrad. Aber sie hat ihren Namen gewechselt wie so viele Straßen und Städte in Russland. Wir flogen von Düsseldorf nach Wolgograd und traten dort eine Flusskreuzfahrt an, aber erst einmal mussten wir diese Stadt besichtigen. Alles ist neu. Von dem alten Stalingrad blieb nichts übrig. Die Stadt war plattgemacht. Immerhin war hier die Wende des Krieges. Hier hat die 6. Armee unter Generalfeldmarschall Paulus kapituliert und mit ihr zwei italienische und rumänische Armeen. Aber hier sieht man auf Schritt und Tritt, was der Faschismus bewirkt hat.

Was wollten wir Deutschen da eigentlich? Das war meine allererste Frage. So weit weg von Deutschland, ein reiner Eroberungsfeldzug. In Stalingrad sind eine Million russische Soldaten gefallen, außerdem 800 000 Deutsche und ihre Verbündeten. 100 000 Deutsche wurden gefangen genommen, nur 6000 sind zurückgekommen.

Dann standen wir unter dem Kaufhaus in dem Keller, in dem Generalfeldmarschall Paulus die letzten fünf Tage verbracht hatte. Es war bedrückend. Und erst die Ausstellungsstücke! In gestochen scharfer deutscher Schrift war ein Brief überschrieben mit »lieber Vater« und daneben »liebe Inge«.

Hoffentlich lernen wir daraus, und hoffentlich wird das folgende Bibelwort wahr:

»Da werden sie ihre Schwerter zu Pflugscharen und ihre Spieße zu Sicheln machen. Denn es wird kein Volk wider das andere das Schwert erheben, und sie werden hinfort nicht mehr lernen, Krieg zu führen.« (Jesaja 2,4)

24. August

Pfarrer und Bibeln

Das folgende Beispiel hat mir mein Konfirmator erzählt. Er war in Stalingrad und gehörte zu den 6000, die damals zurückkamen.

Als die deutsche Wehrmacht merkte, dass sie eingeschlossen war und keine Chance hatte, wieder herauszukommen, funkte sie einen Hilferuf an das Oberkommando der Wehrmacht: »Schickt uns Pfarrer und schickt uns Bibeln.« Es kamen einige Pfarrer. (Meinen hohen Respekt vor ihnen.) Sie wussten, was dort geschah und dass sie nur noch wenig Zeit hatten, ihrem Dienst nachzukommen, und sie wussten, dass sie dann wahrscheinlich in Gefangenschaft gingen oder sterben würden. Aber sie kamen. Und dann kamen auch die Bibeln. Sie wurden über Stalingrad abgeworfen, die Pfarrer sprangen per Fallschirm hinter. Die Bibeln wurden unter den Landsern verteilt, Seite für Seite. Man mag es kaum glauben, aber solange die Bibeln reichten, bekamen die Soldaten eine Seite mit auf den Weg in die Gefangenschaft.

Ich habe mich immer wieder gefragt: »Was haben diese Seiten ausgelöst?« Was für ein Unterschied, wenn einer eine Seite mit den Geschlechtsregistern aus dem Alten Testament bekam oder wenn einer ein Wort von Jesus erhielt. Aber mitten in der schwersten Not hat Gottes Wort geholfen.

»Dein Wort ist meines Fußes Leuchte und ein Licht auf meinem Wege.« (Psalm 119,105)

25. August

Verschollen und gefunden

Wir fuhren zu den Soldatenfriedhöfen in der Nähe von Wolgograd – zu dem russischen und dem deutschen. Es sind riesige Gedächtnisstätten, alles sieht sauber, gepflegt und ordentlich aus. Auch der deutsche Friedhof. Wir hatten eine Frau in unserer Gruppe, deren Vater bei den Kämpfen um Stalingrad verschollen war. Sie schaute auf dieses riesige Gräberfeld und ging zu einer Stele, einem steinernen Monument, auf dem all die Namen von denen erfasst sind, die dort beerdigt sind. Und dann auf einmal stieß sie einen Schrei aus. Ihr kamen die Tränen und sie zeigte mit dem Finger auf den einen Namen und den Ort, aus dem ihr Vater stammte. Es war ihr Vater. Er wurde zwischenzeitlich gefunden und dorthin umgebettet.

Was für eine Freude, noch im Tod vereint zu sein. Wie mag diese Frau aufgewachsen sein? Im Grunde ohne Vater. Immer nur mit einem Bild an der Wand oder dem Wunschbild in ihrem Herzen.

»Man wird keinem das Trauerbrot brechen, um ihn zu trösten wegen eines Toten, und auch nicht den Trostbecher zu trinken geben wegen seines Vaters oder seiner Mutter.« (Jeremia 16,7)

26. August

Verloren

Vor ein paar Wochen ging ich mit meiner Frau abends zum Essen in ein vornehmes Restaurant. Wir hatten uns extra chic angezogen, und meine Frau hatte den schönen Ring mit der Perle aufgesetzt. Als wir uns gemütlich an einen Tisch gesetzt hatten, fiel der Blick meiner Frau auf ihre rechte Hand. Oh Schreck, lass nach, die Perle war weg. Der Ring war leer. Da konnte meine Frau das gute Essen und den schönen Abend gar nicht mehr richtig genießen. Immer wieder musste sie an die verlorene Perle denken.

Es war schon spät und draußen dunkel, als wir das Lokal verließen und zum Auto auf dem nahe gelegenen Parkplatz gingen. Bevor meine Frau einstieg, schaute sie auf den Boden, damit sie nicht in den Matsch trat. Nicht zu glauben, die kleine weiße Perle lag direkt vor ihren Füßen. Verloren – gefunden. Es war nur eine kleine Perle, aber die Freude war groß, als sie wieder auf dem Ring steckte.

Wie schnell verliert man etwas. Vielleicht nicht nur das, was man schnell wieder beschaffen kann, sondern etwas wirklich Wichtiges: eine Freundschaft, ein Zuhause, eine Arbeitsstelle, ein Lebensziel, das Vertrauen in die Zukunft, den Glauben an Gott. Aber die Suche sollen wir nicht aufgeben. Wir sollen genau hinschauen. Es lohnt sich. Und es ist keine vergebliche Suche, denn Gott will sich finden lassen.

»Bittet, so wird euch gegeben; suchet, so werdet ihr finden; klopfet an, so wird euch aufgetan.« (Matthäus 7,7)

27. August

Überzeugender Dienst

Was war das für eine Diskussion! Und diese uralten Argumente! Es war nicht auszuhalten. Ich sagte das verräterische Wort »Mission«, und lauter Negativargumente prasselten auf mich ein. »Mission, das ist doch da, wo die Missionare in Afrika mit der Bibel unter dem Arm rumlaufen.« Ich antwortete: »Das stimmt. Aber diese Missionare haben Brunnen gebohrt. Sie haben Krankenhäuser errichtet. Sie haben das Alphabet gelehrt. Das gehört alles dazu. Das sind die beiden Hände von Jesus.« Aber was nützen die Antworten, wenn jemand seine Meinung behalten will.

Gelebter Glaube ist immer angelegt zum Dienst für das Heil und Wohl dieser Welt. Und deshalb soll die missionarische Gemeindearbeit Christen befähigen, ihre Aufgabe besser im Dienst für die Welt wahrzunehmen. Dabei reichen sich Diakonie und Mission die Hände hier und in den fernsten Länden. Ich meine feststellen zu können, dass gerade in missionarisch orientierten Gemeinden, bei aller schon erwähnten heiligen Einseitigkeit bzw. Eindeutigkeit, ein zum Teil unglaublicher diakonischer und sozialer Einsatz stattfindet. Der Dienst ist uns lieb und teuer.

Inzwischen haben wir schon zwei EKD-Synoden zum Thema »Mission« gehabt. Auf einmal ist alles missionarisch. Einfach alles. Eine große Begriffsverwirrung.

»Geh hin; denn ich will dich in die Ferne zu den Heiden senden.« (Apostelgeschichte 22,21)

28. August

Leidenschaft

Gehört Leidenschaft zum Wesen der Kirche? Ich habe mich oft gefragt, ob es meine private Leidenschaft ist, von Christus zu reden und sein Evangelium weiterzusagen, oder ob es die ganze Kirche ausmacht. Inzwischen meine ich, das Wesen der Kirche ist die Mission. Ohne Mission gäbe es gar keine Kirche. Das wird heute viel zu oft vergessen. Mission ist das ganze Wesen der Kirche, alles, was die Kirche tut.

Spezieller ist die Evangelisation. Sie ist ein Teil der Mission, aber sie ist das Wort der Mission. Die gute Nachricht muss nach draußen weitergegeben werden. Menschen gehen in Ewigkeit verloren, wenn sie Jesus Christus nicht gefunden haben. Und wie viele gibt es, die noch gar nichts von ihm gehört haben! Jesus sagt uns ausdrücklich: »Macht zu Jüngern alle Völker.« Nicht zu Sympathisanten, nicht zu Zuschauern, sondern zu Leuten, die ihm folgen. Das ist ein Befehl von Jesus, dem wir nachkommen wollen. Gott will, dass allen Menschen geholfen werde.

Deshalb müssen wir üben, sprachfähig zu werden, damit wir unseren Glauben »übersetzen« können, so wie man eine Fähre braucht, um von einem Ufer an das andere überzusetzen – vom Ufer des biblischen Verständnisses hin in die gegenwärtige Situation. Üben, üben, üben. Von allein können das nur die wenigsten.

»Gott will, dass allen Menschen geholfen werde und sie zur Erkenntnis der Wahrheit kommen.« (1. Timotheus 2,4)

29. August

Wie ein Märchen

In den letzten Jahren kamen regelmäßig Vikarjahrgänge aus dem Predigerseminar in Loccum zu mir. Alle zukünftigen Pastoren der hannoverschen Landeskirche waren einen Nachmittag lang bei mir versammelt. Ich habe ihnen vieles erzählt; es ging um die Grundlagen der Bibelauslegung, um Gemeindearbeit und um die Ergebnisse. Was kommt denn dabei eigentlich heraus? Irgendwann kam die »peinliche« Frage nach den Kollekten und Spenden. Da blieb ihnen der Mund offen stehen. So viel? Und einer dieser netten jungen Leute sagte: »Es ist wie ein Märchen.«

Das stimmt. Das ist auch für mich wie ein Märchen. Es ist kein Märchen, aber es ist wie ein Märchen: dass der Gottesdienst so gut angenommen wurde. Dass die Hauskreise voll waren. Dass die Chöre – Kinderchor und Jugendchor und Kantorei – unter guter Leitung waren und ihren Teil dazu beitrugen, damit die Gemeinde gebaut wurde. Dass sich über 220 Mitarbeiter je nach ihrer Begabung um die vielen verschiedenen Dienste mit viel Einsatz kümmerten.

Wie ein Märchen? Ja, aber es sind lauter Fakten, die Gott durch sein Wort geschaffen hat. Ob das alles etwas ausgetragen und für die Vikare etwas gebracht hat, vermag ich nicht zu sagen. Mir kam es eher so vor, als hörten sie es, aber glaubten es nicht.

»Und es erschienen ihnen diese Worte, als wär's Geschwätz, und sie glaubten ihnen nicht.« (Lukas 24,11)

30. August

Begabungen

Einer meiner geistlichen Väter, der Bischof Bo Giertz aus Schweden, hat einmal gesagt: »Wenn Gott einem Begabungen gibt, muss man sie auch leben.« Das ist gut gesagt, das könnte ich heute auch so sagen. Aber wenn man anfängt und sich selbst noch gar nicht kennt, geschweige denn seine Begabungen, ist das ziemlich schwierig.

Ich machte meine Stillen Tage auf der Insel Langeoog, als mich die Einladung zum Jugendabend der Tersteegen-Konferenz in Essen erreichte. Stille Tage ade! Denn das wusste ich genau: Wenn ich mich darauf einließe und meine Sache gut machte, dann spräche sich das herum. Machte ich es schlecht, hätte ich mich in ganz Deutschland blamiert. Also müsste ich mich gut vorbereiten.

Ich referierte an diesem Jugendabend und muss die Sache doch so einigermaßen gemacht haben, denn Einladungen bekam ich immer mehr: Ich war in China, Indien und Kolumbien, ich war viermal in Norwegen und habe extra Norwegisch gelernt. Ich war 15 Mal in Israel, habe Kreuzfahrten gemacht im Mittelmeer, in der arabischen See, in der Karibik, in der Ostsee. Ich war zahllose Male in dem Landheim unserer Gemeinde. Ich war in England, in Holland, in Dänemark, ganz nach dem Motto: »The world is my parish.« (»Die Welt ist meine Gemeinde.«)

Der Herr hat mich gesegnet. Es war immer *er*, der mich gehalten hat, der aufgepasst hat, dass ich nicht hochmütig wurde. Ihm danke ich von Herzen. Ihn möchte ich auch weiterhin fragen: Wo und wie kannst du mich heute gebrauchen?

»Ich will dich segnen (...) und du sollst ein Segen sein.«
(1. Mose 12,2)

31. August

Zeuge gesucht

Jeder einigermaßen gewiefte Krimiseher und -leser weiß, wie wichtig es ist, dass man Zeugen hat für das, was geschehen ist, und dass ein Zeuge dann auch darüber berichten kann, was er gesehen und erlebt hat. Zeugen sollen helfen, die Wahrheit zu finden.

Manchmal allerdings kann es auch sein, dass das gar nicht so einfach ist. Vor ein paar Wochen las ich in unserer Regionalzeitung auf der Lokalseite die fett gedruckte Überschrift: »Zeugen fallen um«. Es ging da um ein Strafverfahren gegen eine Sippe, die seit Längerem in Bremen terrorisiert. Nun gab es zunächst etliche Zeugen, die eine Straftat gesehen hatten, aber sie wollten plötzlich nicht mehr aussagen. Sie meinten, sie hätten den Tathergang doch nicht so genau gesehen oder vergessen. Und es war klar, dass sie bedroht wurden und aus Angst nicht mehr bereit waren, das zu bezeugen, was sie erlebt hatten.

Solche Zeugen sind für die Wahrheitsfindung nicht zu gebrauchen. Genauso ist es, wenn Zeugen sich durch besondere Versprechungen zu falschen Aussagen verleiten lassen: gekaufte Zeugen. Mit denen hatte Jesus in seinem Prozess auch schon zu tun. Solche Zeugen meint Jesus nicht, wenn er sagt: »Ihr werdet meine Zeugen sein.« Das ist auch keine Frage und keine Bitte, sondern eine klare Aussage: Ihr werdet das bezeugen, was ihr mit mir erlebt habt.

»Johannes kam zum Zeugnis, um von dem Licht zu zeugen, damit sie alle durch ihn glaubten.« (Johannes 1,7)

September

1. September

Erfahrungen weitersagen

»Wissen Sie, Herr Pastor, 1957 bei der Zeltevangelisation XYZ bin ich auf Drängen meiner Frau zwölf Tage mitgegangen, und am 13. Tag habe ich mich unter dem Evangelium dem Herrn Jesus übergeben.« Mir wurde schlecht. Er meinte das Richtige, und seine Sätze waren überlegt und gestanzt – aber in einer frommen Sprache von anno Tobak. »Ich habe mich dem Herrn Jesus übergeben«, kann man ja auch ganz anders verstehen. Und dann habe ich diese ganze Geschichte schon zum 526-mal gehört. Hat der Mann denn nichts Neues mit Jesus erlebt? Kann er nichts bezeugen, was er in der letzten Zeit erlebt hat?

Bezeugen kann man nur, was man erlebt hat. Nur das kann man auch weitersagen. Wenn man nichts mit Jesus immer wieder neu erlebt, dann ist irgendetwas ganz verkehrt. Man kann nicht die Erfahrung, die man einmal gemacht hat, auf Flaschen ziehen. Die alten Israeliten durften in der Wüste das Manna nicht aufsammeln, durften keine Vorratswirtschaft betreiben, weil am nächsten Tag der Wurm darin war.

Jesus lebt. Er ist Tag für Tag neu für uns da. Auch an diesem Tag.

»Eure Väter haben in der Wüste das Manna gegessen und sind gestorben. Dies ist das Brot, das vom Himmel kommt, damit, wer davon isst, nicht sterbe.« (Johannes 6,49–50)

2. September

Und nun?

Wie oft habe ich das erlebt? Ich habe gepredigt, den Menschen das Wort Gottes gesagt, die Einladung des Evangeliums, die gute Nachricht von Jesus Christus. Beim Rausgehen hörte ich dann dies und jenes, aber eins ist mir hängen geblieben. Da antwortete mir einer: »Gut gepredigt. Mein Nachbar soll schon einmal anfangen.«

Der Weg in die Hölle ist bekanntlich mit guten Vorsätzen gepflastert. Man will sich ändern, man will dies und das tun, und besonders zu Silvester werden solche Gedanken hundertfach gepflegt. Was bleibt davon nachher übrig? Wenig, nichts. Der Weg in den Himmel ist nicht mit guten Vorsätzen gepflastert, sondern mit Buße, mit der Umkehr zu Gott. Mit leeren Händen, die man ihm hinhält, damit er sie füllt. Und das nicht nur einmal, sondern täglich wieder neu, damit der Heilige Geist täglich wieder neu in uns hineingegeben wird. »Ausgießen« würde das die Bibel nennen.

Dann spürt man, dass diese Methode wesentlich besser ist als die Methode mit den guten Vorsätzen. Denn Gott gibt mir Kraft! Bei den guten Vorsätzen bin immer *ich* dran. Das muss *ich* immer alles leisten – ganz allein! Was bin ich froh, dass ich meinen Herrn habe, dem ich auch mein Versagen nennen und ihn bitten darf, es mir zu vergeben. Er tut es und gibt mir die Kraft, die ich brauche.

»Der in euch angefangen hat das gute Werk, der wird's auch vollenden bis an den Tag Christi Jesu.« (Philipper 1,6)

3. September

Gott ist verliebt

Kann man sich das vorstellen? Er läuft rum wie wir. Er kauft rote Rosen. Er schreibt Gedichte. Er hat Sehnsucht. Das Herz klopft ihm. Ist das Gott? Oder ist der wahre Gott doch der Islamgott – unnahbar, kalt? Man weiß nicht, was er will. Man weiß nicht, ob er gnädig ist.

Im Christentum gibt es eine erhebliche Nähe zum zweiten, zum Islamgott. Aber: Unser Gott ist verliebt – in uns, in unsere Stärken, in unsere Schwächen, allerdings nicht in unsere Sünden. Die tun ihm weh. Daran leidet er. Aber das tut seinem Verliebtsein nichts. Das wusste er vorher, bevor er sich in uns verliebte. Dafür hat er sich Jesus vom Herzen gerissen. Hat ihn gesandt. Ans Kreuz. Und nun wird Gottes Geschichte der Verliebtheit eine einzige Geschichte des Zurechtbringens – damit wir zu ihm passen, damit wir so werden wie er.

Was wäre das schön, wenn wir so schon anfangen könnten zu arbeiten – an uns und für die anderen. Können wir das? *Yes, we can!*

»Darin ist erschienen die Liebe Gottes unter uns, dass Gott seinen eingeborenen Sohn gesandt hat in die Welt, damit wir durch ihn leben sollen.« (1. Johannes 4,9)

4. September

Fünf Prozent

Dieses Insider-Bonmot trifft ins Mark: »Wenn Gott seinen Geist von der Kirche abziehen würde, blieben immer noch 95 Prozent der Arbeit bestehen, so als ob nichts geschehen wäre.« Gilt das für mich auch? Ich bin doch verantwortlich für die Aktivitäten meiner Gemeinde. Da müsste mal wieder Bilanz gezogen werden. Ist das, was wir tun, richtig vor Gott? Verherrlicht es ihn? Ruft es zum Glauben? Kommt Gott überhaupt darin vor oder würde das auch alles ohne ihn laufen?

So ein Erschrecken tut gut und ist unerlässlich, sonst wird man betriebsblind. Da bin ich doch lieber bei den fünf Prozent, die merken, wenn Gott seinen Geist von der Kirche abzieht. Bei denen, die darunter leiden und beten würden, dass der Heilige Geist sich ihnen wieder neu zuwenden möge.

Ohne den Heiligen Geist brauchen wir nicht groß zu arbeiten. Natürlich könnten wir manches auf die Beine stellen. Aktivitäten zu entwickeln ist überhaupt kein Problem. Aber wir wollen kein Unterhaltungsprogramm. Wir wollen, dass Menschen neu werden und sich ändern. Wir wollen die Menschen mit den Augen von Jesus sehen. Wir wollen die in ihrer Gottlosigkeit verlorene Menschheit versuchen zu retten. Und das können wir nicht aus eigener Kraft oder eigener Fähigkeit. Das können wir nur, wenn Gott uns dazu seinen Geist gibt.

»Der Geist, der ein Geist der Herrlichkeit und Gottes ist, ruht auf euch.« (1. Petrus 4,14)

5. September

»Wir müssen darüber reden«

Diese Antwort habe ich oft gehört, wenn es um kitzelige Fragen ging. Damit war die Beantwortung erst einmal vom Tisch, denn ob und wann das Gespräch jemals stattfindet, ist eine ganz andere Frage. Aber so bleibt man freundlich zueinander und tut dem anderen nicht weh. Das ist ja auch gut. Einerseits. Andererseits lese ich die Bibel und stolpere über die Aussagen des Apostels Paulus. Der sagt deutlich, wenn jemand das Evangelium anders predigt als er – und das nicht nur der Form nach, sondern vom Inhalt her –, der sei verflucht. Ist der Apostel Paulus anmaßend, überheblich? Oder vertritt er eine so große Wahrheit, dass man gar nicht anders kann, als sich so zu verhalten?

Ich liebe das klare, offene Wort und kann das Rumgemauschel und die unklaren Antworten einfach nicht ertragen. Natürlich sollen wir in Liebe miteinander reden. Vielleicht in Liebe mit dem Bruder, der Schwester, die einen irrenden Standpunkt vortragen. Aber wir kennen das ja meistens anders. Jeder will recht behalten und das ohne Rücksicht auf Verluste und ohne Rücksicht darauf, jemanden zu verletzen.

Mich bewegt die Aussage des Apostels Paulus. Bin ich immer klar genug in meinen Aussagen, auch wenn ich anecke? Bleibe ich in der Liebe, wenn ich mich mit jemandem auseinandersetzen muss?

»Wenn wir oder ein Engel vom Himmel euch ein Evangelium predigen würden, das anders ist, als wir es euch gepredigt haben, der sei verflucht.« (Galater 1,8)

6. September

Die charismatische Gemeinde

Ich habe dieses Wort bewusst gewählt. Wenn manche Leute das Wort »charismatisch« hören, denken sie ja an emotional ausgeflippte Leute, die auf den Bänken stehen, die Hände hoch halten und immerzu Halleluja schreien. Die gibt es auch. Aber das ist nicht charismatisch, das ist enthusiastisch oder neurotisch oder sonst etwas.

Charismatisch ist abgeleitet von dem griechischen Wort *charisma*, das »Gnadengabe« bedeutet. Christus rüstet jeden Christen mit einer bestimmten Gabe für einen bestimmten Dienst aus. Meistens sind das mehrere Gaben. Deshalb ist eine charismatische Gemeinde immer eine Gemeinschaft von Christen, die bereit sind, ihre unterschiedlichen Gaben zu entdecken, sie anzunehmen, zu bejahen, zu trainieren und einzusetzen. Wir sind alle Glieder an einem Leib. Welche Gaben haben wir? Haben wir sie schon entdeckt?

»Denn die Predigt von Christus ist in euch kräftig geworden, sodass ihr keinen Mangel habt an irgendeiner Gabe.«
(1. Korinther 1,6–7)

7. September

Pastorenkirche oder Gemeindekirche

Die Pastorenkirche ist uns nicht unbekannt. Der Pastor macht alles oder soll alles machen. Vielleicht hat er noch andere hauptamtliche Mitarbeiter. Dann sollen die alles machen. Die Gemeinde sitzt dabei, als wäre sie Zuschauer und müsste unterhalten werden. Ich halte das für ganz falsch. Natürlich muss es Pastoren geben, das ist biblisch. Aber die Gemeinde von morgen lebt von den Laien. Das sage ich so leicht dahin und weiß doch ganz genau, wie schwer es ist, das umzusetzen. Wir haben Schwierigkeiten, die nicht an uns liegen, sondern an der volkskirchlichen Situation. Natürlich hätte ich die Gemeinde so leiten können, wie man es eben so macht. Aber schon dieses Programm ist dermaßen anstrengend, dass ich zu nichts anderem mehr gekommen wäre. Also musste ich etwas ändern.

Ein Beispiel ist der Besuchsdienst. Nun kommt also nicht der Pastor zum Geburtstagsbesuch, sondern einer aus der Gemeinde. Aber dieser Besuch ist leider in den Augen vieler nur halb so viel wert wie der des Pastors. Das ist Tradition. Ich gehe gerne zu Geburtstagen.

Es ist schön, dass man mit Menschen, die Christen sein wollen, an so guten Tagen zusammen sein kann, dass man Gott die Ehre geben und dass man Gott danken kann. Aber es ist eine Aufgabe der gesamten Gemeinde und nicht die Aufgabe des Pastors allein.

»Er hat alles unter seine Füße getan und hat ihn gesetzt der Gemeinde zum Haupt über alles, welche sein Leib ist.«
(Epheser 1,22–23)

8. September

Die Gemeinde von morgen

Gemeinde von morgen wird »Gemeinde für Gemeinde« sein. Denn die Gemeinde von morgen erkennt, dass jeder in ihr seinen Platz hat und dass keiner mehr nur Sympathisant oder Zuschauer ist. Da wird der Leib Christi sichtbar. Ich glaube, dass es da noch viel für uns zu lernen gibt. Es sind so viele Gaben vorhanden, die die Gemeinden erst entdecken müssen. So viele Gaben, die zum Einsatz kommen müssen, so viele Gaben, um die wir noch beten müssen. Christus ist das Haupt der Gemeinde, nicht der Pastor. Der Pastor ist meinetwegen das Herz, der Motor, der alles in Gang hält, der Impulse gibt, der mithilft, dass Menschen ihre Gaben entdecken und sich einsetzen lassen für das Reich Gottes. Aber die Gemeinde, der Leib Christi, soll alle Gaben entfalten. Und wenn ich das so sage, dann meine ich auch alle Gaben, von denen die Heilige Schrift spricht.

Angst vor bestimmten Gaben ist kein Zeichen von Vertrauen in den Heiligen Geist. Alle Gaben, von denen die Bibel spricht – von der Gabe der Barmherzigkeit, der Gabe der Ehelosigkeit bis zur Gabe des Wundertuns – sollen sich in einer Gemeinde verwirklichen. Dazu braucht es eine behutsame Leitung, damit nichts ungeordnet geschieht und es keine Spaltung gibt, auch keine Konflikte, sondern dass damit die Gemeinde auferbaut wird.

»Nun aber hat Gott die Glieder eingesetzt, ein jedes von ihnen im Leib, so wie er gewollt hat.« (1. Korinther 12,18)

9. September

Regen, Regen, Regen

Warten war angesagt und noch einmal Warten. Es regnete. Aber nicht irgendwie. Es war Monsunzeit. Und in Indien ist der Monsun ja schon ein ziemlich starker Regen. Es schüttete regelrecht. Und deshalb mussten alle Flüge warten. Jetzt warteten wir schon drei Stunden. Aber dann endlich durften wir doch in den Flieger. Und nachdem wir zweieinhalb Stunden geflogen waren, setzten wir zur Landung an, aber der Flieger kam nicht zum Stehen. Die Landebahn war zu nass. Es regnete mal wieder – es goss aus Strömen. Und so rasten wir auf einen Graben zu, der sich direkt am Ende der Landebahn befand. Wir konnten ihn noch nicht sehen, weil er direkt vor uns war. Aber dann riss der Pilot im letzten Moment die Maschine herum, sie kam zum Stehen und wir befanden uns direkt parallel vor dem Graben. Da wussten wir, was wir vorher nur geahnt hatten: Wir waren um Haaresbreite einem gehörigen Crash, vielleicht sogar dem Tod entgangen.

Ein Stuntman hat gesagt: »Wenn ein Flugzeug abstürzt, gibt es darin keine Ungläubigen mehr.« Stimmt! Man lernt schnell beten in solchen Situationen, aber warum eigentlich nur in solchen Situationen?

»Rufe mich an in der Not, so will ich dich erretten und du sollst mich preisen.« (Psalm 50,15)

10. September

Was für ein Gesang in Indien!

Konnten diese Inder singen! Es war unglaublich schön, wenn sie in ihrem Heimatdialekt sangen. Wir waren zu Besuch in Chakiripalli, einem erweckten Dorf im Urwald in Andhra Pradesh. Und »meine« Inder waren Ureinwohner, keine Brahmanen oder andere hochgestellten Inder. Bis vor Kurzem waren sie noch Jäger und Sammler im Urwald gewesen, und nun hatte man ihnen die Grundstücke weggenommen. Dort befanden sich jetzt Großgrundbesitzer, für die die Ureinwohner als Kulis arbeiten mussten, obwohl sie früher selbst die freien Herren gewesen waren.

Diese Inder im Urwald kamen zum Glauben an Jesus Christus und ließen sich taufen. Durch ihn gewannen sie eine neue Freiheit und auch eine neue Unabhängigkeit. Die Mission wählte einen völlig richtigen Weg: »Wir wollen, dass diese Kirche ihre eigenen Lieder behält, wenn auch mit neuen Texten.« So sangen sie Lieder, die ich noch nie gehört hatte. Ich wusste, dass sie von Jesus sangen, und sie taten es mit leuchtenden Augen. Aber es waren für mich vollkommen fremde Melodien. Ab und zu gab es auch mal ein Lied, das ich aus dem Amerikanischen kannte und in das ich mit einstimmen konnte. Ich dachte nur: »Wie wird das im Himmel sein, wenn dort die Sprachgrenze wegfällt? Wie wird das sein, wenn ich mit all diesen Christen zusammen Gott anbete?«

»Herr, erhebe dich in deiner Kraft, so wollen wir singen und loben deine Macht.« (Psalm 21,14)

11. September

Was für ein Gesang in Afrika!

Seit einiger Zeit fielen sie mir auf. Sie kamen in unsere Gemeinde, eine ganze Gruppe farbiger Mitchristen. Sie nahmen am Gottesdienst teil, sie sangen, sie hörten bei der Predigt zu, sie kamen zum heiligen Abendmahl. Und dann lernte ich sie kennen und staunte, was für ein fantastisches Deutsch sie sprachen. Der eine habilitierte sich gerade auf Deutsch, der andere promovierte auf Deutsch. Alle waren Studenten an der Uni und stammten aus Kamerun. Sie stellten einen Chor zusammen und zogen singend, klatschend und tanzend in die Kirche ein. Es war ein wunderbares Gefühl. So etwas Schönes hatte ich lange nicht erlebt. Meine Freunde aus Kamerun mit ihren traditionellen Gewändern aus Afrika zu sehen, war unglaublich ergreifend.

Wieder einmal musste ich denken: »Wie wird das im Himmel sein? Da werde ich nicht nur unsere schöne deutsche Musik hören, sondern auch die Musik der Kameruner und all der anderen in so wahnsinnig vielen Sprachen genießen können. Hier in der Musik zeigt sich das Geheimnis des Christentums. Hier, wo Jesus Christus angebetet wird, spürt man: Er ist der Herr, der eine hier in der Zeit und in der Ewigkeit.«

»Singt ihm ein neues Lied.« (Psalm 33,3)

12. September

Meine Frau ist krank

Marieluise war todkrank. Wir waren in Tamil Nadu, im südlichsten Teil von Indien. Die ganze Familie war zusammen, um eine liebe Freundin und ehemalige Mitarbeiterin zu besuchen. Jetzt war sie in die Mission gegangen und arbeitete dort für die Kindernothilfe. Aber nun war meine Frau krank. Sie hatte eine Amöbenruhr, wie wir später erfuhren, eine schlimme Krankheit. Das Fieber stieg unaufhörlich, der Durchfall wurde schlimmer. Sie lag auf dem Bett, von wo aus sie einen direkten Blick auf die Stelle am Fluss hatte, wo die Hindus ihre Toten verbrannten.

Zwei Tagesreisen entfernt lag ein Hospital, das amerikanische Christen leiteten. Als wir dort ankamen, stand in der Eingangshalle der leitende Arzt, um ihn herum die Schwestern und Pfleger. Sie beteten. Wir hatten sie gerade in ihrer morgendlichen Andacht angetroffen. Was für eine Freude, dass sie sich hierfür Zeit nahmen! Später nach der Untersuchung, der Diagnose und der Behandlung mit den richtigen Medikamenten fuhren wir gestärkt, voller Hoffnung und froh zurück.

Es dauerte noch viele Monate, bis meine Frau ganz gesund war, und auch die Befürchtung, sie hätte sich im indischen Krankenhaus mit Aids infiziert, wurde ausgeschlossen. Da blieb uns nur der Dank an unseren Gott. Einen besseren Arzt als ihn gibt es nicht.

»Betet füreinander, dass ihr gesund werdet.« (Jakobus 5,16)

13. September

Ein verhungerndes Kind

Natürlich fielen wir auf. Wir waren Europäer, die einzigen Bleichgesichter weit und breit. Die übrigen Menschen um uns herum waren alle dunkelhäutig und viel kleiner. Wir waren auch reicher. Was konnten die armen Inder dafür, dass sie so wenig hatten? Sie arbeiteten von morgens bis abends für einen äußerst geringen Lohn und mussten davon eine vielköpfige Familie ernähren.

Wir feierten Gottesdienst, lobten Gott mit Predigt und Gesängen und freuten uns an der Gemeinschaft mit den anderen Christen dort. Dann feierten wir zusammen das heilige Abendmahl. Eine Frau kam nach vorne und trug auf dem Arm ein Kind, ein verhungerndes Kind. Man sah es ganz deutlich. Es war spindeldürr, mit großen Augen. Mir drehte sich der Magen um. So etwas gab es in einer christlichen Gemeinde?

Ich weiß bis heute nicht, warum diese Frau und ihr Kind sonst keine Hilfe bekamen. Aber nun war sie da. Wir gaben ihr das Abendmahl, segneten das Kind und baten sie, hinterher einen Augenblick zu bleiben. Und dann legten wir aus unseren privaten Mitteln zusammen und ließen etwas Geld da.

Ich werde die Augen dieses Kindes nie vergessen. Möge der Herr dieses und alle hungernden Kinder behüten und bewahren und sie segnen.

»Der auf dem Thron sitzt, wird über ihnen wohnen. Sie werden nicht mehr hungern noch dürsten.« (Offenbarung 7,15–16)

14. September

Käseglocke

Die Einladung nach Bogotá in Kolumbien flatterte ins Haus. Ich sollte dort eine Evangelisation halten und flog deshalb ein paar Monate später dorthin. Freunde mit Missionserfahrung hatten mir empfohlen: »Nimm mal zwei alte Predigten mit und halte sie da wortwörtlich. Du wirst staunen.« Und das tat ich. Diese Predigten hatte ich schon in Bremen ohne erkennbare Wirkung gehalten. Aber hier in Bogotá kamen die Menschen zum Glauben. Und wie viele es waren! Ich staunte. Das waren doch dieselben Worte, die ich zu Hause auch gebraucht hatte. Ich predigte auch auf Deutsch, denn das Ganze fand in der deutschsprachigen Gemeinde statt. Ich hatte nichts geändert. Aber der Kontinent hatte sich geändert. Die Situation war eine andere. Da kamen Leute zum Glauben, die seit vielen, vielen Jahren in die Kirche gingen und das Wort Gottes, das Evangelium von Jesus Christus, überhaupt nicht verstanden hatten. Aber jetzt erreichte sie der Herr und sagte gestandenen Männern und Frauen: »Du sollst mein Kind sein.« Und sie wurden seine Kinder.

Warum klappte das in Europa nicht? In Deutschland? In Bremen? Über Deutschland, über Europa scheint eine Käseglocke zu hängen. Ich weiß nicht, warum, aber ich habe ein paar Vermutungen. Doch Fakt ist, dass wir in Deutschland immer nur Einzelne gewinnen. Bei der Arbeit, die wir hier hineinstecken, müssten viel mehr Leute zum Glauben kommen. Müssten.

»In dem Namen Jesu sollen sich beugen aller derer Knie, die im Himmel und auf Erden und unter der Erde sind, und alle Zungen sollen bekennen, dass Jesus Christus der Herr ist, zur Ehre Gottes, des Vaters.« (Philipper 2,10–11)

15. September

Drei Wochen Fortbildung in den USA

Wir wohnten bei Privatpersonen, die Stadt war riesig. Es dauerte stundenlang, bis man an seinem Ziel war. Die Leute in meiner Gastfamilie waren furchtbar nett. Sie hatten extra ihr Kinderzimmer freigeräumt und die Tochter woanders einquartiert. Aber nun mussten sie mich ja täglich fahren. Und das dauerte und nahm Zeit in Anspruch.

Wir waren insgesamt drei Wochen dort, und eines Tages fragte mich mein Gastgeber: »Willst du nicht unser zweites Auto haben? Dann kannst du da allein hinfahren.« Tja, dachte ich. Ich war ja noch nie ein Auto mit Automatik gefahren. Ich kannte mich auch in der Gegend überhaupt nicht aus, aber wenn sie mir das zutrauten, dann war ich dazu gerne bereit. Und so fuhr ich in Amerika mit einem amerikanischen Auto, einem Achtzylinder, mit amerikanischer Zulassung durch die Stadt. Ich muss gestehen, ich habe mich nicht einmal verfahren. Aber da wird der Herr seine Hand über mir gehalten haben.

Ich fand diese Gastfreundschaft unglaublich überzeugend. Die Familie hätte ihr zweites Auto ja auch sonst gebraucht, aber jetzt gab sie es mir. Ich danke dieser Familie von Herzen für ihre wunderbare Gastfreundschaft.

»Übt Gastfreundschaft.« (Römer 12,13)

16. September

Leidenschaft für Christus

»The army wants you!« (»Die Armee will dich!«) Und dann zeigte ein ausgestreckter Zeigefinger auf mich. Mich?

Jesus hat mich so nicht ausgesucht. Er hat mich eingeladen. Später sprach ich während einiger Seminare oft von einer heiligen Einseitigkeit, weil ich diese Einladung nie wieder vergessen habe. Ich würde sofort wieder Pastor werden – allem zum Trotz. Und das spricht ja eigentlich für sich. Nein, wir haben die beste Sache der Welt, die beste Person der Welt. Es gehört zu den Menschenrechten, das Evangelium zu hören.

Gesetzt den Fall, ich würde in ein Krankenhaus auf die Krebsstation gehen, hätte *das* Mittel gegen Krebs in der Tasche und es bliebe in der Tasche, es käme gar nicht heraus. Ich würde auch niemandem etwas von diesem Medikament sagen. Wie würde ich dann über diese Station gehen? Ich wäre ein Verbrecher.

Die Leidenschaft für Christus hat mich gepackt und sie wird nicht weniger, sie wird eher immer noch mehr. Sie ist nicht mehr so ungestüm wie damals, als ich Christ wurde. Sie ist vielleicht etwas besonnener, liebevoller. Aber es ist im Kern dieselbe Leidenschaft.

»Denn Liebe ist stark wie der Tod und Leidenschaft unwiderstehlich wie das Totenreich.« (Hoheslied 8,6)

17. September

Gemeindeaufbau

Das hatte man mir in Münster beim Theologiestudium nicht beigebracht. Wie baut man eine Gemeinde auf? Und wie baut man sie nicht nur auf, sondern führt sie dann auch weiter? Auch als ich drei Jahrzehnte später in Göttingen zu einem Kontaktstudium war, habe ich dieses Fach vergeblich gesucht. Arrogant wies man mich darauf hin, Gemeindeaufbau sei für diese Fakultät nicht entscheidend, da solle ich doch lieber nach Greifswald zu Professor Michael Herbst gehen.

Als ich damals mit dem Studium anfing, hatte ich keine Ahnung. Die Grundlagen für Gemeindeaufbau waren nach meiner Meinung der obligatorische VW-Bus und der Posaunenchor. Natürlich hatte ich gelernt: Wort und Sakrament sind das Zentrum der Gemeinde. Aber das erschien mir als junger Vikar doch einfach zu theologisch. Ich habe keinen Posaunenchor auf die Reihe gebracht, ich habe zahllose Anläufe dafür gemacht, und unser VW war ein Japaner, ein uralter Mitsubishi.

Aber ich lernte ja schnell. Es blieb mir gar nichts anderes übrig. Es ging um Grundentscheidungen für den missionarischen Gemeindeaufbau. Eines Tages nahm ich mir vor, wieder zu meiner Gitarre zu greifen und die alten Lieder zu singen. Ich erlebte die Gnade der Stunde Null. Die Leute blieben alle weg. Das war für einen jungen Pastor wie mich nicht leicht zu verdauen. Ich tat mich schwer damit, sehr schwer. Aber dann schickte der Herr mir neue Leute – einen nach dem anderen. Und es war jedes Mal ein Geschenk Gottes, wenn sie zum Glauben kamen und ich dabei sein durfte.

»O Land, Land, Land, höre des Herrn Wort.« (Jeremia 22,29)

18. September

Gottesdienst

Versprüht er den Charme eines Kühlschranks? Wir bemühen uns, dass der Gottesdienst eine Einladung ist. Die meisten, die in unserer Gemeinde zum Glauben an Jesus Christus kommen, finden im Gottesdienst zu ihm. Der Gottesdienst ist bei uns das Hauptportal zum Glauben. Wenn man eingeladen wird, erwartet man in seinem privaten Bereich Freundlichkeit, Gastlichkeit, Festlichkeit und Offenheit. Genau dasselbe kann man auch von einem Gottesdienst erwarten.

Der Gottesdienst ist ein Fest. Die vielen Plätze sind fast immer besetzt. Und das ist eine große Freude, wenn man Jung und Alt beieinandersitzen sieht. An jedem Sonntag feiern wir das heilige Abendmahl, da wird das Fest der Gemeinschaft mit Gott am deutlichsten. Ich gestehe, diese Gottesdienstform ist nichts für liturgische Puristen. Sie ist hochkirchlich evangelikal, pietistisch mit charismatischem Schmieröl. Aber wir wollen uns in der Kirche wohlfühlen, ohne deshalb eine Wohlfühlkirche daraus zu machen. Deshalb singen wir auch zu Gitarre und Klavier Lieder, die nicht im Gesangbuch stehen.

Und: Über 30 Personen sind an der Durchführung beteiligt. Mitarbeitende! Gott sei es gedankt, dass so viele Menschen sich in den Dienst nehmen lassen.

»Aber ich achte mein Leben nicht der Rede wert, wenn ich nur meinen Lauf vollende und das Amt ausrichte, das ich von dem Herrn Jesus empfangen habe, zu bezeugen das Evangelium von der Gnade Gottes.« (Apostelgeschichte 20,24)

19. September

Kalt, kälter, am kältesten

Neulich war ich wie immer sonntags in einem Gottesdienst und freute mich auf das Wort Gottes und die Gemeinschaft mit den anderen Christen. Aber dann fing ich langsam, aber sicher an zu frieren – über die Art und Weise, wie gepredigt wurde, über die nicht vorhandene Gemeinschaft. Ich kam mir vor wie auf einer Versammlung von Kühlschränken.

Wir wissen ganz genau, wie Gottesdienste sein können – so kalt, dass man friert. Und das liegt nicht an der mangelnden Heizung. In Deutschland sind die Kirchenheizungen in der Regel in Ordnung. Das liegt an der Kälte der Herzen, an der Kälte der Verkündigung, an der Kälte, die deshalb entsteht, weil der Mensch sich nur mit sich selbst beschäftigt und keinen Zugang zu Gott findet. Oder der Grund ist mangelnde Liebe, die ein Gottesdienst insgesamt ausstrahlt.

Nein, dieser Gottesdienst versprühte den Charme eines Eisschranks. Was für eine verpasste Chance! Wie schön könnten Gottesdienste sein!

»*Eines bitte ich vom Herrn, das hätte ich gerne: dass ich im Hause des Herrn bleiben könne mein Leben lang, zu schauen die schönen Gottesdienst des Herrn.*« (Psalm 27,4)

20. September

Eine Henne

»Wenn eine Henne auf einem Ei sitzt, dann brütet sie etwas aus – ein Ei. Ihr sitzt schon seit Jahren und brütet, aber ihr brütet nichts aus.« Wie erreiche ich als Prediger die Menschen, die immer nur brüten?

Die schwedischen Lutheraner erzählten mir von einer Predigtweise, die ganz einfach und verständlich ist. Ihre Predigten richten sich erstens an die Unbekehrten, zweitens an die Erweckten und drittens an die Bekehrten. Mir leuchtete das sofort ein, ich musste aber noch lange darüber nachdenken und hatte keinen Mut, das in der Gemeinde umzusetzen. Eines Tages wagte ich es dann doch. Es war Heiligabend. Die Kirche war übervoll, sodass die Leute sogar stehen mussten. Dann predigte ich erstens für die Unbekehrten. Einige guckten interessiert, andere etwas verschreckt. Außerdem predigte ich für die Erweckten, die vom Wort Gottes angesprochen und schon aufgewacht waren. Und dann endlich für die Bekehrten.

Die Predigt machte mir viel Spaß – vielleicht weil ich sie mit Zittern und Zagen gehalten hatte. Sie zog viele gute Gespräche nach sich, und von da an habe ich dieses Muster gerne übernommen. Einige wenige waren dagegen, das will ich nicht verschweigen. Das waren die Theologiestudenten unserer Gemeinde. Die hatten an der Uni nämlich etwas ganz anderes gelernt.

»So kommt der Glaube aus der Predigt.« (Römer 10,17)

21. September

Heiliges Abendmahl

Das »Haus der Kirche« rief an, unsere kirchliche Zentrale. »Sie haben sich doch sicher verzählt.« – »Verzählt? Wobei verzählt?« – »Na ja, wir bearbeiten gerade die Statistik Ihrer Gemeinde, und wenn das mit Ihren Zahlen zum heiligen Abendmahl stimmt, dann haben Sie in einem Jahr mehr Abendmahlsgäste gehabt als die ganze Bremische Evangelische Kirche zusammen.«

Wir hatten uns nicht verzählt. Wir hatten extra in jedem Gottesdienst jemanden dabei, der alle zählte, damit wir keine falschen Zahlen hatten und uns auch nicht selbst betrogen. Diese Zahlen waren genau ermittelt.

Unser Abendmahlsverständnis machte sich positiv bemerkbar. Verantwortlich dafür waren nicht die Zahlen, sondern die letztlich damit ausgesprochene Anerkennung: Was ihr da macht, das ist richtig. Und was machten wir? Wir feierten jeden Sonntag das heilige Abendmahl, und das eigentlich schon immer. Da konnte die Predigt einmal danebengehen, trotzdem wussten wir: Christus ist ganz für uns da, und er schenkt sich uns im heiligen Abendmahl.

»Selig sind, die zum Hochzeitsmahl des Lammes berufen sind.« (Offenbarung 19,9)

22. September

Wenn es keine Menschen gäbe

Wie er hieß, will ich nicht verraten. Er war eine meiner Schlüsselfiguren in der noch sehr, sehr jungen Jugendarbeit, 15 Jahre alt und ich baute voll auf ihn. Eines Tages kam sein Freund und sagte: »Der kommt nicht mehr.« – »Wie? Der kommt nicht mehr?«, hakte ich nach. »Nein, der kommt nicht mehr. Der hat keine Lust mehr.« Es war mir, als würde mir der Boden unter den Füßen weggezogen.

Als ich allein war, musste ich weinen. Ich konnte nicht anders. Das passiert bei mir nicht so oft, aber wenn, dann ist es schon schlimm. Das war meine erste Erfahrung mit solchen Situationen, wenn Menschen wegbleiben – oft ohne eine Erklärung, einfach so. Nancy Beach von Willow Creek hat einmal gesagt: »Gemeindearbeit wäre so einfach, wenn es keine Menschen gäbe.« Tja, recht hat sie. Jeder Bäcker hat mehr Macht, einen Jugendlichen auszubilden, als ein Pastor, der überhaupt kein Mittel in der Hand hat. Er hat nur das Wort Gottes.

Nur? Wir sind nicht dafür verantwortlich, dass das Wort Frucht bringt. Das ist Gottes Sache. Aber es wirkt. Auch wenn wir gar nicht damit rechnen. Ein anderer Junge wollte Theologie studieren und Pastor werden. Ich sagte ihm: »Das schaffst du nicht. Guck dir deine Zeugnisse an.« Er antwortete: »Der Herr hat mich gerufen.« Er ist Pastor geworden. Er hat es geschafft.

»Jesus rief zu sich, welche er wollte.« (Markus 3,13)

23. September

Schlüssel und Schloss

Lange vor meiner Zeit wurde in unserer Gemeinde ein neuer Pastor gewählt. Sieben Kandidaten hatten sich beworben. Ein Kirchenvorsteher fragte jeden das Wichtigste: »Ist Jesus auferstanden? War das

Grab leer?« Ein einziger Kandidat beantwortete die Frage mit einem klaren Ja. Er blieb als Einziger übrig und wurde gewählt.

Bei einer Pastorenwahl ist es wichtig, dass die richtigen Leute wählen, dass sie die richtigen Fragen stellen und dass man nicht hereinfällt auf Aussagen, wie ich sie immer wieder höre: »Ach, er hat so schön verständlich geredet.« Damit war die Akustik gemeint, nicht das, was er sagte. Nein, das Wichtigste ist, dass einer Christus lieb hat und zu ihm gehört. Und dann gilt das Wort: »Die Gemeinde ist das Schloss und der Pastor ist der Schlüssel.« Beides muss zusammenpassen, damit der Schlüssel sich auch in dem Schloss bewegen kann. Wenn der Pastor zu sperrig ist, dann klemmt das Schloss. Und wenn die Gemeinde zu sperrig ist, funktioniert auch der beste Schlüssel nicht. Schloss und Schlüssel müssen zusammengehören. Dann ergibt das eine neue Einheit, vor der die Hölle sich fürchtet.

»Und ich will die Schlüssel des Hauses Davids auf seine Schulter legen, dass er (...) zuschließe und niemand auftue.« (Jesaja 22,22)

24. September

Die Hölle plündern

Gemessen an anderen kommt in unserer Gemeinde sogar viel heraus. Wir haben durchaus Erfolg. Aber Heinrich Kemner hat schon gesagt: »Frucht ist wichtiger als Erfolg.« Erfolg kann man machen, aber Frucht muss wachsen. Deshalb ist es so wichtig, dass junge Menschen in der Gemeinde schon früh die Verbindung zu Jesus bekommen, damit sie dann auch im Glauben wachsen können. Und deshalb beten wir darum. Wir beten und beten und beten um die Frucht. Wir beten gegen den Zeitgeist, gegen die Großwetterlage in den Medien oder auch gegen die Kleinwetterlage.

Als ich mit der Jugendarbeit anfing, kamen regelmäßig Leute zum Glauben. Einer, zwei, vier. Nach jeder Veranstaltung entschieden sich Jugendliche für ein Leben mit Jesus. Ich fand das vollkommen normal und merkte erst später, als diese erweckliche Luft vorbei war, dass das überhaupt nicht normal war. Jetzt war »missionarisches Steineklopfen« angesagt. Da trugen wir dann Stein für Stein auf das Baugerüst Gottes. Die Verhältnisse änderten sich. Wir redeten nur gegen Watte. »Die regen sich ja nicht mal auf«, dachte ich oft. Die jungen Leute ließen das alles über sich ergehen, aber es änderte sich nichts.

Nein, wir sind in einer Schlacht. Mit Luther gesprochen: »Wir wollen die Hölle plündern und den Himmel bevölkern. Wir wollen dem Teufel die Seelen abjagen.«

Darum, meine lieben Brüder, seid fest, unerschütterlich und nehmt immer zu in dem Werk des Herrn, weil ihr wisst, dass eure Arbeit nicht vergeblich ist in dem Herrn.« (1. Korinther 15,58)

25. September

Au, das tat weh

Auf meinem Schreibtisch liegt neben der Bibel ein großer Kalender, wo ich all das eintrage, was die nächste Zeit bringt. Das ist nichts Ungewöhnliches, einfach die ganz normale Arbeit eines Pastors.

Eines Tages fand ich dort einen handschriftlichen Eintrag: »Micha«. Micha war mein zehnjähriger Sohn. Ich hatte ihn nicht eingetragen, aber die Handschrift war deutlich erkennbar. Er wollte mich ganz offensichtlich einmal für sich allein haben. Er kam sicherlich nicht zum seelsorgerlichen Gespräch, aber in mir schlugen mein Herz und mein Gewissen. Vater und Sohn – ich musste auch die Erziehung meiner Kinder vor Gott verantworten. Schließlich war ich auch Pastor für meine Kinder. Aber das musste ich erst lernen. Und ich habe es gelernt.

Beim Abschlussball meiner Tochter stellten wir eine Terminkollision fest. Genau an dem Tag des Abschlussballs fuhren wir nach England auf eine Familienfreizeit. Es fiel mir ganz, ganz schwer, aber dann sagte ich zu meiner Tochter: »Okay, ich lasse die Freizeit fahren, die kommt einen Tag eher an ohne mich, und ich gehe mit dir auf den Abschlussball.« Es gibt Dinge, die zählen nur, wenn man sie macht. Und in solchen Konfliktsituationen muss man einfach Farbe bekennen und sich zu seinen Kindern stellen.

»Denn als ich noch Kind in meines Vaters Hause war, (...) da lehrte er mich.« (Sprüche 4,3–4)

26. September

Toleranz

Zwei Bauern streiten vor einem Richter um einen Acker. Der erste legt die Sache aus seiner Sicht dar. Der alte Richter hört zu und sagt dann bedächtig: »Du hast recht.« Nun kommt der andere und schildert die Sache aus seiner Sicht. »Du hast auch recht«, meint der Richter. Da springt der Gerichtsdiener auf und ruft: »Aber sie können doch nicht beide recht haben, Herr Richter.« – »Da hast du auch recht«, sagt der Richter und verlässt den Saal.

Das ist nicht die Toleranz, die wir meinen, sondern »Laisser-faire«, kein Engagement, ganz nach dem Motto: »Lass mich in Ruhe; tue, was du willst.« Etwas tolerieren heißt im Wortsinn »dulden, tragen, ertragen«. Gott ist nicht in unserem Sinne tolerant, sondern im Wortsinne. Das heißt, Gott bezieht Stellung am Kreuz auf Golgatha. Er erträgt uns durch den Tod seines Sohnes Jesus Christus.

»So sind wir nun Botschafter an Christi statt, denn Gott ermahnt durch uns; so bitten wir nun an Christi statt: Lasst euch versöhnen mit Gott!« (2. Korinther 5,20)

27. September

Erweckung

Einer ist wach geworden und hat den entscheidenden Schritt in den Glauben getan. Nun soll es ja Menschen geben, die Probleme mit dem Aufstehen haben. Die werden einfach nicht wach. Die haben sich mehrere Wecker angeschafft. Es klingelt einer nach dem anderen, und zum Schluss fällt einem ein Hammer auf den Kopf.

Erweckung bedeutet also erwecken und aufwachen – beides zusammen. Das heißt, der, der wach wird, muss geweckt werden. Ich würde hinzufügen, damit die Sache auch gleich klar ist: Er muss aus dem Sündenschlaf erweckt werden. Bekehren kann sich nur jemand, der wach geworden ist. Aber das, was wir in Deutschland an missionarischem Aufbruch sehen, ist keine Erweckung. Wir sind es gewohnt, dass wir Jahr um Jahr Einzelne hinzufügen. Es ist mühsam. Wonach unsere Sehnsucht schreit, ist der reißende Strom des Segens, der vom Himmel kommt.

Ein anderes Bild: Es ist das brennende Feuer, das ganze Landstriche erfasst. In der Bibel wird berichtet, wie die große Stadt Ninive mit über einer halben Million Einwohner Buße tat. Warum soll das nicht auch in Bremen und in ganz Deutschland möglich sein? Diese Leidenschaft für Jesus, dieses brennende Herz, diese totale Erfüllung – warum soll das nicht möglich sein?

»Gott vermag (…) aus diesen Steinen Kinder zu erwecken.«
(Matthäus 3,9)

28. September

Schlachten um uns herum

Es werden Schlachten um uns geschlagen, denn dem Teufel passt es überhaupt nicht, dass wir zu Jesus gehören. Wir sind allerdings für diese Schlachten zu blind. Uns fehlen einfach die Augen für die jenseitige Welt.

Dazu gibt es in der Bibel eine herrliche Geschichte. Der Prophet Elisa hatte viel Ärger mit einem heidnischen König, und der hetzte ihm die Soldaten auf den Hals. Morgens trat Elisa mit seinem Diener aus der Tür, und die ganze Stadt war von einem feindlichen Heer umzingelt. Der Diener fing an zu zittern und konnte gar nicht so schnell mit den Zähnen klappern, wie er Angst hatte. Elisa betete: »Herr, öffne ihm die Augen, dass er sehe.« Da öffnete Gott dem

Diener die Augen, und nun konnte er sehen, dass der Berg voll feuriger Rosse und Wagen um Elisa her war; er war von Gottes Macht umgeben.

Wie Gott dann mit den Feinden Elisas Schlitten gefahren ist, kann man in 2. Könige 6 nachlesen.

»Fürchte dich nicht, denn derer sind mehr, die bei uns sind, als derer, die bei ihnen sind.« (2. Könige 6,16)

29. September

Engel

Wir tun uns ja heute etwas schwer mit dem Verständnis von Engeln. Meistens denkt man an kleine Putten, an barocke, pausbäckige Rauschgoldengelchen. Die kann natürlich kein Mensch ernst nehmen. In meiner Heimatstadt Bremen hatten wir einmal ein Wappen mit Engeln. Irgendwann haben sie die Engel rausgenommen und durch ein Tiersymbol ersetzt. Ehrlich gesagt, der Engel wäre mir lieber, da weiß man doch, wer über die Stadt wacht. Und auf Tiere kann man sich in diesem Kampf wirklich nicht verlassen.

Als unser Sohn noch sehr klein war, musste er eine notwendige Impfung bekommen. Wir hatten das Serum besorgt, die Schwester hatte es auf die Spritze gezogen, der Arzt wollte gerade die Impfung beginnen und unserem Sohn die Spritze geben. Im letzten Augenblick zögerte er, guckte sich die Spritze noch einmal an und sah, dass das Serum verdorben war. Da wäre unser Sohn, wenn er diese Spritze tatsächlich bekommen hätte, entweder behindert oder tot gewesen. Meine Frau und ich waren uns darüber einig, dass da ein Engel im letzten Augenblick dem Arzt in den Arm gefallen war, ein Schutzengel. Danke, Gott!

»Jesus spricht: Denn ich sage euch: Ihre Engel im Himmel sehen allezeit das Angesicht meines Vaters im Himmel.« (Matthäus 18,10)

Ausflug nach Amsterdam

Neun Vikarinnen und Vikare der Bremischen Evangelischen Kirche fuhren nach Amsterdam, um dort eine ausländische Kirche kennenzulernen. Ich war gespannt, was uns erwartete. Aber dann traute ich meinen Augen und Ohren nicht, was wir dort zu sehen und zu hören bekamen. Das war die reinste modernistische Kirche, in der Praxis alles ein paar Schritte unserer Zeit voraus. Dafür hätte ich nicht nach Amsterdam fahren müssen. Wenn die Kirche der Zukunft so aussieht, dann kann ich in ihr kein Diener mehr sein.

Zum Schluss feierten wir alle zusammen das heilige Abendmahl. Aber heilig war daran nichts, denn statt Brot gab es Hähnchen und statt Wein gab es Bier. Am Wort Gottes und beim Sakrament bin ich sensibel. Als Lutheraner kann ich das überhaupt nicht gut ab. Was hatten wir für Diskussionen!

Wenn man die Bibel außer Kraft setzt und wenn die Bibel kein Maßstab mehr ist, kann man auch Abendmahl mit Hähnchen und Bier feiern. Vielleicht merkt man nicht einmal mehr, dass man eine Irrlehre vertritt. Die Entscheidungen dazu sind schon lange vorher gefallen.

»Es waren aber auch falsche Propheten (...) und falsche Lehrer, die verleugnen den Herrn, der sie erkauft hat; die werden über sich selbst herbeiführen ein schnelles Verderben.« (2. Petrus 2,1)

Oktober

1. Oktober

Erfahrungsorientiert oder verheißungsorientiert

Als ich noch ein junger Pastor war, gehörte es für mich zu den bitteren Erfahrungen, dass mein manchmal jugendlicher Elan von den Älteren gebremst wurde. Ich dachte, wir hätten die Verheißung Gottes auf unserer Seite und müssten in unserer Welt draußen und drinnen, zu Hause und in der Ferne missionarisch tätig werden. Dann kamen Ältere mit einem feinen Lächeln auf den Lippen und sagten: »Ja, als wir so jung waren wie du, da haben wir das auch noch alles geglaubt.« Man spürte es, man konnte es mit Händen greifen, wie verbittert und resigniert sie waren. Dafür gibt es Gründe. Und sie tun mir mit ihrer Verbitterung und Resignation leid.

Jesus hat uns einen Auftrag gegeben, diese Welt für ihn zu erobern, und deshalb verlasse ich mich lieber auf sein Wort als auf meine Erfahrungen. Wir leben immer erfahrungsorientiert, aber wir sollten auch verheißungsorientiert leben.

»Lasset uns festhalten an dem Bekenntnis der Hoffnung und nicht wanken; denn er ist treu, der sie verheißen hat.« (Hebräer 10,23)

2. Oktober

Es lebt nicht

Immer wieder staune ich, wenn ich irgendwo Besuche mache und dann eine alte Frau ganz viel aus der Heiligen Schrift, aus den Psalmen, aus dem Katechismus oder aus dem Gesangbuch zitieren kann. Sie hat es vor Urzeiten einmal gelernt, und es ist dabei stehen geblieben. Das, was so erfreulich anfing, als sie Gottes Wort zitierte, wird auf einmal zu einer gespenstischen Szene, weil das alles in ihrem Leben überhaupt nicht gelebt wird. Gott hat Kinder, keine Enkelkinder.

Der Glaube ist kein Erbgut. Glauben kann man nicht erben. Da kann man die frömmste Mutter, die gebetstreueste Großmutter haben, aber der Glaube wird nicht über die Gene weitergegeben. Die Begegnung mit Gott muss jeder selbst machen, ganz allein, ohne Beistand. Wir können anderen nur helfen, zu dieser Begegnung zu kommen, aber die Begegnung mit Gott ist eine ganz persönliche Angelegenheit.

»Was soll ich tun, damit ich das ewige Leben ererbe?«
(Markus 10,17)

3. Oktober

Wiedervereinigung

Mich hat es erschüttert, als ich damals las, dass Mütter und Väter ihre Kinder in der alten DDR zurückließen und in den sogenannten »Goldenen Westen« abhauten, um sich dort ein gutes Leben zu verschaffen. Gegen die Schuldgefühle helfen Tabletten, Freunde, rauschendes Leben, eine Selbsterfahrungsgruppe. Gegen die Schuld auch?

Das zurückgelassene Kind, das als Scheidungswaise heranwächst, das in der Pubertät frühzeitig ausbricht und Halt sucht in Cliquen, die selbst gefährdet sind, dieses Kind, das nie Liebe erfahren hat, das sich selbst nicht halten kann, geschweige denn andere, dieses Kind ist von Misstrauen geprägt. Es kann die Liebe nicht geben, die es geben müsste – dem Partner, den es später kennenlernt, den Kindern, die es einmal bekommen wird, wenn es überhaupt so weit kommt. Da stellt sich automatisch die Frage nach der Schuld, und Schuld ist mehr als Schuldgefühle.

Wer hilft hier? Wer heilt? Wer liebt hier wieder zurecht? Sünde hat Kettenwirkung. Sünde macht kaputt. Aber Gott selbst hält den Kopf hin. Wo wir in unserer Schuld sterben müssten, da lässt er einen anderen für uns sterben: Jesus, den eigenen Sohn. An dem hängen die Sühne und die Vergebung.

»Wohl dem, dem die Übertretungen vergeben sind, dem die Sünde bedeckt ist! Wohl dem Menschen, dem der Herr die Schuld nicht zurechnet.« (Psalm 32,1–2)

4. Oktober

Warum beten wir?

Mich hat Gott ja noch nie nach meinen Wünschen gefragt. Ja, warum beten wir denn dann überhaupt, wenn wir nicht Erhörung erwarten? Warum bitten wir Gott um etwas, wenn wir nicht auch erwarten, dass er es uns gibt? Was für Gebete plappern wir denn so vor uns hin, wenn wir nicht mehr mit der Wirklichkeit Gottes und seiner Antwort rechnen?

Es gibt auch untaugliche Gebete. Das ist die Antwort darauf, dass viele Leute in ihrem Leben noch keine Antwort bekommen haben, weil sie immer im Untauglichen stecken geblieben sind. Weil sie immer nur vor sich hin geplappert haben, weil sie Gott immer nur zum Vorspann ihrer Lüste gemacht haben, selbst noch im Gebet. Und da wundern sie sich, dass sie keine rechte Antwort von Gott bekommen.

Gerhard Tersteegen, der große Liederdichter, hat einmal gesagt: »Was soll uns der vergiftende Dreck dieser Welt? Wir sind doch erkauft von der Erde und zur Ewigkeit berufen.« Deshalb sollen wir beten.

»Lass mein Gebet vor dich kommen, neige deine Ohren zu meinem Schreien.« (Psalm 88,3)

5. Oktober

Gott kümmert sich um uns

Als die Jünger Jesus fragten, wie sie beten sollten, da lehrte Jesus sie das Vaterunser. Aber das Vaterunser beginnt mit lauter geistlichen

Dingen. Das, was uns immer so wichtig ist – unsere fleischlichen Wünsche, unser irdisches Wohlergehen –, das ist in die geistlichen Dinge ganz einfach nur eingepackt. Das wird auch noch berücksichtigt, wir haben ja schließlich einen Gott, der sich auch um die Kleinigkeiten unseres Lebens kümmert. Aber zuerst kommen die geistlichen Dinge: ob Gottes Reich sich denn auch in unserem Leben durchsetzt, ob sein Wille denn auch in unserem Leben geschehen soll und darf. Wir machen es meistens umgekehrt. Wir verpacken das Geistliche in unser Fleischliches.

Das wird ein moderner Heide aus unseren Breitengraden überhaupt nicht verstehen. Der wird das Gebet immer nur als eine Art Notbremse ansehen, die man in verzweifelten Fällen zieht. Aber ein Kind Gottes weiß, worum es hier geht, denn ein Kind Gottes weiß auch, was ein geistliches Gebet ist. Und wenn man Gott sein Herz ausschüttet, bleibt da vielleicht nichts anderes als einfach die Bitte des Zöllners im Tempel: »Herr, sei mir Sünder gnädig.«

»Sorgt euch um nichts, sondern in allen Dingen lasst eure Bitten in Gebet und Flehen mit Danksagung vor Gott kundwerden.« (Philipper 4,6)

6. Oktober

Wichtiger als Jesus?

Was ist wichtiger als Gott? Was ist wichtiger als Jesus? Diese Frage stellt sich Jung und Alt und muss beantwortet werden, denn am Ende trägt jeder von uns am Erbe der Väter und Mütter, ob es uns passt oder nicht. Wir alle leben mit einer Mischung von Gut und Böse. Aber dass am Ende nicht Gottes Gerichtswort über unserem Leben steht und dass das, was wir an Bösem geerbt haben, sich nicht durchsetzt und uns in die ewige Verdammnis führt, dafür gibt es einen Ausweg. Welchen? Goethe lässt grüßen. Wie heißt es so schön im *Faust*: »Was du ererbt von deinen Vätern hast, erwirb es, um es zu besitzen.« Ja, wie denn? Im Gebet. (Das hat Goethe natürlich nicht gesagt.)

Im Gebet, das nach dem Gehorsam fragt, im Gebet, das nach dem ungeteilten Herzen fragt, im Gebet, das vor Gott darum ringt, dass man ganz bei Gott ist und sich nicht einen Millimeter von ihm entfernt. So bleibt der Segen ein Segen, denn Gott will segnen. Und so bleibt der Fluch hinter Schloss und Riegel.

»*Wir wünschen aber, dass jeder von euch denselben Eifer beweise, die Hoffnung festzuhalten bis ans Ende, damit ihr nicht träge werdet, sondern Nachfolger derer, die durch Glauben und Geduld die Verheißungen ererben.*« (Hebräer 6,11–12)

7. Oktober

Ein strammer Atheismus

Ein evangelischer Pastor in Berlin erzählte mir einmal von der Taufe eines jungen Mannes. Die war bewegend, schließlich kam er aus einem vollkommen ungläubigen Umfeld. Bei der Taufe war auch seine Mutter anwesend und wurde dann von Weinkrämpfen geschüttelt. Der junge Mann dachte: »Wie schön, meine Mutter ist auch ergriffen, der Heilige Geist hat in ihr etwas angefangen.« Aber das dicke Ende kam nach. Sie war Lehrerin und hatte ihren Jungen immer schön atheistisch erzogen. Und nun diese Taufe! Sie war entsetzt, dass ihr Junge den Christen auf den Leim gegangen war. So etwas konnte doch nicht angehen. So etwas war einfach nur unwissenschaftlich. Und nun ihr Junge. Alle Erziehung war umsonst.

Wenn Jesus in ein Leben tritt, dann schreien nicht alle anderen Hurra, sondern dann gibt es oft Auseinandersetzungen, und manchmal spaltet es sogar – auch die Familie, von Freundschaften gar nicht zu reden.

»*Wer da glaubt und getauft wird, der wird selig werden; wer aber nicht glaubt, der wird verdammt werden.*« (Markus 16,16)

8. Oktober

Fast eine heimliche Taufe

Er war zu Gast in Bremen und kam in meine Gottesdienste. Man sah ihm sofort an, dass er nicht aus Bremen stammte, sondern dass er ein Araber war. Dort ist bekanntlich schon der Besitz einer Bibel verboten. Öffentliche Gottesdienste gibt es nicht. Er war schon lange Christ, aber er konnte sich noch nicht taufen lassen. Das wollte er nun fern von zu Hause nachholen. Ich redete mit ihm und stellte erstaunt fest, was Gott alles in seinem Leben getan hatte. Durch einen Traum war er einmal Christ geworden, weil ihm Jesus persönlich erschienen war. Ich mochte es erst gar nicht glauben. Aber die Beschreibung dieses Traums und die weitere Geschichte von ihm bestätigten das Ganze. Und wie ich dann später hörte, war das ja nicht nur die Ausnahme, sondern das passiert wesentlich öfter, als man denkt.

Und dann fand endlich die Taufe statt. Er gehörte nun zu Christus und trägt seitdem einen neuen Namen, einen christlichen Namen. Auch den wird er jetzt heimlich tragen. Er fuhr anschließend sehr, sehr fröhlich wieder nach Hause.

Mir stellte sich dabei die Frage: »Wie wird das sein mit all diesen Diktaturen, wenn sich die Christen auf einmal zeigen dürfen?« Was für eine Freude ist es auch für uns zu wissen, dass wir einen Bruder dort haben und er zur weltweiten Gemeinde der Kinder Gottes gehört.

»Alle Zungen sollen bekennen, dass Jesus Christus der Herr ist, zur Ehre Gottes, des Vaters.« (Philipper 2,11)

9. Oktober

Taufen im Godavari

Der Godavari ist ein Fluss in Indien, genauer gesagt in Andhra Pradesh. Ich war zu Besuch in der *Good Samaritan Evangelical Lutheran Church* (GSELC), der »Kirche des barmherzigen Samariters«.

Und diese evangelisch-lutherische Kirche hatte es in sich. Da kamen Tausende von Menschen zum Glauben, Ureinwohner Indiens. Leute, die früher in den Wäldern gejagt hatten und die jetzt als Kulis bei irgendwelchen indischen Besitzern arbeiten mussten. Aber was für eine Freude strahlten sie aus! Wie viele Menschen kamen da zum Glauben, und wie viele ließen sich taufen! Nach der Taufe verloren sie alle ihre staatlichen Unterstützungen als Ureinwohner, ähnlich wie die Unberührbaren, aber sie standen weiterhin zu Jesus. Es tat richtig gut, dies mitzuerleben.

Eines Sonntagmorgens standen wir vor dem Fluss Godavari. Wenige Kilometer weiter befand sich eine Papierfabrik, die ihre ungesäuberten Wassermassen in den Fluss laufen ließ. Das kam alles direkt bei uns an und floss an uns vorbei. Wie giftig das war, weiß ich nicht. Ich stand mitten im Wasser und taufte die Menschen, einen nach dem anderen, 70 Personen insgesamt – als Lutheraner mit Untertauchen. Es war richtig schön, diese Missionssituation zu erleben: 70 Mal ein neuer Name, 70 Mal untertauchen und wieder auftauchen. Unser Herr ist so gut. Und er nahm auch dieses verdorbene, verdreckte Wasser und machte damit Menschen neu.

»Seid darauf bedacht, zu wahren die Einigkeit im Geist durch das Band des Friedens: ein Herr, ein Glaube, eine Taufe.«
(Epheser 4,3.5)

10. Oktober

Taufe in der Ostsee

Alle zwei Jahre machten wir eine Familienfreizeit in Dänemark. Jede Familie hatte ihr eigenes Häuschen und kochte auch für sich. Wir hatten aber auch ein großes Versammlungszelt dabei, und dort fanden alle Treffen statt. Alle? Fast alle, denn sonntags hatten wir einen Strandgottesdienst mit Taufen – in der Ostsee, mit Untertauchen. Es ließen sich dann Leute taufen, die sich im Jugend- oder Erwachsenenalter entschieden hatten, Jesus nachzufolgen und das jetzt mit ihrer Taufe deutlich machen wollten.

Wir hatten mal wieder ein scheußliches Wetter und es war kalt, wir froren. Und bei diesem Wetter musste ich in das Wasser steigen, um die Leute zu taufen. Ich lieh mir von jemandem einen Neoprenanzug und zog darüber mein Kollarhemd, an dem man mich auch gleich als Pastor erkannte. Ich stand im Wasser, guckte auf das Land und bekam dann eine Riesenwelle ab. Die Gemeinde freute sich und lachte etwas verschämt. Aber dieser Einsatz musste sein.

Der Vorteil diese Taufform war natürlich, dass manche mit auf die Freizeit gefahren waren und noch gar nicht wussten, dass sie sich taufen lassen wollten. Das entwickelte sich erst im Zuge der Bibelarbeiten und der Gespräche. Manche allerdings fuhren schon mit dem Vorsatz zur Freizeit: »Da will ich getauft werden.« Für die gab es gar keine andere Wahl. Es musste eine lutherische Taufe in der Ostsee sein.

»*Was hindert's, dass ich mich taufen lasse?*«
(Apostelgeschichte 8,36)

11. Oktober

Taufwasser

Die zweitjüngste Tochter der sechs Pfarrerskinder freut sich auf die Taufe ihres jüngsten Brüderchens. Singend marschiert sie durch die Wohnstube. »Morgen wird Martin gekauft, morgen wird Martin gekauft.« – »Nein, doch nicht gekauft, getauft!«, kommt die Aufklärung von dem älteren Bruder, und der fügt wissend hinzu: »Mit ›t‹.« – »Nein«, entgegnet die weise Schwester mit ernster Mine, »nicht mit Tee, mit Wasser.«

Ich taufe gerne, als Lutheraner in der Regel dreimal mit einer Handvoll Wasser. Das Wasser muss fließen. Bei den Reformierten geht auch das Benetzen, bei den Baptisten muss man ganz untergetaucht werden. Allerdings gibt es fließende Grenzen. Ich selbst habe oft genug den Täufling untergetaucht, und ich erinnere mich, dass die Taufsteine in den alten Kirchen oft so groß waren, dass die kleinen Babys immer ganz untergetaucht werden konnten.

Bei einer Familienfreizeit habe ich Fünfzehnjährige in der Ostsee getauft. Und in Kirgisien habe ich ganz traditionell mit dreimal einer Handvoll Wasser die jüngste Tochter des dortigen Pfarrers getauft.

Wie viel Wasser darf es denn nun sein? Ich meine nicht, dass die Quantität des Wassers über die Taufe entscheidet, sondern die Qualität. »Verbum accedit ad elementum et fit sacramentum« – »Das Wort kommt zu dem Element und macht das Sakrament.« Da legt Gott seine Hand auf den Menschen: »Du sollst mein Kind sein. Du sollst jetzt mit Christus sterben und auferstehen. Ich bin immer für dich da.«

»Wisst ihr nicht, dass alle, die wir auf Christus Jesus getauft sind, die sind in seinen Tod getauft?« (Römer 6,3)

12. Oktober

Die richtige Reihenfolge

Ich taufe gerne Kinder. Natürlich weiß ich, dass ich mich da bei einigen unbeliebt mache, und ich verhehle auch nicht, dass ich als geprägter Lutheraner schreibe. Das hinderte mich nicht daran, in Bremen 18 Jahre lang Allianzvorsitzender gewesen zu sein und meine Geschwister mit dem anderen Gesangbuch von Herzen lieb zu haben.

Vor einiger Zeit saß ich mit einem baptistischen Pastor zusammen. Er meinte: »Ich bin in vierter Generation Baptist, genau genommen weiß ich gar nicht, was ein Lutheraner denkt.« Wir sprachen drei Stunden zusammen mit der Bibel auf dem Tisch. Es war ein friedliches, gutes Gespräch. Und das ist in der Tauffrage ja selten. Er wurde dann ebenso wenig Lutheraner wie ich Baptist. Wir landeten in unserem Gespräch ganz schnell bei der Reihenfolge Glaube und Taufe, Taufe und Glaube. Aus Markus 16,16 wird immer wieder herausgelesen: erst der Glaube, dann die Taufe. Aber dann hätte sich der Herr Jesus in seinen letzten Worten ja selbst widersprochen. Im Missionsbefehl heißt es wörtlich: »Gehet hin in alle Welt und macht zu Jüngern taufend und lehrend« (Matthäus 28,18–20). Hier ist die Reihenfolge genau andersherum.

Fakt ist: Glaube und Taufe, Taufe und Glaube gehören unlösbar zueinander. Sie sind Bedingungen der Seligkeit. Die Reihenfolge ist egal, Hauptsache, beides geschieht.

»Wer da glaubt und getauft wird, der wird selig werden; wer aber nicht glaubt, der wird verdammt werden.« (Markus 16,16)

13. Oktober

Der verlorene Sohn

In der bekannten Geschichte aus Lukas 15 war der verlorene Sohn von Gott in seinen Bund aufgenommen worden, aber der junge Mann brach aus der Gemeinschaft mit dem Vater aus. Doch er kehrte rechtzeitig um – zurück zu der Gnade, die ihm schon einmal geschenkt worden war.

Ohne Umkehr, Buße, Bekehrung, ohne Glauben nützt auch die Taufe nichts. Markus 16,16 hat einen Nachsatz: »Wer da glaubt und getauft wird, der wird selig werden; wer aber nicht glaubt, der wird verdammt werden.« Doch in den Taufagenden unserer evangelischen Kirche taucht dieser Vers nicht mehr auf. Von Verdammung zu reden ist einfach unanständig – also raus damit. Das ist Unterschlagung, das ist Betrug.

Natürlich kommt dann beim Kirchenvolk das Gefühl auf, dass die Taufe wie eine Schluckimpfung wirkt. So ein Unsinn. Die Taufe muss gelebt werden, sonst werden wir verdammt sein. Martin Luther ist wunderbar deutlich: »Wenn einer die Taufe nicht lebt, dann sollen wir ihn für einen Zöllner und Heiden halten.« Da aber offensichtlich ganz viele ihre Taufe nicht leben, muss die Kirche Bekehrung predigen. Eine Kirche, die tauft, muss evangelisieren. Oder man wird das Blut der Verlorenen von ihrer Hand fordern.

»Denn weil du ihn nicht gewarnt hast, wird er um seiner Sünde willen sterben müssen, (…) aber sein Blut will ich von deiner Hand fordern.« (Hesekiel 3,20)

14. Oktober

Nagel in der Wand

Ein nicht gerade unbekannter Mann unserer Tage hat erzählt: »Als mir im Theologiestudium der ganze Glaube zusammenbrach, habe ich als Christ nur deshalb überlebt, weil ich sonntags zum heiligen Abendmahl gehen konnte.« Luther bezeichnet in diesem Zusammenhang die Sakramente als »Nagel in der Wand, an dem der Glaube sich aufhängen kann«.

Seelsorgerlich reden heißt eben auch, von diesen herrlichen Taten Gottes zu reden, die er schon längst an uns getan hat und noch tut. Er ist voll da, auch wenn wir nur noch halb mitziehen. Er ist treu und wankt nicht, auch wenn unser Glaube schwankt. Wo alles subjektiv ist, handelt Gott objektiv. Wir mögen alles infrage stellen, er schenkt sich uns fraglos.

Aber, und das ist das Entscheidende, das passiert nicht losgelöst von uns, sondern da hängen wir dran – wie an dem Nagel in der Wand der Glaube hängt.

»Siehe, ich stehe vor der Tür und klopfe an. Wenn jemand meine Stimme hören wird und die Tür auftun, zu dem werde ich hineingehen und das Abendmahl mit ihm halten und er mit mir.«
(Offenbarung 3,20)

15. Oktober

Ich muss da sein, wo mein Schatz ist

»Mein Schatz, das war mein Geld.« Dazu muss ich eine Geschichte von Jeremias Gotthelf nacherzählen, die mich sehr beeindruckt hat.

Sein Ein und Alles war der Besitz, sonst nichts. Er verschmolz mit seinem Besitz und wurde eins mit ihm. Er hatte sich abhängig gemacht vom Geld. Wohlstand war alles. Geld war sein Leben. Er musste es zusammenhalten. Und nun war dieser Geizige sterbenskrank. Als der Arzt gegangen war, kroch der Geizhals mit letzter

Kraft aus dem Bett und machte ein Feuer an. Weil er allein lebte, holte er die gesammelten Geldscheine und verbrannte sie. Das Geld sollte sein, wo er sein würde. In den Flammen verloderte der Inbegriff seines Lebens. Nun trat aber eine unerwartete Besserung ein und der Arzt erklärte freudig: »Sie sind über den Berg.« Aber das Geld war fort. Und er musste doch sein, wo das Geld war! So ging er auf den Boden, den Strick in der Hand wie einst der Judas.

Und wir? Wovon sind wir abhängig? Christen haben sich an Jesus gehängt. Und Geld ist ein schönes Gottesgeschenk. Gut, wenn wir es haben. Aber wehe, wenn es uns hat.

»Es war auch keiner unter ihnen, der Mangel hatte; denn wer von ihnen Äcker oder Häuser besaß, verkaufte sie und brachte das Geld für das Verkaufte und legte es den Aposteln zu Füßen.«
(Apostelgeschichte 4,34–35)

16. Oktober

Die dunklen Mächte

Eine an Jesus gläubige Osteopathin gehört zu meinem Hauskreis. Der Mann, den sie massieren sollte, war über und über tätowiert. »Ich bin Feuerspucker. Meine Mutter ist Wahrsagerin«, erklärte er. Sie sagte nichts, sondern betete die ganze Zeit – zu ihrem Schutz und für den Mann. Der Mann machte zum Schluss einen neuen Termin, aber er kam nicht wieder. Nie wieder. Er wurde nie wieder gesehen. Die dunklen Mächte hielten es nicht aus, unter Gebetsbeschuss zu stehen. Dabei hatten sich diese Mächte noch nicht einmal gezeigt.

Beten hilft! Immer! Das haben schon unsere Altvorderen gewusst, und deshalb texteten sie: »Jesu, hilf siegen, du Fürste des Lebens; sieh, wie die Finsternis dringet herein, wie sie ihr höllisches Heer nicht vergebens mächtig aufführet, mir schädlich zu sein. Satan, der sinnet auf allerhand Ränke, wie er mich sichte, verstöre und ränke.«[2]

[2] Johann Heinrich Schröder: Jesu, hilf siegen, du Fürste des Lebens. EG Nr. 373,1

So haben unsere Vorfahren im Glauben gebetet, so dürfen auch wir beten.

»Denn wir haben nicht mit Fleisch und Blut zu kämpfen, sondern mit Mächtigen und Gewaltigen, nämlich mit den Herren der Welt, die in dieser Finsternis herrschen, mit den bösen Geistern unter dem Himmel.« (Epheser 6,12)

17. Oktober

Männer-Wanderfreizeit

Der Schweiß lief mir in die Augen. Ich war vollkommen durchgeschwitzt. Nichts war mehr trocken an mir. Der Zweitausender hatte es in sich. Aber jetzt war ich mit einigen anderen Christen oben. Die Sonne lachte. Die Aussicht war unbeschreiblich schön. Der Aufstieg hatte sich mal wieder gelohnt.

Seit 20 Jahren mache ich jährlich eine Männer-Wanderfreitzeit. Fast immer woanders, aber immer eigentlich in den Bergen, den Alpen. Doch das Wandern ist nur die eine Sache. Das gemeinsame Gehen erlaubt viel Kommunikation. Viel Seelsorge fließt auf einmal mit ein. Gewollt, gesucht, ungewollt.

Und es sind alles Männer! Nichts gegen unsere Frauen. Wir lieben sie wirklich. Aber manchmal muss »Mann« auch unter sich sein. Nicht jeder klettert mit auf einen Zweitausender. Aber jeder wandert so, wie er es kann. Es bilden sich immer Gruppen. Nach der liturgischen Andacht am Morgen gibt es abends eine Bibelarbeit. Dann singen zwölf Männerstimmen zur Ehre Gottes. Ach, klingt das gut! Und unser Bibelgespräch! Da kommen Fragen ans Tageslicht, die man wohl nur in dieser Situation stellen kann. Ich danke Gott für die Möglichkeit der Männer-Wanderfreizeit. Und für den Muskelkater.

»Gürte wie ein Mann deine Lenden!« (Hiob 40,7)

18. Oktober

Glaubenskonferenz

Was war das schön! 1000 Personen waren in der Kirche, über den Tag verteilt gab es bei der Glaubenskonferenz eine Predigt und drei Referate. Das waren Spitzenleute, die uns das Wort Gottes sagten. Und die Musik! 80 Bläser, die die Kirche erzittern ließen, eine grandiose Orgel und natürlich Gitarren und Klavier. Das Ganze wurde veranstaltet von einem eingetragenen Verein von Brüdern und Schwestern. Die Besucher gingen erfüllt und fröhlich wieder nach Hause.

»Alles hat seine Zeit.« Dies galt auch für unsere Glaubenskonferenz. Nach einem Vierteljahrhundert starb sie. Unsere Wiederbelebungsversuche fruchteten nichts. Alle Änderungsbemühungen verliefen im Sande. Es kamen immer weniger Leute. Am Ende wurde der Verein aufgelöst. Was war schuld? Die Form hatte sich überlebt. Sie war zu alt, und neue Gemeindekonferenzen waren in Bremen und Norddeutschland entstanden.

Aber trotzdem: Man muss Dinge sterben lassen können. Und man muss dankbar sein für den Segen, den unser Herr uns 25 Jahre durch die Glaubenskonferenz geschenkt hat. Da kann ich nur Danke sagen.

»Ein jegliches hat seine Zeit.« (Prediger 3,1)

19. Oktober

Nur ein Gesellschaftsspiel?

»Herr Pastor, können Sie einmal in meine Klasse kommen?«, fragte mich ein entfernter Bekannter, dessen Sohn einmal mit meinem Sohn in eine Klasse gegangen war. Jetzt war er Lehrer an einer Schule. Ich war etwas verdutzt, denn in Bremen haben Pastoren an den Schulen normalerweise nichts zu suchen. Er erklärte es mir: Sie machten notgedrungen eine Woche über den Okkultismus. Sie waren auf einer Klassenfahrt gewesen, und dort hatten einige »Gesellschaftsspiele« gemacht, wie sie es nannten. Okkulte Gesellschaftsspiele mit dem Erfolg, dass die Klasse ganz durcheinander war, als sie nach Hause fuhr. Ein 17-jähriger Schüler, ein Bär von einem Mann, kam verstört nach Hause und wollte nachts wieder zu seinen Eltern ins Bett. Er hatte Angst. Diese harmlosen Gesellschaftsspiele entpuppten sich als sehr gefährlich.

Ich ging natürlich in die Schule und erklärte dort, was die Bibel zum Thema Okkultismus sagt. Die Jugendlichen saßen da und sperrten Mund und Nase auf. Davon hatten sie noch nie etwas gehört. In der anschließenden Diskussion konnte ich leicht punkten. »Ihr seht ja, was euch eure Spiele gebracht haben.« Aber mit Jesus wollten sie auch nichts zu tun haben – bis auf zwei. Die kamen in der nächsten Woche zu mir in den Jugendkreis. Einer bekehrte sich, der andere nicht. Aber bei dem einen hatte Jesus gesiegt.

»Seid nüchtern und wacht; denn euer Widersacher, der Teufel, geht umher wie ein brüllender Löwe und sucht, wen er verschlinge.«
(1. Petrus 5,8)

20. Oktober

Flohmarkt

Es war Sonntagsmorgens 9.30 Uhr. Ich hatte es nicht mehr weit bis zur Kirche, in der ich den Pastor vertreten sollte. Auf einmal steckte ich fest. Stau. Und was für einer. Ich freute mich auf einen regen Gottesdienstbesuch. Mein Kollege hatte scheinbar eine gute Arbeit geleistet. Aber dann sah ich ganz weit vorne, dass die Leute nach rechts abbogen. Zur Kirche ging es geradeaus. »Die wollen gar nicht in die Kirche«, dämmerte es mir. Sie hatten ein für sie viel wichtigeres Ziel: den überdachten Parkplatz eines Großmarktes, auf dem jetzt ein Flohmarkt stattfand.

Ich wurde sarkastisch: abgelegter Trödel statt Gottes Wort, Gebrauchtes oder Verbrauchtes statt des neu machenden Evangeliums, Zeichen der Zeit statt Ewigkeit.

Ich habe ja nichts gegen Flöhe – auf einem Flohmarkt. Aber doch nicht sonntagsmorgens statt Kirche und die Gemeinschaft mit Christus und seinen Christen. Was für ein Tausch! Unser Wohlstandsland wählt den geistlichen Tod. Dieser Floh trägt ein tödliches Gift. Wer damit infiziert ist, mag sich über sein Schnäppchen freuen. Aber die Ewigkeit gibt es auf dem Flohmarkt nicht zu kaufen. Die gibt es umsonst. Bei Jesus am Kreuz. Gott sei Dank. Aber wer sagt es den Leuten?

Ach ja, ich musste einen riesigen Umweg fahren, um noch pünktlich beim Gottesdienst zu sein. Und dort waren wesentlich weniger Menschen versammelt.

»Denn was hülfe es dem Menschen, wenn er die ganze Welt gewönne und nähme an seiner Seele Schaden?« (Markus 8,36)

21. Oktober

Sind wir noch zu retten?

Wem wollen wir lieber folgen? Den Unglückspropheten, die glauben, unsere Welt sei schon verloren und die Probleme dieser Welt seien längst nicht mehr zu lösen? Oder dem Optimisten, der darauf verweist, dass sich bisher immer noch alles eingerenkt habe? Es wird schließlich nichts so heiß gegessen, wie es gekocht wird.

Die Bibel aber sagt uns, dass diese Erde nicht ewig bestehen bleibt. Dass sie sterben wird, wie wir sterben werden. Und dass der Tag des Gerichts kommen wird. Wann das so weit ist, weiß keiner. Und so lange haben wir uns auch um die Erde zu kümmern: um Ökologie und Umweltschutz, um Frieden und Gerechtigkeit.

Die Erde ist Gottes gute Schöpfung. Aber dass der Tag des Gerichts kommt, das steht nach Aussage der Bibel fest. Und dann heißt es nicht mehr: Sind wir noch zu retten, sondern: Sind wir gerettet?

»Aus Gnade seid ihr selig geworden.« (Epheser 2,5)

22. Oktober

Die Eintrittskarte in den Himmel

Eine alte Dame fragt den Pastor: »Glauben Sie, dass ich in den Himmel komme, wenn ich der Gemeinde 10 000 Euro vermache?« Der Pastor antwortet: »Sicher bin ich mir da nicht. Aber ich würde es an Ihrer Stelle einmal versuchen.«

Was ist uns der Himmel wert? Was sind wir bereit, dafür zu investieren? Vielleicht haben wir gar keine 10 000 Euro, und 1000 Euro würden bereits unsere Existenz ruinieren. Vielleicht sind die 10 000 Euro auch nur ein Taschengeld für uns. Wie auch immer. Investitionen für die Ewigkeit kann man nur in der Zeit machen, und das nicht in Geld. Vor Gottes Gericht zählt nämlich keine Währung dieser Welt.

Aber was kostet die Eintrittskarte in den Himmel? Möglicherweise gehen bei uns bei diesen Worten die Jalousien runter und wir reagieren unwillig. Wenn wir Christen kennengelernt haben, dann immer so, wie wir es jetzt befürchten: dass sie mit der Hölle drohten, Druck und Angst machten, immer den moralischen Zeigefinger erhoben und uns vorhielten: »Der liebe Gott sieht alles.«

Ich weiß, wie stark solche Erlebnisse prägen, und ich möchte auch nicht, dass wir jetzt den Gespenstern unserer Vergangenheit, sondern Jesus Christus begegnen.

Denn ich weiß, dieser Jesus ist stärker als alle Prägungen. Bei ihm werde ich frei.

»*Was soll dem Toren Geld in der Hand?*« (Sprüche 17,16)

23. Oktober

»Wie geht es Ihrer Nichte?«

Im Bremer Dom fand der Abschlussgottesdienst der Allianzgebetswoche statt. Etwa 1000 Leute waren anwesend, und es tat einfach gut, die Gemeinde von Jesus so versammelt zu sehen, gemeinsam zu beten und gemeinsam auf Gottes Wort zu hören. Und die Orgel, die Musik war einfach herrlich.

Nach dem Gottesdienst sprach mich eine Frau an und fragte: »Wie geht es Ihrer Nichte?« Ich guckte sie erstaunt an, da ich die Frau nicht kannte und natürlich auch ihren Namen nicht wusste. Und meine Nichte? Aber was wusste diese Frau von meiner Nichte, zumal sie gar nicht in Bremen wohnte? Das fragte ich sie dann auch. Sie antwortete und lächelte dabei: »Ich habe hier einmal im Krankenhaus neben Ihrer Schwiegermutter gelegen, und die hat immer laut gebetet, manchmal die ganze Nacht. Aber als Christin habe ich das gerne mit durchgehalten und habe dann auch dazu Amen gesagt. Ihre Schwiegermutter hat für alle gebetet. Ich kenne die ganze Familie – mit Namen. Besonders hat sie aber für Ihre Nichte gebetet.«

Ich wusste ja, dass meine Schwiegermutter laut mit sich geredet hatte. Nur der Herr Jesus hörte zu. Diese andere Geschichte kannte ich nicht.

Von ganz ferne kam ein sehr, sehr menschlicher Gedanke. Wenn ich auch im Krankenhaus gelegen und nachts hätte schlafen wollen, wie hätte ich reagiert?

»Das Gebet der Frommen ist ihm wohlgefällig.« (Sprüche 15,8)

24. Oktober

Verlobung

Die Evangelische Allianz in Bremen bekam einen Antrag auf Aufnahme – von den Pfingstlern. Aber dieser Antrag war problematisch. Die hatten vor Jahren schon einmal einen Antrag gestellt. Damals sagte die landeskirchliche Gemeinschaft: »Wenn die Pfingstler in die Allianz kommen, treten wir aus.« Da standen wir wie zwischen Skylla und Charybdis und sollten uns entscheiden. Wir wollten erst einmal (theologische) Gespräche mit den Pfingstlern führen. Das taten wir auch. Am Ende kam dabei heraus, dass nichts von all den Argumenten, die von der Allianz vorgebracht wurden, von den Pfingstlern genauso gesehen wurde. Im Gegenteil, das ging auch alles anders. Zum Beispiel muss niemand in Zungen reden; man ist auch Christ, wenn man nicht in Zungen reden kann. Oder es muss niemand gesund werden; man ist auch Christ, wenn man krank ist und trotz Gebet krank bleibt.

Am Ende entschieden wir uns für eine einjährige »Verlobungszeit«. Zum »Heiraten« war es einfach noch zu früh. Nach diesem Jahr sagten wir den Pfingstlern: »Euer Antrag ist angenommen, ihr könnt gerne in die Allianz kommen.« Die Geschwister aus der landeskirchlichen Gemeinschaft hatten auch mit abgestimmt, aber sie hatten sich enthalten.

Diese Zusammenarbeit hat der Allianz gutgetan, und das hat auch den Pfingstlern gutgetan. Beide haben davon profitiert.

»Dadurch soll der Leib Christi erbaut werden, bis wir alle hingelangen zur Einheit des Glaubens und der Erkenntnis des Sohnes Gottes.« (Epheser 4,12–13)

25. Oktober

Gemeindekongress

Die Evangelische Allianz beschloss, einen Gemeindekongress bei uns in Bremen in der Stadthalle abzuhalten. Das ist ein recht großer Raum, aber wir rechneten auch mit vielen Menschen. Die wollten wir nicht nur aus Bremen einladen, sondern auch darüber hinaus aus Norddeutschland. Die Vorbereitung ging los und gestaltete sich schwierig. Erst einmal mussten die Finanzen geklärt werden. Würden wir die Miete für den Raum zusammenkriegen? Was haben wir gebetet! Am Ende kam mehr als die Miete zusammen. Gott sei Dank!

Dann ging es um Fragen wie: Was wollten wir sagen? Wen wollten wir einladen? Wir hatten als Gast den damaligen Generalsekretär der englischen Evangelischen Allianz gefunden. Wie sollte man die Seelsorge gestalten und damit umgehen? An der Frage wäre beinahe noch eine Woche vorher alles gescheitert. Konnte man in der

Seelsorge die Hände auflegen? Wer durfte überhaupt Seelsorge übernehmen? Das waren Fragen, die erst einmal entschieden sein mussten. Aber nach vielen klärenden Gesprächen und mit viel Vertrauen zueinander zogen unsere Geschwister alle mit – Gott sei Dank.

Der Tag des Gemeindekongresses kam, und die Leute erschienen zahlreich. Ein Bus nach dem anderen fuhr vor, aus Osnabrück bis hin nach Lingen. Es war unglaublich. 4000 Menschen waren anwesend – eine für uns damals astronomische Zahl. Da wurde gesungen, gebetet, gehört, mitgeschrieben. Es war ein wirklicher Festtag. Der Gemeindekongress hatte sich gelohnt.

»Dem aber, der überschwänglich tun kann (...), dem sei Ehre in der Gemeinde und in Christus Jesus zu aller Zeit, von Ewigkeit zu Ewigkeit.« (Epheser 3,20–21)

26. Oktober

ProChrist

Es war Samstagabend, das Telefon klingelte. Am anderen Ende war der Vertreter von ProChrist. »Sag mal, Bernd«, fragte er mich, »könntet ihr euch vorstellen, dass wir das nächste Mal ProChrist von Bremen aus übertragen?« Er meinte ProChrist, die große Veranstaltung, die in ganz Europa zu sehen ist. Über 1000 Veranstaltungsorte mit Fernsehen, die das übertragen, was wir in Bremen in der Stadthalle machen würden. Ich antwortete: »Darüber muss ich mit meinem Vorstand reden. Ich melde mich wieder bei dir.« Wir legten auf.

Dann redeten wir im Vorstand. Wir beteten und fanden ein einstimmiges »Ja«. Die Arbeit ging los. Die richtigen Leute mussten gefunden werden, die richtigen Seelsorger, die richtigen Chormitglieder, die richtigen Beter, die richtigen Mitarbeiter für alle Bereiche. Es war erstaunlich, was für Mitarbeiter sich fanden und wie gut alles klappte. Es war viel Arbeit, aber es tat richtig gut.

Und dann die Evangelisation! Die Spitze waren fast 6000 Leute, die daran teilnahmen, sonst waren es auch weniger, aber unter 3000 bis 4000 waren es nie. Ulrich Parzany predigte einfach gut, die Leute kamen in hellen Scharen nach vorne. Mehrere Hundert Übergabekarten hatten wir nachher zu verteilen. Ich treffe immer noch Leute, die damals im Jahre 2000 bei ProChrist zum Glauben gekommen und inzwischen gestandene Mitarbeiter sind.

»*Ich schäme mich des Evangeliums nicht.*« (Römer 1,16)

27. Oktober

Stille-Freizeit

Die Evangelische Allianz hatte zu einer Stille-Freizeit eingeladen, und Leute kamen von überall – von Flensburg bis Oberstdorf. Meine Frau und ich waren verantwortlich für diese Freizeit, und wir wussten vorher gar nicht, wie viele Leute kämen und auch wer da käme.

An Programm war alles dabei. Man konnte ganz für sich allein sein. Man konnte beten, man konnte gemeinsam beten, man konnte die Tagzeiten-Gebete gemeinsam abhalten, man konnte sich austauschen und Seelsorge in Anspruch nehmen. Es war eine ganz gesegnete Zeit. Ich sagte hinterher, der Segen des Herrn liege auf uns allen. Man konnte ihn fast schneiden, so deutlich war er spürbar.

Jemand kam zu mir in die Seelsorge, unser ältestes Mitglied in der Gruppe. Er war 92 Jahre. Er packte aus und erzählte von Krieg, Gefangenschaft und Hitler – seine ganze Lebensgeschichte. Ich hörte ihm zwei Stunden zu, dann war er fertig. Als ich ihn fragte, ob ich ihm Vergebung seiner Sünden zusprechen und ihn segnen solle, bejahte er es. Und ich tat es. Das Gesicht dieses Mannes war kaum wiederzuerkennen, so fröhlich war er geworden, und das mit 92 Jahren.

»*Ich gedenke der alten Zeit, der vergangenen Jahre.*« (Psalm 77,6)

28. Oktober

Burn-out

»Ich mag nicht mehr!« Er stöhnte es nicht, er schrie es auch nicht heraus, er sagte es eher leise und kraftlos vor sich hin. Ich erschrak. Diesen Mann kannte ich ganz anders – dynamisch, auch noch im Alter, immer voller Ideen, immer ansprechbar für andere und immer für andere da. Ein Mann, dessen Energievorrat nie aufzuhören schien. Und jetzt das. Er wirkte einfach ermattet und sagte es auch: »Ich bin einfach müde. Es bringt ja doch nichts. Wozu lege ich mich eigentlich so krumm?«

Burn-out nennt man das heute – ausgebrannt, Erschöpfungsdepression. Wie immer man es bezeichnen will, der Mann war alle, dem nützte auch nicht irgendein Vitaminstoß oder ein Gang ins Fitnessstudio. Der brauchte erst einmal Ruhe und Abstand, um überhaupt wieder Atem zu holen und langsam neu zu erleben, wie er eine neue Kraft bekam – die Kraft Gottes. Von der reden wir, weil wir davon überzeugt sind, dass es nichts Größeres und Stärkeres geben kann als das, was Gott der Schöpfer für seine erschöpften Geschöpfe tun kann. Darüber geht nichts mehr. Wenn man erst wieder so weit ist, dass an die Stelle des Klagens und des Sichbeklagens, des Jammerns und Haderns das Aufschauen zu Gott tritt, hat man schon fast gewonnen.

»Da wünschte er sich den Tod und sprach: Ich möchte lieber tot sein als leben.« (Jona 4,8)

29. Oktober

Der Mann für verbrauchte Leute

Das Auto kommt einfach nicht auf Touren. Bei der späteren Untersuchung kam heraus, dass irgendwo ein Kriechstrom war, eine Verbindung, die den vollen Saft abzieht. Das gibt es auch im Christsein. Dahinter verbergen sich heimliche Widerstände, Groll, eine negative Lebenseinstellung, Kritiksucht, jede Art der Sünde. Gott will das anders mit uns. Er will, dass wir voll unter Strom stehen und dass unsere Lebensenergie nicht von falschen Zielen und Lebensstilen abgezogen wird.

Jetzt können wir noch im Kurs von eins zu eins umtauschen. Alt gegen neu, verbraucht gegen frisch, verzagt gegen mutig, verletzt gegen heil, Tod gegen Leben, Sorge gegen Unbekümmertheit, Aufregung gegen Gelassenheit, Sünde gegen Vergebung, Not gegen Freude. Der Katalog ist nicht zu Ende. Gott will uns von seiner Energie abgeben und nicht nur so, dass wir gerade und eben die Nase über dem Wasser halten können, sondern reichlich, verschwenderisch. Deshalb dürfen wir, was die Kraft Gottes angeht, Energieverschwender sein.

Es gibt viele Weichmacher, Schlankmacher, Starkmacher, Angstmacher, Krankmacher, Kleinmacher, Miesmacher und Müdemacher, aber viel zu wenig Mutmacher, Lebendig- und Wachmacher. Jesus Christus ist es. Er ist der Mann für verbrauchte Leute.

»Die auf den Herrn harren, kriegen neue Kraft.« (Jesaja 40,31)

30. Oktober

Was war vorher?

Das ist eine bittere Erkenntnis, die man nicht gerne wahrhaben will: Die Fehler unseres Lebens sind keine Schönheitsfehler. Die Sünde, die uns von Gott trennt, ist nicht außerhalb von uns, sondern steckt mitten in uns drin. Wir sind vom Bösen viel mehr geprägt, als es uns bewusst war, solange wir ohne Gott gelebt haben. Wir sind verlorener, als wir ahnten. Diese Erkenntnis ist bitter. Dranbleiben ist jetzt das große Stichwort. Nicht nur Christ werden, sondern auch Christ bleiben. Gott gibt uns ja nicht nur einen Versuch und mault dann, wenn es nicht klappt. Im Gegenteil, er weiß ja, wie es um uns bestellt ist. Er macht sich an die Arbeit, damit das neue Herz fest wird.

Und nun kommt das große Staunen auf unserer Seite. Dieser Gott hört einfach nicht auf, uns zu lieben. Er schenkt uns täglich neu seine Gnade. Er vergibt uns immer wieder von Neuem. Die Geschichte, die er mit uns angefangen hat, bringt er auch zu Ende. Das tut er tatsächlich! Wir würden das nicht hinkriegen, und wir können nur noch mehr staunen und anfangen, ihn zu lieben, weil er einfach nicht aufhört, uns zu lieben.

»*Lasst uns lieben, denn er hat uns zuerst geliebt.*« (1. Johannes 4,19)

31. Oktober

Geld

»Wenn das Geld im Kasten klingt, die Seele in den Himmel springt.« Mit diesen Worten zog der Mönch Tetzel durch die Lande. Luther hielt im Jahr 1517 dagegen. So entstand die Reformation – weil die Vergebung der Sünden nicht käuflich ist! 2138 Jahre zuvor entstand die Reformation in Juda und Jerusalem, im Mittelpunkt war dieses Mal Josia – und wieder spielte Geld dabei eine Rolle. Der Tempel war heruntergekommen. Geld zur Ausbesserung war da, aber in den Händen der Priester. Nun war es der König Josia, der das Werk Gottes in Gang setzte und der dann nicht nur die Baulichkeiten reparieren ließ.

Und heute? Wie viele Kirchen braucht die Kirche? Wie viele gepflegte, heizbare Gebäude? An Geld scheint es in Deutschland nicht zu fehlen. Nur an Leuten, die in die Kirche gehen. Deshalb werden Kirchen verkauft, entwidmet. Der Schaden liegt tiefer als das fehlende Geld. Es ist die mangelnde und klare Verkündigung, die in den Kirchen fehlt. Es ist der Wohlstand, der uns so sträflich satt und zufrieden macht. Zufrieden? Aber der Hunger nach Leben ist doch trotzdem da. Deshalb braucht es das Wort Gottes.

Uns fehlt eine Reformation. Uns fehlt ein Luther, ein Josia. Beten wir darum. Und dann würde uns auch die Verwendung der Kirchensteuer keine Sorgen mehr machen, denn dann gäbe es keine Geldfrage mehr. Die Kirchensteuer würde nur noch den Christen und ihren Initiativen zugutekommen – auch in der Kirche.

»*Wer Geld liebt, wird vom Geld niemals satt, und wer Reichtum liebt, wird keinen Nutzen davon haben.*« (Prediger 5,9)

November

1. November

Gericht

Das ist kein Thema für Sadisten, die andere gerne von der Kanzel oder in Gesprächen quälen und ihnen das Leben miesmachen. Gericht ist auch kein Thema für Masochisten, die mit ihrer Persönlichkeit nicht fertig werden und den Glauben deshalb nur als Angst machend und bedrohlich empfinden. Gericht ist auch kein Thema für Gleichgültige, die beim Wort vom höllischen Feuer bestenfalls denken, dass sie vergessen haben, den Herd abzuschalten.

Gericht ist ein Thema für die Liebe Gottes. Das muss ich wiederholen, denn das ist nicht allgemein üblich und anerkannt: Gericht ist ein Thema für die Liebe Gottes. Und diesem Gott glaube ich, der uns sein warnendes Wort vom kommenden Gericht sagt. Der aus Liebe zu uns alles darangesetzt hat, damit wir gerettet werden. Auf die Stimme der Schadenfreude, und höre sie sich noch so christlich an, kann und will ich nicht hören. Aber die Stimme der Liebe will ich nicht überhören und sie mir zu Herzen nehmen. Diese in Jesus fleischgewordene Liebe Gottes offenbart seinen Jüngern:

»Denn wie es in den Tagen Noahs war, so wird auch sein das Kommen des Menschensohns.« (Matthäus 24,37)

2. November

Gott guckt nicht weg

Wie war es denn damals zu den Zeiten Noahs? So ähnlich wie heute. Die Leute dachten an sich und dann noch mal an sich. Sie ließen den lieben Gott einen guten Mann sein. Sie aßen, sie tranken, sie heirateten – Letzteres wenn überhaupt. Sie hatten alles, was sie zum Leben brauchten: Essen, Trinken, Sex, keine Einsamkeit, doch im Übrigen war Gott ihnen total egal. Das ruiniert ein Volk. Wo Gott nicht das Sagen hat, regiert die Sünde.

Es sieht so aus, als würde Gott heutzutage weggucken und das ganze Unrecht, das geschieht, gar nicht sehen. Aber ein gerechter Gott guckt nicht weg, er guckt zu. Gott guckt nicht weg, wenn Mord und Totschlag an der Tagesordnung sind, wenn Hurerei und Ehebruch und Vergewaltigung fast normal geworden sind. Wenn Diebstahl, Raub und Körperverletzung anderen zusetzen. Wenn Lüge und Betrug sich ungestraft ausbreiten können. Gott guckt nicht weg, wenn in Deutschland Babys im Mutterleib ohne Betäubung getötet werden. Gott guckt nicht darüber hinweg, wenn es um Frieden geht und wir keinen Frieden halten, wenn es um Gerechtigkeit geht und diese Welt in Ungerechtigkeit erstickt oder darum, wie wir mit seiner Schöpfung umgehen, als wäre sie unser Eigentum und nicht nur ein Darlehen. Gott guckt nicht darüber hinweg, wenn so viele, so wahnsinnig viele in der Welt hungern müssen.

Wir sollten auch nicht darüber hinweggucken. Wir sollten lernen, mit Gottes Augen zu sehen.

»Darum rühmen wir uns euer unter den Gemeinden Gottes wegen eurer Geduld und eures Glaubens in allen Verfolgungen und Bedrängnissen, die ihr erduldet.« (2. Thessalonicher 1,4)

3. November

Der Herr hat es gesagt

In 1. Mose 6 wird uns die spannende Geschichte von Noah berichtet, von dem Gericht Gottes über die damalige Welt und von der Arche. Glauben rettet. Eigentlich müsste ich eher sagen: Der richtige Glaube rettet, denn glauben tut jeder, es fragt sich nur (an) was.

Stellen wir uns einmal die Szene vor. Da sprach Gott zu einem Mann: »Bau ein Schiff. Ein Riesenschiff.« Mitten in der Wüste in glühender Hitze sollte Noah einen Ozeandampfer anfertigen. So baute Noah auf das Wort Gottes hin ein Schiff. Die Leute wunderten sich und fragten nur: »Was tust du?« Und Noah bezeugte ihnen das Gericht Gottes und sagte dem Bürgermeister, dass das Gericht Gottes komme. Der Bürgermeister antwortete: »Noah, wir haben

Probleme: Straßenbauprobleme, ökologische Probleme, Ausländerprobleme, Finanzprobleme. Wir haben Probleme, Probleme, und du kommst mir mit dem Gericht. Mach das in deiner Bibelstunde.« Und wie reagierten die Politiker, als Noah ihnen von dem Gericht erzählte? Sie sagten: »Noah, das ist doch kein Thema für den Bundestag. Geh in deine Bibelstunde.« Da kam seine Familie und sagte: »Noah, Noah, du blamierst uns hier alle, sei doch bitte nicht so fanatisch, und wenn du schon beten musst, dann tu das doch abends heimlich unter der Decke oder im stillen Kämmerlein.« Aber Noah konnte immer nur eins antworten: »Der Herr hat es gesagt.«

»Er trägt einen Namen geschrieben (...): König aller Könige und Herr aller Herren.« (Offenbarung 19,16)

4. November

In die Arche gehen

Als die Arche fertig war, sagte Gott zu Noah: »Geh rein!« Und er ging mit seiner Familie hinein. Noch war der Eingang offen. Sieben Tage lang saß Noah mit seiner Familie bei offener Tür in der Arche bei glühender Hitze und hatte nichts als Gottes Wort gegen alles, was er da sah. Dann schloss Gott die Tür zu. Das ist ein hartes Wort. Bis dahin hätte Noah wieder herausgekonnt. Bis dahin hätten auch noch viele mit in die Arche hineingekonnt.

Gott hat uns heute eine Errettung in Jesus gegeben. Seit Jesus gekommen ist, heißt diese Arche, die Rettungsarche für alle Ewigkeit, Jesus. Deshalb sagt die Bibel: »Wer den Namen des Herrn anrufen wird, der soll gerettet werden« (Apostelgeschichte 2,21). Nicht wir ermöglichen uns die Rettung, sondern Gott ruft uns in die Arche. Noch ist Gnadenzeit. In der Arche sein, das ist etwas Wunderschönes. Da ist man nicht gefangen, es sei denn, man nennt Liebe, wirkliche Liebe, eine Gefangenschaft und macht sie schlecht. Aber Liebe ist etwas Schönes. Das Neue Testament sagt, in die Arche zu gehen bedeutet, in Jesus zu sein. Man ist geborgen in der Liebe Gottes. Darum ist es nicht wichtig, ob man an einem Tag so fühlt und an einem anderen Tag anders, ob man Zweifel hat, dass man gerettet wird. Allein die Tatsache, dass man in Jesus ist, entscheidet.

»Wer mein Wort hört und glaubt dem, der mich gesandt hat, der hat das ewige Leben und kommt nicht in das Gericht.« (Johannes 5,24)

5. November

Mit dem Aufnehmer gegen die Sintflut

Ein befreundeter Pastor erzählte mir, er habe bei einer Hundertjährigen einen Geburtstagsbesuch gemacht. Er schloss den Besuch mit den Worten ab: »Ich hoffe, wir sehen uns nächstes Jahr wieder.« Da schaute ihn die Hundertjährige an und sagte: »Och, fühlen Sie sich nicht gut?«

Wer in der Arche ist, der ist gerettet. Wer nicht in der Arche ist, der ist verloren.

Da kam der Tag, als es nur noch regnete. Wie mag den Menschen zumute gewesen sein, als es nicht aufhörte zu regnen? Eine Woche, zwei Wochen, drei Wochen, drei Monate. Als sie das Wasser noch im Keller aufwischten, dachten sie, sie kämen mit dem Aufnehmer gegen die Sintflut an, nach dem Motto: »Hilf dir selbst, dann hilft dir Gott.« Da werden sie noch spöttisch gelächelt und gesagt haben, man könne fast meinen, Noah habe recht gehabt. Aber als das Wasser stieg, wurde auch die Unruhe größer. Sollte das etwa wahr sein, was Noah gesagt hatte? Und als sie nicht anders konnten, rasten sie zur Arche und riefen: »Noah, lass uns rein! Noah, lass uns rein!« Da konnte er nur noch von innen antworten: »Gott hat die Tür zugemacht.«

»Und der Herr schloss hinter ihm zu.« (1. Mose 7,16)

6. November

Hätte ich doch ...

Es gibt ein Zuspät. Die Schuldzuweisungen werden hin und her gegangen sein. Eine Frau sagte zu ihrem Mann: »Ich habe Noah folgen wollen, aber du hast es mir ausgeredet.« Und die einfachen Leute sagten: »Wir hätten Noah folgen wollen, aber die Wissenschaftler mit ihren Gutachten haben uns betrogen.«

Hätte ich doch ... hätte ich doch ... Das ist gemeint, wenn die Bibel von dem »Zuspät« spricht. Ja, hätte ich doch aufgehört, mit der Sünde zu liebäugeln, wäre ich doch in die Arche gegangen. Hätte ich mich doch nicht durch andere von Jesus wegziehen lassen. Aber auch das »Hätte-ich-doch« ersäufte alles – das Beten, das Schreien, das Fluchen starb. Das Gericht galt allen, den Spöttern wie den Sympathisanten. Sogar die Mitarbeiter, die die Arche mitgebaut hatten, gingen verloren. Noah hatte seine Arche bestimmt nicht allein gebaut. Für so einen Riesendampfer brauchte er Mitarbeiter, Leute, die ihm halfen, Subunternehmer.

Aber ohne Buße und Bekehrung sind alle verloren, selbst wenn man mit dabei war. Dabeisein ist nicht alles.

»Ich will euch aber erinnern, (...) dass der Herr, nachdem er dem Volk das eine Mal aus Ägypten geholfen hatte, das andere Mal die umbrachte, die nicht glaubten.« (Judas 5)

7. November

Und die Hauptamtlichen und die Kirche?

»Dabei sein ist nicht alles.« Das gilt auch für die Hauptamtlichen im Reich Gottes. Das gilt auch für mich. Ich kann fleißig mitbauen am Reich Gottes, aber wenn ich nicht persönlich in der Arche bin und zu Jesus gehöre, bin ich verloren. Das gilt für jeden Einzelnen in der Kirche, für alle ehrenamtlichen, hauptamtlichen, nebenamtlichen Mitarbeiter, für den Küster, für die Vorstandsmitglieder, für den

Pastor, für die Chormitglieder, den Organisten, die Gemeindeschwester, die Erzieherin im Kindergarten, selbst für alle Bischöfe. Alle, die etwas mit dem Schiff des Evangeliums zu tun haben, müssen genauso in der Arche sein und können nicht nur von außen arbeiten. Ob einer den Kollektenkorb hinhält oder ob einer als Bischof den Ring geküsst bekommt – es gibt nur eine Möglichkeit: Wer gerettet werden will, muss in der Arche sein. Das ist die eine Scheidelinie. Alle, die zu Jesus Christus gehören, sind gerettet, und alle, die nicht zu Jesus Christus gehören, sind jetzt schon verloren. Alle Ungläubigen gehen zugrunde und alle Gläubigen werden bewahrt.

Jede Regel hat ihre Ausnahme, diese nicht. Da ist es dann egal, ob man dick oder dünn ist, reich oder arm, hübsch oder hässlich.

»Diese aber sind geschrieben, damit ihr glaubt, dass Jesus der Christus ist, der Sohn Gottes, und damit ihr durch den Glauben das Leben habt in seinem Namen.« (Johannes 20,31)

8. November

»Spielt noch, Kinder!«

Der Schriftsteller Thornton Wilder hat die Szene von Noah und seiner Stadt einmal in dem Stück »Wir sind noch einmal davongekommen« gebracht. Eine unheimliche Szene. Da möchte man am liebsten schnell wegsehen. Auf der Bühne spielen zwei Kinder im Wasser. Das Wasser rauscht und rauscht. Es regnet und regnet. Zwei Blondschöpfe haben sich ein Wasserrad gebaut, mit dem Kinder so gern spielen. Sie klatschen in die Hände und freuen sich, dass sich das Rad immer schneller dreht, je mehr Wasser darauf ist. Von ferne hört man die Schreie der Menschen: »Noah, mach auf! Noah, mach auf!« Und dann kommt eine alte Frau auf die Bühne. Weinen kann sie nicht mehr, denn es gibt ein Leid, eine Verlorenheit, bei der man nicht mehr weinen kann. Sie legt nun sachte den beiden Blondschöpfen die Hand aufs Haupt und raunt den Kindern mit brechender Stimme zu: »Spielt noch Kinder, spielt noch! Etwas Zeit habt ihr noch.« Und das Wasser rauscht.

Nein, spiel nicht mehr, Deutschland, bitte spiel nicht mehr. Deutschland hat schon so lange gespielt mit dem Evangelium und mit dem Kreuz, mit den Leibern und mit dem Verstand und mit der Seligkeit der Seelen. Hört auf zu spielen.

»Die Güte des Herrn ist's, dass wir nicht gar aus sind, seine Barmherzigkeit hat noch kein Ende.« (Klagelieder 3,22)

9. November

K. o.!

Jeden trifft das Gericht. Auch Noah, aber Noah war in der Arche. Die Bibel deutet uns dieses Wort »in der Arche« auf die Taufe. Wahrscheinlich waren wir alle schon einmal in der Arche, damals, als wir von Gott in der Taufe mit in die Arche hineingenommen wurden. Aber wie wir so sind – kaum können wir laufen, springen wir schon aus den Fenstern dieser Arche, um unser eigenes Leben zu führen. Doch draußen ist nichts als Wasser, nur Wasser. Und wenn das Schwimmen zuerst noch Spaß macht, ersäuft man dann am Ende doch.

Was ist das Geheimnis des Glaubens? Das Geheimnis des Glaubens ist, dass Jesus Christus selbst hinterherspringt, dass er mitten in der Sündenflut des Gerichts hinter uns her schwimmt, um uns zu retten und uns in die Arche zurückzubringen, und dass er selbst dabei ertrinkt und sein Leben lässt, damit wir gerettet werden.

Wenn ein Retter von der DLRG kommt und mich retten will, dann muss mich der Retter k. o. schlagen, wenn ich in Panik bin, damit ich meinen Retter bei meinen eigenen hilflosen Rettungsversuchen nicht in die Tiefe ziehe. Das kann das Evangelium nicht. Liebe sucht immer Gegenliebe. Liebe vergewaltigt nie. Liebe schlägt nicht k. o. In das Reich Gottes kommt man nur bei vollem Bewusstsein und nicht bewusstlos.

»Heute, wenn ihr seine Stimme hören werdet, so verstockt eure Herzen nicht.« (Hebräer 3,7–8)

10. November

Paderborn

Achtzehn Jahre zuvor hatte ich in Paderborn bei einer Jugendevangelisationswoche gepredigt, eine ganze Woche lang und am vorletzten Abend auch über Noah. Die Jugendlichen hörten aufmerksam zu und waren gespannt, wie es weiterginge. Dann sagte ich, dass alle, die an der Arche mitarbeiteten, selbst auch in der Arche sein müssten, wenn sie gerettet werden wollten, ausnahmslos. Der gastgebende Pastor, Absolvent einer Evangelistenschule, sprang auf und nahm mich auseinander – theologisch, menschlich, was ich alles falsch gemacht hätte usw. Und dass alles, so wie ich es sagen würde, überhaupt gar nicht stimme. Auweia! Es wurde immer noch schlimmer. Die Jugendlichen guckten verlegen hin und her.

Als der Abend schließlich vorbei war und ich wegfuhr, überlegte ich ernsthaft, ob in einer solchen Situation die Verkündigung des Wortes Gottes überhaupt noch Sinn hatte. Ich dachte: »Nun gut, ich weiche jetzt nicht, sondern komme am nächsten Tag wieder.« Das tat ich auch. Ich predigte und dachte zum Schluss: »Das war wohl voll daneben.«

So hatte ich es abgebucht und so blieb es bei mir 18 Jahre lang. Ein vergeblicher Einsatz. Aber bei Gott gibt es kein »Umsonst«.

»Habt ihr denn so vieles vergeblich erfahren?« (Galater 3,4)

11. November

Rechtzeitig!

Nach den 18 Jahren kam einer unserer Studenten aus Berlin zurück und bestellte mir einen herzlichen Gruß von einer bestimmten Frau. Ich sagte: »Ich kenne die Frau nicht und habe den Namen noch nie gehört.« – »Ja«, meinte er und lachte dabei, »das kann ich mir denken. Du wirst sie auch nicht kennen. Sie ist an einem

Abend in Paderborn zum Glauben gekommen, als du über Noah und über die Arche gepredigt hast.« Ich erinnerte mich natürlich sofort und sagte: »Das kann doch gar nicht angehen, dass nach einem solchen Abend noch jemand zum Glauben kommt.« – »Doch, so ist es gewesen. Und diese Frau lässt dir die herzlichsten Grüße bestellen.«

Diese Nachricht brauchte ich dringend. Es ging mir schlecht. Die Gemeindesituation war erbärmlich. Nicht dass keine Leute kämen, aber es war so viel Widerstand und Durcheinander da. Es war einfach schrecklich. Ich dachte, dass alles sowieso keinen Sinn mehr habe, und hätte am liebsten gekündigt. Sollten sie doch ihren Kram allein machen. Und in dieser Situation erreichte mich der Gruß dieser Frau. Ich merkte, was ich für einen Gott habe. Er passt auf uns auf, auch wenn es uns schlecht geht. Er kann auch die unmöglichsten Situationen benutzen, um uns zu trösten.

Das war wirklich Gottes Trost zur rechten Zeit. Von da an war ich wieder mutig, und es hat mir wieder richtig Spaß gemacht.

»Wenn mir gleich Leib und Seele verschmachtet, so bist du doch, Gott, allezeit meines Herzens Trost und mein Teil.« (Psalm 73,26)

12. November

Au, au, Auto

Viel zu spät kam ich los. Ich musste auf den Friedhof, um dort eine Beerdigung zu halten. Mein Auto war nicht da. Ich hatte mir eins geliehen und sprang schon im Talar hinters Steuer. Die anderen Verkehrsteilnehmer fuhren dann gleich langsamer. Das Auto parkte ich neben der Kapelle auf dem Friedhof und stellte fest: Es lässt sich nicht abstellen. Oh, Wahnsinn! Fünf Minuten noch, bis die Trauerfeier beginnen sollte. Ich versuchte alles und dachte sogar daran, den Schlüssel einfach abzubrechen. Das Auto ging einfach nicht aus. Ich überlegte: »Lasse ich es jetzt hier einfach offen stehen und den Motor an? Was passiert dann? Ist es noch da, wenn ich wiederkomme?« Immer noch ging das Auto nicht aus. Noch drei

Minuten. Ich würgte am Auto herum und würgte und würgte. Aber nichts passierte. Noch zwei Minuten. Endlich, endlich. Eine Minute, bevor der Trauergottesdienst begann, fand ich den versteckten Schalter. Da musste man drauf drücken. Wenn man das weiß, ist es ganz einfach.

Wie die Trauerfeier anschließend war, weiß ich nicht mehr. Ich kann nur hoffen und nachträglich darum beten, dass der Herr mir die Ruhe und die Gelassenheit geschenkt hat, die in diesem Moment notwendig war.

»Fürchte dich nicht, sondern rede und schweige nicht! Denn ich bin mit dir, und niemand soll sich unterstehen, dir zu schaden.« (Apostelgeschichte 18,9–10)

13. November

»Der liegt im Koma.«

Das schwarze Köfferchen in meiner Hand wog schwer. Viel schwerer, als es eigentlich war. Das Abendmahlsköfferchen mit den Gerätschaften für das Hausabendmahl wurde diesmal von mir in ein Krankenhaus getragen. Ich ging mit einem Mitarbeiter zu einem sterbenden Siebzehnjährigen. Er war ein junger Christ, ein treues Mitglied unserer Jugendgruppe. Wir erreichten sein Krankenzimmer. Die Stationsschwester sagte: »Da brauchen sie nicht mehr hin, der liegt im Koma.« Wir gingen trotzdem. Ich baute das Abendmahlsgeschirr auf, zündete die Kerzen an, schenkte etwas Wein in den kleinen Kelch und legte die Oblaten auf den kleinen Teller. Plötzlich schlug der Junge die Augen auf. »Hallo, Pastor«, sagte er, »echt gut.« Und dann konnten wir uns kurz unterhalten und beten. Und er sprach: »Herr Jesus, ich weiß nicht, warum es mir so geht. Ich würde ja auch gerne noch leben. Aber wenn du mich zu dir holen willst, dann will ich auch gerne kommen.« Dann sagte ich die Einsetzungsworte, und wir feierten das heilige Abendmahl. Kurz darauf schloss er die Augen und machte sie nie wieder auf.

Was für ein Glaube! Da verliert der Tod seinen Schrecken! Jesus ist der Herr – der auferstandene Herr!

»*Wenn unser irdisches Haus, diese Hütte, abgebrochen wird, so haben wir einen Bau, von Gott erbaut, (…) der ewig ist im Himmel.*« (2. Korinther 5,1)

14. November

Beerdigungsalltag

Ich gestehe es: Ich mag Beerdigungen nicht besonders. Zumindest nicht die üblichen volkskirchlichen, wo ich den Verstorbenen oder die Verstorbene vorher nie gesehen habe. Aber Beerdigungen gehören nun einmal zu meinem Beruf. Und was ich als Pastor tue, will ich auch mit Liebe tun – aus Liebe zu Gott und aus Liebe zu den Menschen. Oft stehe ich auf der Kanzel und habe das Gefühl, ich wäre hier der einzige Christ. Solange ich von allgemein menschlichen Erfahrungen des Leidens und des Sterbens rede, geht die ganze Versammlung mit. Aber in dem Augenblick, wo ich anfange, von Tod und Auferstehung, präziser von Jesus, zu reden, da kann man förmlich hören, wie die Jalousien herunterrasseln.

Zum Glück gibt es das auch anders: dass Trauernde das Wort Gottes hören und wirklich aufmerken, weil sie hier etwas zu hören bekommen, was sie vorher noch nie gehört haben. Und weil sie etwas spüren von der Realität der Auferstehung Jesu und seiner Macht und Wirklichkeit, die größer ist als der Tod.

Irgendwann war ich als Pfarrer ziemlich fertig mit dieser unbefriedigenden Situation, ständig das Evangelium zu verkündigen, ohne zu sehen, dass etwas dabei herauskommt. Da sagte mir ein älterer Amtsbruder: »Sei dankbar, dass du ein Zeuge des Lebens bist und Jesus das letzte Wort hat und nicht der Tod.« Er hatte recht. Wo Jesus gepredigt wird, ist es, als würde dem Tod sein Grinsen abgewöhnt.

» *Tod, wo ist dein Sieg? Tod, wo ist dein Stachel?*«
(1. Korinther 15,55)

Tausendzweihundertmal

Dass Beerdigungen die missionarische Chance am Grabe bieten, wage ich zu bezweifeln. Wie viele Trauerfeiern ich hatte, kann ich nur schätzen. 1200 werden es mindestens gewesen sein. Eher mehr. Ich weiß, dass andere noch mehr haben. Und ich kann mich nicht erinnern, bei den Trauerfeiern, die ich gehalten habe, jemals das Wort Gottes unterschlagen zu haben. Ich habe mich immer bemüht, es deutlich, einladend und in diesem Sinne auch missionarisch weiterzusagen. Dabei haben sich drei Menschen bekehrt. Das ist der ablesbare »Erfolg« – für so viele Predigten herzlich wenig. Was Gott sonst noch alles getan hat, weiß ich natürlich nicht.

In jedem Fall gilt, dass jede Evangelisation mehr Frucht bringt, als eine Trauerfeier sie bringen kann. Und das hat eine ganz einfache Ursache. Zu Evangelisationen gehen die Leute in der Regel freiwillig, zu Trauerfeiern gehen sie gezwungenermaßen. Das eine ist der freie Entschluss, das andere ist Schicksal.

Aber auch dies muss gesagt werden: Wo Beerdigungen wegen eines echten Christen gehalten werden, da merkt man, wie unwichtig die Grenze zwischen Himmel und Erde geworden ist. Da kann unter Tränen noch Trost sein. Da spürt man, dass einer nun den Herrn sieht, an den er hier geglaubt hat. In diesem Sinne ist oft mit Händen zu greifen, ob die Hölle oder der Himmel vor der Tür steht – welch eine verzweifelte Verlorenheit einerseits und Hoffnung spendender Trost andererseits.

»So soll das Wort, das aus meinem Munde geht, auch sein:
Es wird nicht wieder leer zu mir zurückkommen.« (Jesaja 55,11)

16. November

Lebens(tele)vision

Ich kam in ein Trauerhaus. Ein älterer Mann war gestorben. Im Gespräch fragte ich die Witwe: »Womit hat sich Ihr Mann denn beschäftigt?« Sie antwortete: »Er hat gern ferngesehen.« – »Hat er denn noch etwas anderes gern gemacht?« Sie meinte: »Nein, eigentlich nicht.« Ich musste ihr glauben. Vor uns stand ein überdimensionaler Fernseher. Wir saßen am Tisch – aber wie! Die Stühle waren alle fest am Boden verankert, schräg ausgerichtet nach vorne, sodass man zwangsläufig auf den Fernseher gucken musste, ob man wollte oder nicht. Zum Gespräch mit der Witwe musste ich mich über die Lehne zur Seite drehen, um sie überhaupt sehen zu können.

Was hatte dieser Mann alles gesehen?! Familienmitglieder gar nicht oder vor sich von hinten, aber immer den Fernseher! Was für ein armes Leben! Ich wollte sein Leben in der Traueransprache ja erwähnen. Aber gut, dass ich nicht über sein Leben predigen musste. Ich würde wieder über Jesus predigen, den Auferstandenen, der wirkliches Leben gibt.

»Jesus spricht: Ich bin der Weg und die Wahrheit und das Leben; niemand kommt zum Vater denn durch mich.« (Johannes 14,6)

17. November

»Was habe ich verpasst, dass ich nicht mit Jesus gelebt habe!«

Das Telefon klingelte. Eine Frau meldete sich und stieß hervor: »Herr Pastor, ich bin 55 Jahre. Ich komme gerade vom Arzt. Ich habe noch 14 Tage zu leben. Ich habe keine Ahnung von Gott. Ich gehöre zwar zur Kirche, habe mich aber um Gott mein Leben lang nicht gekümmert. Können Sie mit mir über Gott reden? In den letzten beiden Wochen, die ich noch habe?« Und ob ich konnte! Wir sprachen viel über Gott, über Jesus, der uns den Ausweg aus der Todesverfallenheit schenkt. Die Frau kam zum Glauben. Gott hatte ihr nicht zwei Wochen, sondern noch vier Wochen geschenkt. Und die waren notwendig. Sie hatte den Tod vor sich, aber nun hatte sie die Ewigkeit. Und im Licht der Ewigkeit blickte sie zurück auf ihr Leben und sagte: »Was habe ich verpasst, dass ich nicht mit Jesus gelebt habe!« Doch dann siegte die Dankbarkeit, dass sie Jesus zum Schluss ihres Lebens noch kennenlernen durfte. In dieser Dankbarkeit ist sie gestorben. So haben wir sie beerdigt.

Ihren Angehörigen und Freunden hatte sie noch versucht, etwas von dem neu gefundenen Glauben zu vermitteln. Aber da bewegte sich nichts. So war ich bei der Trauerfeier mit ihr »unter uns«. Sie war bei Jesus und ich durfte es bezeugen. Doch das Zeugnis prallte gegen eine Wand.

»Der Verbrecher sagte: Jesus, gedenke an mich, wenn du in dein Reich kommst! Jesus sprach zu ihm: Wahrlich, ich sage dir: Heute wirst du mit mir im Paradies sein.« (Lukas 23,42–43)

18. November

»Skat war sein Leben.«

Ich kannte den Mann nicht, den ich gerade beerdigt hatte. Wir standen am offenen Grab, der Sarg war herabgelassen worden. Als ich die letzten Worte, das Vaterunser und den Segen gesprochen hatte, kam ein Mann auf mich zu. Einer, der, wie er sagte, den Verstorbenen gut gekannt hatte, denn sie hatten sehr oft zusammengesessen und Skat gespielt. Nun, dagegen habe ich nichts.

Aber dann überraschte er mich. Er zog ein Skatblatt aus der Tasche und sagte: »Skat war sein Leben. Ich möchte ihm gern dieses Blatt als letzten Gruß ins Grab geben. Haben Sie etwas dagegen?« Was sollte ich da noch sagen? Gerade hatte ich noch von Jesus gesprochen und von dem, was einem Leben ewigkeitlichen Wert gibt. Aber dass Skat sein Leben war, hatte mir keiner erzählt.

Ich antwortete: »Dazu kann ich nichts sagen. Die kirchliche Trauerfeier ist zu Ende. Und wenn Sie als Freund meinen, ihrem Skatbruder dieses Lebewohl sagen zu müssen, werde ich Sie nicht hindern.« Eine bessere Antwort fiel mir nicht ein, und das missionarische Gespräch mit dem noch lebenden Skatbruder ergab sich auch nicht. Der warf das Skatspiel in das offene Grab, sagte »Tschüss« und verschwand.

»Vater, vergib ihnen; denn sie wissen nicht, was sie tun.«
(Lukas 23,34)

19. November

Blöde Technik!

Die Technik hat Einzug gehalten. In der neuen Feierhalle für Beerdigungen ist auch ein neues Pult angebracht, ein hochmodernes. Jetzt weiß man jedenfalls, wann man aufhören muss. Da blinken die Lichter auf: noch zehn Minuten, noch fünf Minuten, noch zwei Minuten, die Träger kommen.

Irgendwie faszinierte mich während der nächsten Trauerfeier diese moderne Technik. Jedenfalls lenkte sie mich ab. Aber als guter Pastor hat man sich nicht ablenken zu lassen. Und so wandte ich alle meine Aufmerksamkeit wieder den Angehörigen und der Trauergemeinde zu – mit einem fatalen Missgriff. Irgendwo war ein Knopf, den ich noch nicht kannte. Jedenfalls erwischte ich ihn und das Pult rauschte rasselnd und ächzend nach unten, bis es eine Höhe für Liliputaner hatte. Diese Einlage erschreckte die vorne Sitzenden, führte zu einem unterdrückten Lachen bei den weiter hinten Sitzenden und zu einer Verstörung bei mir. Wie sollte ich die Würde und Feierlichkeit dieses Augenblicks wahren und gleichzeitig dieses blöde Pult wieder nach oben kriegen? Ein unlösbarer Konflikt. Die Würde siegte, das Pult blieb unten. Die Sache hatte keine Konsequenzen.

»Gott ist der Schild über mir, er, der den frommen Herzen hilft.«
(Psalm 7,11)

20. November

Der heilige Sprung

Der Pastor eines Freundes von mir erlebte einen heiligen Sprung. Es war Winter, und er stand am offenen Grab. Nachts hatte es gefroren. Der Pastor bewegte sich unvorsichtig und kam ins Rutschen. Um nicht ins Grab hineinzufallen, machte er mit wehendem Talar einen gewaltigen Satz und landete auf der anderen Seite des Grabes. Es war ihm außerordentlich peinlich. Rückgängig machen konnte er es aber auch nicht, oder sollte er etwa zurückspringen? Er hoffte, dass die ganze Sache damit erledigt sei.

Aber weit gefehlt. Wenig später kam aus demselben Dorf eine Frau zu ihm, um eine Beerdigung anzumelden. Im Trauergespräch sagte sie dann zu ihm: »Aber Herr Pfarrer, bei der Beerdigung meines Lieben machen Sie doch auch wieder den heiligen Sprung über das Grab, nicht wahr?«

Der »heilige Sprung« – so werden Traditionen geschaffen.

»Er sprang auf, konnte gehen und stehen und ging mit ihnen in den Tempel, lief und sprang umher und lobte Gott.«
(Apostelgeschichte 3,8)

21. November

Was, wenn wir keinen Heiland hätten?

Es war heiß, unerträglich heiß. Die Hitze erinnerte mich daran, dass es gerade ein Jahr her war, als ich schon einmal hinter einem kleinen, besser gesagt, einem winzig kleinen Kindersarg herging. Ein Kind war zu früh geboren, hatte noch einen Tag gelebt und war dann gestorben. Und jetzt wieder: der Bruder. Auch er war zu früh geboren, auch er hatte nur einen Tag gelebt. Das Grab war zwei Reihen weiter. Diese Handvoll Sarg mochte man gar nicht in die Erde tun. Die Eltern waren Christen. Aber das hob das Leid nicht auf. Wie viel Leid kann ein Mensch ertragen? Und wie viel in welchem Zeitraum? Fragen über Fragen. Keine schnellen Antworten, aber auch keine langsamen. Eigentlich gab es gar keine Antworten.

Nur eins hielt mich fest: »Was, wenn wir keinen Heiland hätten?« Das predigte ich und redete von dem Heiland, der uns nicht abstürzen lässt; wo wir schlimmstenfalls nur in seine Arme fallen können; der auch die beiden Kinder jetzt bei sich hat. Und wir dürfen wissen, dass sie uns erwarten, wenn wir einmal im Himmel ankommen.

Auf dem Rückweg ließ es mich nicht los. Ja, was, wenn wir keinen Heiland hätten, hier am Grab und dort im Himmel?!

»Beweise deine wunderbare Güte, du Heiland derer, die dir vertrauen.« (Psalm 17,7)

22. November

»Er war mein Gott!«

Das Schluchzen war schon das ganze Treppenhaus hindurch zu hören. Es machte mir das Herz schwer, die Treppen weiter nach oben zu steigen, aber ich musste ja hin. Und dann saß ich im Wohnzimmer, und die Frau weinte und schrie und weinte und schrie. Ich versuchte gar nicht, dazwischenzukommen. Auch die Tränen haben ihr Recht und müssen ausgeweint werden. Und dann brach es aus ihr heraus: »Er war mein Gott!« Aber Götter sterben nicht. Wie soll ich da einen Gott beerdigen? Das später doch noch stattfindende Gespräch zeigte, dass sie es ernst meinte. Sie hatte ihn vergöttert. Sie hatte ihn abgöttisch geliebt. Er war ihr Gott. Die Trauerfeier konnte sie nur mit Beruhigungspillen durchstehen. Trost von dem lebendigen Gott war nicht möglich.

Wenn über den Lebenden kein Gott steht, dann wird der Tod zur Katastrophe. Wir haben uns nur auf Zeit. Auch die Liebe ist ein Geschenk Gottes. Und auch hier gilt: Wer das Geschenk von dem Geber löst, stürzt ab. Dabei könnten wir bei Gott noch eine viel gößere Liebe entdecken.

»Du sollst keine anderen Götter haben neben mir.« (5. Mose 5,7)

23. November

Am Abgrund der Verzweiflung

Die Todesnachricht erfuhr ich nicht vom Beerdigungsinstitut, sondern Gemeindeglieder riefen mich an: »Haben Sie schon gelesen?« Nein, ich hatte es noch nicht gelesen. »Da ist ein Auto in einen Fluss gefahren, vier junge Leute sind tot. Einige davon müssten Sie doch konfirmiert haben.« Vier? Tot? Es war so. Auch dass ich einige konfirmiert hatte – das eine Mädchen gerade erst vor einem Jahr. Was nun kam, war schwer zu ertragen – für die Betroffenen und für den betroffenen Pastor. Warum war ich nicht im Urlaub? Im Ausland? Bloß jetzt nicht noch eine Hochzeit zwischen den Trauerfeiern! Die Gespräche mit den Eltern waren schmerzhaft, eins schrecklicher als das andere. Und dann die Beerdigung*en*! Die Trauerhalle war überfüllt. Die Leute mussten stehen. Schulklassen, Cliquen, Jugendheim, alles war komplett versammelt. Nur die ersten Reihen waren für die Angehörigen frei.

Nach der Trauerfeier in der Kapelle mussten wir den Weg zum Grab gehen – eine Viertelstunde hin, eine Viertelstunde zurück. Dann gab es einen Augenblick Pause, bis der nächste Sarg in die Trauerhalle gebracht wurde. Dieselben Freunde, Klassen, Cliquen waren anwesend. Man stand an demselben Platz, nur der Sarg und die Angehörigen hatten gewechselt. Und dann gab es wieder den Gang bis zum Grab.

Die Trauerpredigt konnte ich in Fortsetzungen halten, der überwiegendste Teil der Zuhörer war identisch. Ich hatte mir Verstärkung mitgebracht; Jugendliche und junge Mitarbeiter aus unserem Jugendkreis. Ich wollte und konnte nicht allein sein in diesem Abgrund von Verzweiflung. Da mussten welche dabei sein, die mit mir und für mich beteten.

»Wir danken Gott, dem Vater unseres Herrn Jesus Christus, allezeit, wenn wir für euch beten.« (Kolosser 1,3)

24. November

Aufschieben

Nur wenige Wochen vor der Beerdigung hatten wir eine jugendevangelistische Veranstaltung. Da waren die vier jungen Leute da, die im Auto verunglückt waren. Sie hatten miteinander über Jesus gesprochen, über das ewige Leben, über das Sterben. Sie hatten nicht abgelehnt. Aber sie hatten die Entscheidung aufgeschoben, denn sie meinten, sie hätten noch viel Zeit. Meinten sie. Des Teufels liebstes Möbelstück ist die lange Bank. Hätten sie gewusst, dass sie nur noch wenig Zeit hätten! Aber jetzt?

Hatte Jesus mit ihnen noch in der letzten Sekunde vor dem Ertrinken in dem Auto gesprochen? Haben sie noch ewiges Leben gewonnen? Ich weiß es nicht. Und dieses Nichtwissen lähmt und nimmt einem die Luft. Nichts ist da von Gewissheit, von Hoffnung, von Trost. Ein Abgrund, der einen schaudern lässt.

Unsere jungen Leute aus der Gemeinde, die bei der Beerdigung Aufgaben übernahmen, schlugen sich tapfer. Es war ja viel Zeit: hin zum Grab und zurück vom Grab, kurze Pausen dazwischen. Viele kannten sich. Viele erlebten auf dem Friedhof zum ersten Mal hautnah die gute Nachricht von Jesus, dem Auferstandenen.

Aber unter dem Strich ist das nichts, was ich noch einmal erleben möchte.

»Heute, wenn ihr seine Stimme hören werdet, so verstockt eure Herzen nicht.« (Hebräer 4,7)

25. November

Todeszelle

Die meisten Menschen gehen nicht gern auf den Friedhof, zumindest nicht zu einer Beerdigung. Karl Valentin, der berühmte Komiker, soll ja gelaufen sein, wenn er einen Leichenwagen von ferne sah. Angst vor dem eigenen Sterben. Angst vor dem Älterwerden.

Man merkt, dass das Leben enger wird, dass man viele Dinge nicht mehr so tun kann, wie man sie tun möchte. Man merkt, dass die Zeit verrinnt.

Im Mittelalter gab es eine Strafe, die zum Tode führte. Da wurde man in einer Todeszelle eingeschlossen, und die Wände dieser Todeszelle bewegten sich jeden Tag ein kleines Stück weiter aufeinander zu. Zum Schluss wurde man zerquetscht. Langsam, damit es auch ordentlich wehtat.

Es kommt mir vor, als hätten viele Leute so ein Gefühl. Die Mauern des Lebens kommen immer dichter aufeinander zu. Aber was, wenn Jesus durch seine eigene Auferstehung eine Bresche in die Mauern geschlagen hätte? Was, wenn das helle Licht der Ewigkeit jetzt in unsere Zeit fiele? Was, wenn uns der Weg in den Himmel offen stünde? Mich wundert, dass so wenige Leute Christen sind.

»*Die Gnade aber des Herrn währt von Ewigkeit zu Ewigkeit.*«
(Psalm 103,17)

26. November

Ach ja!

»Ach ja«, stöhnte ich. Manchmal gibt es auch genügend Lasten zu tragen, sodass man nur noch seufzen kann. Aber mein Gesprächspartner war ganz anderer Meinung. Der sagte nämlich: »Du hast recht. ›Ach ja‹, heißt es, aber es geht ja weiter: ›Ach ja, wir haben's gut‹« (EG 393,6). Ich stutzte und fing in der Folgezeit an, mir immer wieder dieses zu sagen: »Ach ja, wir haben's gut.«

Wir Christen haben es gut. Man müsste das nur mehr in unserem Stöhnland Deutschland bekannt machen. In unserem Sehnsuchtsland Bundesrepublik. Was wird da gestöhnt und gejammert. Was für eine unbefriedigte Sehnsucht ist da. Man hat Angst vor dem, was kommt, und weiß nicht genau, was kommt. Man sorgt sich um seine Finanzen, man fürchtet sich vor den Islamisten, und bei den Demos sind schon lange nicht mehr nur junge Leute dabei.

Im ganzen Land herrscht eine unendliche Sehnsucht nach Frieden, nach einer gewissen Zukunft, nach einer heilen Welt. Letztlich ist es die Sehnsucht nach Gott und dem Himmel. Aber das ist nicht jedem klar. Und mancher würde es auch glatt abstreiten. Dafür sind sie doch nicht auf die Straße gegangen. Natürlich nicht. Aber ich behaupte, hinter allen Demos steckt die große Sehnsucht nach Gott und dem Himmel – auch wenn man keine Ahnung davon hat, auch wenn man es nicht artikulieren kann. Die Unruhe ist es, die uns in Gang hält. Ach ja, wir haben's gut.

»Seid dankbar in allen Dingen.« (1. Thessalonicher 5,18)

27. November

Überhebliche Arroganz

Ein junger Mann stand vor der Kirche und wartete nach dem Gottesdienst auf seine Freundin. Als ich herauskam, begrüßte er mich mit dem Satz: »Na, suchen Sie Ihre Schäfchen?« Und dann stand er da, die Hände in den Taschen, die Mundwinkel nach unten gezogen, sodass sie schon fast die Schnürsenkel berührten. »Für mich kann Jesus noch zehnmal sterben.« In dem Moment wünschte ich mir, dass Gott reinhauen, mit der Faust auf den Tisch schlagen und sich diese Arroganz nicht länger gefallen lassen würde. Aber Gott tut das nicht.

Ich habe das alles satt. Die überhebliche Arroganz, die sich manche meinen Gott gegenüber leisten zu können. Und dieses ganze altkluge Diskutieren über religiöse und gesellschaftliche Dinge, als wäre man der liebe Gott persönlich und als hätte man die Wahrheit und die Weisheit mit Löffeln gefressen. Ich habe es satt, dass man Jesus nur zum Spielball seiner eigenen Launen macht – von himmelhoch fromm bis zu irdisch betrübt, je nach Wasserstand und eigener Laune. Als könnten wir über Gott verfügen und mit ihm machen, was wir wollen.

Eine Dame betritt eine Buchhandlung und sagt: »Ich möchte ein Buch für einen Kranken.« – »Etwas Religiöses?« – »Nein, es geht ihm schon besser.«

Da wird der liebe Gott einfach wieder weggestellt und in die Ecke geschoben. Ich habe diesen ganzen unglaubwürdigen Unglauben satt, der dahinter steht.

Da sagt das Atheistenkind: »Papa, weiß der liebe Gott eigentlich, dass wir nicht an ihn glauben?« Absurd!

»Ach dass die Stolzen zuschanden würden.« (Psalm 119,78)

28. November

Krank vor Sehnsucht

Meine Frau und ich lesen zurzeit in unserer Morgenandacht Texte von Martin Luther. Der hat gesagt, dass man die Kirchen nicht Kirchen oder Altar nennen soll, sondern »Kuh- oder Schweinestall.« Und zwar dann, wenn Gottes Wort nicht mehr gelehrt wird. Ich frage mich, an wie vielen Kuh- oder Schweineställen wir heute schon vorbeigekommen sind oder noch vorbeikommen werden?

Gottes Wort ist die Antwort für uns. Wir leben in einer kranken Gesellschaft. Wir sind krank vor Sehnsucht, es geht uns äußerlich blendend, und innerlich sind wir zerrissen. Das ist eine Welt ohne Gott, und diese Welt ohne Gott hat immer die Krankheit zum Tode.

Auch Christen können an dieser Erde krank werden. Sie wundern sich, dass auch der Glaube keine dauerhafte Erfüllung gibt, keine ständige Seligkeit, kein Wandeln auf Wolken, kein rosarotes Flimmern vor den Augen. Aber Christen sollen gesund sein, und diese Zeit soll an den Christen gesunden. Also, wie gehen wir mit unserer Sehnsucht um? Mit unserer Sehnsucht nach Erfüllung? Mit unserer Sehnsucht nach Leben? Gesund werden wir nur mit der Sehnsucht nach dem Himmel. Die müsste man jedem verordnen, egal ob er es will.

»Meine Seele verzehrt sich vor Verlangen nach deinen Ordnungen allezeit.« (Psalm 119,20)

29. November

Die größere Wirklichkeit

Max Horkheimer, einer der Begründer der Frankfurter Schule und der Kritischen Theorie, hat gesagt: »Religion, das ist die Sehnsucht nach dem ganz anderen. Darauf gibt es eigentlich keine gewisse Antwort.« Er hat recht. Ich will es begründen. Wir können kriegen, was wir wollen, und unsere Sehnsucht wird damit nicht gestillt. Wir werden nicht glücklich, obwohl wir alles haben. Wir kennen das aus der Werbung: mein Boot, mein Haus, mein Pferd, mein Pool. Meins, meins, meins. Überall begegnet uns diese Ichsucht. Aber die Sehnsucht bleibt, egal, was wir haben. Warum gibt es keine letzte Befriedigung? Einfach deshalb, weil wir für die jenseitige Welt geschaffen sind. Für eine Wirklichkeit, die größer ist als die Wirklichkeit, in der wir leben. Weil wir für den Himmel geschaffen sind und nicht für das bisschen Leben hier auf dieser Erde, für die kleinen Freuden, die wir hier auf dieser Erde haben. Nein, wir sind für das Große geschaffen, für den Himmel.

Ich möchte nicht das Kleine, ich möchte das Große. Wir lassen uns doch sonst auch nicht das Große entgehen. Wir nehmen doch auch nicht das kleinste Stück Fleisch, wenn wir ein größeres haben können – es sei denn, wir sind auf Diät. Ich will den Himmel. Dann haben wir auch die Erde, denn die Wirklichkeit Gottes, die Wirklichkeit des Himmels, ist die größere Wirklichkeit, die unsere Wirklichkeit umfängt.

»Denn ich bin überzeugt, dass dieser Zeit Leiden nicht ins Gewicht fallen gegenüber der Herrlichkeit, die an uns offenbart werden soll.« (Römer 8,18)

30. November

Himmel und Erde

Diese Fernsehdiskussion hatte es in sich, und die Leute, die mir gegenübersaßen, waren eifrigst bemüht, mir meinen Glauben auszutreiben. Wir würden doch nur auf den Himmel vertrösten oder auch vertröstet, meinten sie. Meine Antwort war: »Wir werden nicht *auf den* Himmel vertröstet, sondern wir werden *aus dem* Himmel getröstet. Und die Leute, die sich mit dem Himmel beschäftigen, haben mit der Erde eine Menge zu tun gehabt. Da braucht man nur einmal in die Geschichtsbücher zu schauen. Denn gerade die, die ihr Augenmerk viel auf den Himmel gerichtet haben, die haben sich intensiv mit der Erde befasst und viel bewirkt, wovon wir heute noch leben. Wenn ich nur an die englischen Christen denke, die sich wirklich mit dem Himmel beschäftigt und es geschafft haben, unter Aufgabe ihrer Karriere den Sklavenhandel abzuschaffen. Und erst seitdem für das Handeln der Christen nicht mehr der Gedanke an das Jenseits bestimmend ist, sind die Christen diesseits so ohne Wirkung.«

»Himmel und Erde sind dein.« (Psalm 89,12)

Dezember

1. Dezember

Ein nicht erfüllter Rest

Aus einer Radioandacht: »Stell dir vor, du hast die beste Frau von allen, die Ehe ist fantastisch, sodass alle anderen gelb vor Neid sind. Du hast die beste Familie aller Zeiten, die Kinder sind wohlgeraten, es ist eine eindeutige Harmonie, ein tolles Miteinander und Umgehen. Du hast den besten Beruf aller Zeiten, der dich ausfüllt und der dich glücklich macht. Du fährst in Urlaub, du hast das beste Hotel am ganzen Strand und riechst die Meeresdünung bis ins Bett hinein, kein Regenguss stört deinen Urlaub. Und trotzdem fühlst du dich im Letzten um irgendetwas betrogen. Es bleibt immer ein Rest, der nicht erfüllt ist und erfüllt wird, auch wenn äußerlich alles noch so gut ist.

Und deshalb sind all die schönen Dinge, die wir jetzt auf dieser Erde haben, gar nicht dazu da, unser Verlangen zu stillen, sondern um es zu wecken – zu wecken für den Himmel.«

»Die Himmel erzählen die Ehre Gottes, und die Feste verkündigt seiner Hände Werk.« (Psalm 19,2)

2. Dezember

Lauter scharfe Messer

In einem mittelalterlichen Volksspiel tritt der Doktor Faustus auf und beschwört böse Geister – New Age im Mittelalter. Da erscheint der teuflische Dämon. Der wird von Faust gefragt, ob er denn nie Sehnsucht nach der ewigen Seligkeit verspüre. Darauf antwortet der Dämon: »Wenn eine Leiter von der Hölle in den Himmel führte und die Sprossen dieser Leiter wären lauter scharfe Messer, ich würde sie sofort erklimmen, und wenn ich in Stücke zerschnitten hinaufgelangen sollte.«

Der Verfasser dieses alten Stückes hat ganz richtig erkannt, dass selbst noch im gottlosesten Herzen eine geheime Sehnsucht lebt –

nach Gott, nach Frieden, nach Gnade, nach himmlischem Leben, nach Vergebung der Sünden, nach Einheit, nach Klarheit im eigenen Leben.

Was haben wir es gut, dass wir von Jesus wissen dürfen und er unsere Sehnsucht stillt, die Sehnsucht nach einem prall gefüllten, spannenden Leben und nach der ewigen Gemeinschaft mit ihm im Himmel.

»Führe ich gen Himmel, so bist du da.« (Psalm 139,8)

3. Dezember

Der Blick nach oben

Wir stöhnen unter dem Alten, wir warten auf das Neue. Das Wort »seufzen« kommt aus dem Althochdeutschen *sufan*. Das heißt so viel wie »schlürfen, trinken«. Man kann also von sich selbst »besoffen« sein. Das ist höchst gefährlich, weil es ein großer Unterschied ist, ob ich aus Heimweh nach meinem Herrn seufze, aus Sehnsucht nach ihm, oder ob ich aus Kummer über mich selbst und meine Situation seufze.

Wenn ich den Blick nach oben richte – zum Herrn hin –, dann habe ich Sehnsucht. Wenn ich aber den Blick nach unten wende – auf mich –, dann weckt das Zweifel. An dieser Stelle entscheidet sich, wie wir als Christen leben: in der Sehnsucht und der frohen Erwartung dessen, was der Herr uns geben wird, oder in dem Sog der Tiefe, aus dem nur der Zweifel wächst.

Sehnsucht ist erlaubt. Ja, Sehnsucht ist uns von vornherein mitgegeben. Es gibt keine totale Erfüllung auf dieser Erde. Selbst dann, wenn wir alle unsere Wünsche und Triebe befriedigt haben, bleibt immer noch ein nicht gestillter Rest.

C. S. Lewis, der bedeutende irische Literaturwissenschaftler, hat meines Wissens einmal sinngemäß gesagt: »Und wenn in uns ein Verlangen ist, das durch nichts auf dieser Erde gestillt werden kann, dann geht doch daraus hervor, dass der Mensch für eine jenseitige Welt geschaffen ist, für den Himmel.«

»Meine Seele verlangt und sehnt sich nach den Vorhöfen des Herrn.« (Psalm 84,3)

4. Dezember

Nahtod

Heiner wurde operiert. Er merkte, wie die Ärzte um ihn kämpften und wie seine Seele den Körper verließ – nach oben weg. Er schwebte über dem OP-Tisch, und die Seele flog schließlich davon. Sie kam in einen Tunnel mit einem hellen, gleißenden Licht am Ende. Während sie sich auf das Licht zu bewegte, kam der jähe Absturz. Heiner wachte auf dem OP-Tisch auf. Nahtod nennt man das. Eine Seele hat den Körper schon längst verlassen und muss dann noch einmal zurück in das irdische Leben.

Ich behaupte, dass dieser Ausflug in den Tod oder in den Himmel gar kein richtiger Tod war. Noch keiner von denen, die zurückgekommen sind und von ihrem Nahtoderlebnis erzählt haben, ist jemals bis zu dem Licht am Ende des Tunnels gekommen. Dazu fallen mir Sätze ein wie: »Vor Gottes Angesicht kann niemand bestehen.« Oder die anderen Berichte, dass das gar nicht schön sei in diesem Tunnel, sondern dass sie das Gefühl hatten, sie würden direkt in die Hölle fahren. Beides ist wissenschaftlich belegt.

Ich möchte lieber einen Herrn auf meiner Seite haben, der für mich da ist, wenn ich sterbe, in dessen Arm ich getrost fallen kann. Der auch dann für mich da ist, wenn es hell wird – viel zu hell für meine irdische Wirklichkeit –, und mich aufnimmt in sein himmlisches Reich.

»Und sein Angesicht leuchtete, wie die Sonne scheint in ihrer Macht.« (Offenbarung 1,16)

5. Dezember

Jung ist, wer das Leben vor sich hat

Er war 17, als wir ihn beerdigten. Nun hieß es Abschied nehmen, und das fiel schwer. Sehr schwer. Die Friedhofskapelle war voll, die ganze Schule war da, die Klassenkameraden, die Lehrer, die Freunde. Alle, die ihn irgendwie kannten oder auch nur entfernt von ihm gehört hatten, waren bei dieser Beerdigung dabei. Ich sagte einen Satz, der mir später viel Ärger eingebracht hat: »Jung ist, wer das Leben vor sich hat. Da kann einer 80 sein und hat das Leben vor sich, das ewige Leben, und er ist jung. Da kann einer 18 sein und er ist im Grunde uralt, weil er das ewige Leben nicht vor sich hat. Dem 80-Jährigen ist sein Leben geglückt, denn Glück kommt von ›gelingen‹. Sein Leben ist ihm gelungen. Er ist ans Ziel gekommen. Und dieses Ziel erreichen viele in ihrem Leben gar nicht.«

Ich merkte schon, während ich redete, wie unter den Lehrern eine Unruhe entstand. Und so ging es hinterher auch weiter. Nach der Trauerfeier kamen einige zu mir und beschimpften mich. Das sei schrecklich, was ich da gesagt hätte. Ich antwortete: »Wenn Sie das ewige Leben ausklammern, dann haben Sie recht. Aber auch nur dann. Ich aber vertrete das ewige Leben. Das ist das Beste, was uns je passieren kann. Uns und auch ihm, unserem jungen Verstorbenen.«

»Lobe den Herrn, (...) der dir alle deine Sünde vergibt und heilet alle deine Gebrechen, der deinen Mund fröhlich macht und du wieder jung wirst wie ein Adler.« (Psalm 103,2–3.5)

6. Dezember

Liebe

Liebe, die sich nach oben richtet, ist Anbetung.
Liebe, die sich nach außen richtet, ist Zuneigung.
Liebe, die sich herabneigt, ist Gnade.

Als ich dieses schöne Wort las, freute ich mich daran. So ist unser Gott zu uns und wir zu ihm. Er liebt uns, und wir dürfen ihn lieben. Er hat uns zuerst geliebt, und wir dürfen seine Liebe erwidern. Je älter man im Glauben wird, desto mehr spürt man den Kern des Ganzen und staunt über Gottes Liebe. Seine Liebe ist unglaublich. Sie richtet auch zum 783. Mal bei derselben Sünde auf. Und sie hilft, dass wir mit uns selbst fertig werden.

»Lasst uns lieben, denn er hat uns zuerst geliebt.«
(1. Johannes 4,19)

7. Dezember

Amero

Kurz vor Weihnachten war ich in Kolumbien. Eines Tages machten wir einen Ausflug, dann stand ich auf einer grauen Fläche. Eine Schlammflut war aus 5 400 Metern herabgestürzt und hatte den Ort Amero weggespült, weggeschlammt oder einfach zugedeckt. Die ganze Fläche war ein riesiger Friedhof. Ich war sprachlos.

Und dann sauste es mir im Kopf herum: Was, wenn wir keinen Heiland hätten? Deshalb musste Jesus geboren werden, deshalb musste er auf die Erde kommen. Ich rede von dem Jesus, von dem Heiland, der heil macht, wo alles kaputtgeht. Nein, wir können nicht alle Probleme lösen, und wir haben nicht Antworten auf alle Fragen. Aber Christen haben einen, der größer ist als jede Antwort und jede echte oder scheinbare Lösung eines Problems.

Christen nennen sich nach Christus, nach Jesus Christus. Wir leben in einer Welt der Zerstörung. Wir kennen Krankheiten, die wir nicht heilen können, und vergessen, dass unser Leben eine Krankheit zum Tode ist, eine Krankheit, an der wir alle sterben. Was, wenn da kein Gott wäre, der es gut mit uns meinen würde?

»Wir haben gesehen und bezeugen, dass der Vater den Sohn gesandt hat als Heiland der Welt.« (1. Johannes 4,14)

8. Dezember

Ein Gott, dem wir trauen können

Wenn es uns den Boden unter den Füßen wegzieht; wenn wir nicht wissen, wie wir vor lauter Mist um uns herum Weihnachten über die Runden bringen sollen; wenn wir vor lauter Elend eigentlich nur noch heulen können, aber gute Miene zum bösen Spiel machen müssen; wenn uns die Versäumnisse und Fehler der Vergangenheit einfallen und auch das dickste Geschenk sie nicht mehr ungeschehen machen können – dann wissen wir doch: Wir brauchen keinen Gott, der zuguckt, wie wir uns hier abkrebsen. Erst recht kein höheres Prinzip über irgendwelchen Sternen. Und schon gar nicht irgendwelche Geister, die wir uns herbeibeschwören müssen und die uns dann nicht wieder loslassen, sondern alles nur noch schlimmer machen.

Wir brauchen einen, der mitleidet. Einen, dem es nicht egal ist, wie es uns geht und wie wir uns fühlen. Gottes Sohn kommt als ein Kind zu uns. Und damit beginnen eine neue Zeit und eine neue Zeitrechnung, weil das Datum so wichtig ist. Die Macht der Zerstörung hat nicht das letzte Wort. Gott wird Mensch wie wir, leidet wie wir, stirbt wie wir, und er steht zu einem neuen Leben auf. Noch ist der Gang der Welt nicht aufgehoben, aber es werden immer mehr, die zu Jesus gehören und »Partisanen im besetzten Gebiet« sind. Partisanen der Liebe, denn nur die Liebe hat mehr Macht als die Zerstörungsmacht des Bösen.

»Wir rühmen uns Gottes durch unseren Herrn Jesus Christus.«
(Römer 5,11)

9. Dezember

Bitte warten!

Der Kellner kam einfach nicht. Wir saßen seit 20 Minuten im Lokal, hatten dem Kellner schon viermal zugewunken und einmal sogar Blickkontakt mit ihm gehabt. Aber die Speisekarte hatten wir immer noch nicht bekommen. Und meine allerwerteste Begleitung fing an zu sticheln: »Siehst du, hab ich doch gleich gesagt. Wir hätten woanders hingehen sollen.« Das hätte was gehabt, aber das konnte ich schlecht zugeben. Innerlich rechnete ich hoch. Jetzt noch das Lokal zu wechseln würde dauern, der Abend wäre dahin. Und wilde Gedanken durchströmten mich: Wie reagiere ich am besten auf die Wartezeit? Freue ich mich über die geschenkte Zeit? Oder fange ich an, mich so richtig zu ärgern? Wäre ich doch bloß in den »Drive-in« gefahren und hätte eben ohne Messer und Gabel gegessen.

Ich warte nicht gern. Nicht im Lokal, wenn der Kellner nicht kommt. Nicht am Telefon, wenn der Anschluss besetzt ist. Nicht im Stau auf der Autobahn, wenn die Bahn nicht frei ist. Nicht an der Kreuzung, wenn die Ampel rot zeigt. Angeblich verbringt jeder Mensch vier Monate seines Lebens vor roten Verkehrsampeln und versucht zwei Jahre vergeblich, jemanden telefonisch zu erreichen. Bitte warten!

Aber nun geht es um ein ganz anderes Warten, und das will erst recht gekonnt sein. Es geht um das Warten überhaupt. Das Warten auf das Ende – auf das Ende der Welt und damit natürlich verbunden auch auf das Ende unseres Lebens. Und das ist ein aktives, sehr spannendes Warten. Wir bereiten uns vor auf die Ewigkeit.

»Wir warten auf einen neuen Himmel und eine neue Erde.«
(2. Petrus 3,13)

10. Dezember

Er kommt

Ein Kinderwitz: Die Kinder spielen Verstecken. Plötzlich ruft Rolf: »Ha, ich kenne einen Platz, wo mich niemand sieht.« – »Aber Gott sieht dich überall«, antwortet Johannes. »Das macht gar nichts«, erklärt Rolf. »Der spielt ja nicht mit.«

Hoffentlich wirklich nur ein Witz. Hoffentlich wird Gott nicht zum Spielverderber! Seien wir also besorgt, wir »Maîtres de Plaisir«, um die Spieleinlage, den Entwurf unseres Lebens, auf dass uns »der Tag des Herrn« nicht im Spiel überrascht. Im Spiel mit uns selbst, mit unseren Gedanken und Ideologien, mit unserer Selbstsicherheit und unangefochtenen Zufriedenheit.

Jesus Christus kommt auf verschiedene Weise. Das eine Kommen ist uns bekannt, das erste Mal zu Weihnachten. Und das ist uns sehr vertraut, sehr sympathisch. Gott wird wie wir. Sein zweites Kommen ist vielen in unserer Zeit völlig unbekannt, obwohl sie sich Christen nennen, dass Jesus nämlich als Auferstandener in das Leben eines jeden Menschen hineinkommen will, um es mit Liebe zu erfüllen. Und das dritte Kommen, das ist sein Kommen als Richter am Weltenende. Bertolt Brecht meint, das sei am St. Nimmerleinstag. Aber Jesus sagt uns in seinem Wort:

»Ihr selbst wisst genau, dass der Tag des Herrn kommen wird wie ein Dieb in der Nacht.« (1. Thessalonicher 5,2)

11. Dezember

Was für ein Trost!

Jesus sagt uns ein ganz wichtiges Wort: »Himmel und Erde werden vergehen; aber meine Worte werden nicht vergehen« (Matthäus 24,35). Es gibt Worte, an denen man sich so richtig festhalten kann. Dies ist so eins. Alles werde ich aufgeben müssen, nichts behalten können. Das Leichenhemd hat keine Taschen. Nackt und bloß werde ich in der Erde liegen, oder man wird mich verbrennen. Alles, alles wird vergehen.

Nur eines nicht – und das ist das Wort von Jesus. Das ist das Einzige, was bleibt. Und das ist das entscheidende Wort für mein Leben: »Der gehört zu mir. Die gehört zu mir.« Auch wenn ich sterbe, gilt dieses Wort von Jesus. Das ist wie ein Schwur für die Ewigkeit. Er lässt mich nicht los. Er zieht mich durch, er lässt mich nicht hängen. Er lässt mich nicht fallen. Und wenn ich alles abgeben werde, dann werde ich sehen, dass sein Wort stimmt. Sein Wort hält mich.

»Denn des Herrn Wort ist wahrhaftig, und was er zusagt, das hält er gewiss.« (Psalm 33,4)

12. Dezember

Countdown der Endgeschichte

Es geht schneller, als wir denken, sehr viel schneller. Die Älteren unter uns wissen davon zu berichten, wie sich Zeit beschleunigt, wenn man älter wird. Wenn man nichts festhalten kann, weil es einem zwischen den Fingern zerrinnt. Und dann kommen die Fragen: Wo ist die Zeit geblieben? Wo sind die Jahre geblieben? Es geht schneller, als wir denken.

Wir sind im Countdown der Endgeschichte. Gott allein bestimmt, wie lange noch Zeit ist. Und die Bibel sagt: »Ein Tag vor dem Herrn ist wie tausend Jahre und tausend Jahre wie ein Tag.« Gott ist der Herr der Zeit. Er kann die Zeit dehnen, wenn es uns dient. Und er kann sie zusammenpressen und verkürzen, wenn es uns dient. Er wird es immer so machen, wie es für uns richtig ist. Gott ist der Herr der Zeit.

Als ob der Herr der Zeit von unserem Zeittakt abhängig wäre.

»Ein Tag vor dem Herrn ist wie tausend Jahre und tausend Jahre wie ein Tag.« (2. Petrus 3,8)

13. Dezember

Es wird besser, als wir zu träumen wagen

In den 260 Kapiteln des Neuen Testamentes ist nicht weniger als 319-mal von der Wiederkunft von Jesus die Rede. Und das heißt, dass die Christen das damals offensichtlich ernst gemeint haben. Wenn heute Christen davon reden, dass Jesus wiederkommen wird, dann hat man oft den Eindruck, dass die das gar nicht ernst meinen: »Ja, komm, Herr Jesus. Aber nicht so bald. Wir haben hier noch so viel mitzunehmen und zu erleben. Wir haben uns hier ganz gut eingerichtet. Es ist sehr schön, dass du kommst. Aber bitte, bitte lass uns noch ein bisschen Zeit hier.«

Die Christen in der Urkirche haben sich gegrüßt mit dem Wort »Maranatha« – »der Herr kommt«. Wenn Christen sich heute grüßen, sagen sie bestenfalls: »Na, wie geht es? Was macht das Geschäft?« Oder: »Wie geht es zu Hause?« Die Christenheit ist auch deshalb so lahm geworden, weil sie nicht mehr ernsthaft damit rechnet, dass Jesus zu ihren Lebzeiten wiederkommen könnte. Aber Jesus macht es dringend, er sagt: »Es kann jederzeit sein.«

»Wenn sie sagen werden: Es ist Friede, es hat keine Gefahr –, dann wird sie das Verderben schnell überfallen.« (1. Thessalonicher 5,3)

14. Dezember

»Morgen«

Eins meiner Enkelkinder ist fünf Jahre alt und sagt gerne »morgen«. Sie sagt es immer dann, wenn sie das Thema vom Tisch haben will. Und morgen heißt dann eigentlich: Es passiert nie. Morgen ist vorbei, vergessen, was heute dran ist.

Mich macht das nachdenklich. Sagen wir nicht auch im Grunde »morgen«? Nicht durch Worte, aber durch unser Handeln. Die Wiederkunft von Jesus ist uns klipp und klar bezeugt. Aber wie gehen wir damit um?

Natürlich werden wir weiter unsere tägliche Arbeit tun. Wir werden zum Besten der Welt handeln, so gut wir es irgendwie können, und das auf jede erdenkliche Weise. Und wir haben auch das im Ohr, was Luther gesagt hat: »Wenn morgen der Herr wiederkommt, werden wir heute noch unser Apfelbäumchen pflanzen.« Hätte das Konsequenzen, wenn wir wüssten, dass morgen der Herr da wäre, dass wir morgen wir ihm stünden? Dann sind wir ganz dicht bei ihm und mit ihm zusammen oder ewig fern von ihm. Welcher Brief müsste da geschrieben werden? Um welche Entschuldigung müsste noch gebeten werden? Welche Beichte müsste noch getan werden? Welches Gespräch müsste noch geführt werden? Welche Schuld ist noch nicht beglichen?

Ich kann niemandem versprechen, dass der Herr heute Nacht nicht wiederkommt. Aber wenn wir wissen, dass er heute Nacht wiederkommt, dann müssen wir doch heute tun, was wir uns jetzt vornehmen.

»So ermahne ich dich inständig vor Gott und Christus Jesus, der da kommen wird zu richten die Lebenden und die Toten.«
(2. Timotheus 4,1)

15. Dezember

Naturwissenschaft und Zukunft

Nennen wir ihn Karlchen Müller. Er hält nichts von der Wiederkunft von Jesus. Da ist er sich ganz sicher. Karlchen Müller wäre ein lebendiger Beweis für die moderne Naturwissenschaft. Ein Beispiel für Einsteins Relativitätstheorie. Denn Karlchen Müller und seine Meinung können gar nicht absolut genommen werden, weil innerhalb der Begrenzung durch Zeit, Raum und Materie alles nur relativ ist. Nehmen wir Heisenbergs Unbestimmtheitsrelation hinzu, so stellen wir fest, dass auch Karlchen Müllers Geist nicht grundsätzlich alles erkennen kann, sondern allenfalls Teilaspekte, die noch nicht einmal logisch in Beziehung zu setzen sind. Wenn dann Max Plancks Quantensprung Karlchen Müllers Welt nicht mehr vorausberechenbar sein lässt, stehen wir Augen reibend vor der Tatsache, dass eben nicht alles schon mal da gewesen ist, dass die Welt nicht in Zyklen verläuft und sich nicht von allein regeneriert. Und dass die absolute Aussage von Jesus nur als absolute Lüge oder absolute Wahrheit zu verstehen ist. Das ist bitter für Karlchen Müllers evolutionistisch-optimistisches Imponiergehabe.

Der Mensch entwickelt sich in und mit den Problemen der Welt und bewältigt sie? Nichts da. Nur verkalkte Ideologie. Keinesfalls aber liefert die Naturwissenschaft dem Wunschdenken Alibi, wir bekämen die Zukunft in den Griff. Umgekehrt geht das: Gott hat uns im Griff. Gott sei Dank!

»Lass deine Güte und Treue allewege mich behüten.«
(Psalm 40,12)

16. Dezember

Gnadenzeit

Er steht mir noch vor Augen. Er nahm die Bibel ernst, hatte sich mit der Wiederkunft von Jesus auseinandergesetzt und war depressiv geworden.

Genau das hat die Bibel nicht beabsichtigt. Die Vorzeichen der Wiederkunft von Jesus sind furchtbar (vgl. Matthäus 24). Aber das Kommen von Jesus ist einfach nur Freude. Die Wiederkunft von Jesus macht nicht trübsinnig, sie befreit zum neuen Einsatz für diese verloren gehende Welt – ihr zum Heil und zum Wohl. Die Alten nannten das Gnadenzeit. Und sie taten recht daran. Noch ist die Zeit der Gnade, die Zeit ohne den großen Schlussstrich. Noch ist Gelegenheit, Anteil zu bekommen an der neuen Welt Gottes und sich einzureihen bei denen, die ihr mitten im Chaos unserer Zeit Raum geben wollen. Deshalb bleibt der Auftrag der Christen bis zum letzten Tag für die Welt bestehen, das Wort Gottes mit Wort und Tat weiterzugeben, Mission und Diakonie zusammen zu sehen.

So ruft uns die Gewissheit der Wiederkunft von Jesus nicht aus dieser Welt heraus, sondern in diese Welt hinein.

»Wenn aber dieses anfängt zu geschehen, so seht auf und erhebt eure Häupter, weil sich eure Erlösung naht.« (Lukas 21,28)

17. Dezember

Eine ungewöhnliche Revolution

Nach der Sitzung des Beirates des Mutter-Kind-Hauses kam ein Beiratsmitglied auf mich zu. Er sei etwas durcheinander und brauche meine Hilfe. Bei einer Sitzung habe er neben einer leitenden Mitarbeiterin gesessen, und die habe laut und deutlich beim Sprechen des Glaubensbekenntnisses gebetet: »Geboren von der jungen Frau Maria.« Nicht von der Jungfrau Maria. Was es denn damit auf sich habe?

Ich konnte ihm dabei helfen und habe ihm dann die Tricks der modernistischen Theologie erklärt, die ja mit der Jungfrauengeburt nichts am Hut hat und deshalb auf die junge Frau ausgewichen ist. Da musste ich dann auch unsere leitende Mitarbeiterin korrigieren.

Gott kommt zu uns aus dem Schoß der Mutter, aus Maria, um zu sein wie wir, damit wir durch ihn so werden wie er, voll Sanftmut und Frieden, voll Kraft und Vollmacht. Das ist die Revolution der Liebe, die von unten kommt. Und nun warten wir auf die Revolution der Liebe, die von oben kommt. Wenn Jesus wiederkommt und wenn diese Erde nicht wieder wie bei Noah im Wasser versinkt, sondern, wie es im 2. Petrusbrief heißt, wenn diese Erde in einem Feuerball vergeht und durchs Feuer hindurch eine neue Erde und ein neuer Himmel entstehen wird. Darauf warten wir.

Eine Revolution, die wir uns nicht machen können, die Gott nur selbst schenken kann, wenn er seine kosmische Gewalt einsetzt.

»Ach, dass die Berge vor dir zerflössen.« (Jesaja 63,19)

18. Dezember

Marschkolonnen in die Hölle

Einige Leute haben ziemlich viel Grund, die Wiederkunft von Jesus oder ihren eigenen Tod zu fürchten. Sie behaupten zwar, mit dem Tod sei alles aus, aber wenn es dann so weit ist, dann sieht die Sache ganz anders aus. Die Bibel sagt sehr deutlich, dass im neuen Himmel und auf der neuen Erde auch nur neue Menschen sein werden, nämlich die, die Jesus Christus hier neu gemacht hat. Die, die so bleiben wollten, wie sie sind, werden draußen bleiben. Eine schreckliche Wahrheit. In Offenbarung 21,8 heißt es: »Der Feigen aber und Ungläubigen und Frevler und Mörder und Unzüchtigen und Zauberer und Götzendiener und alle Lügner, deren Teil wird in dem Pfuhl sein, der mit Feuer und Schwefel brennt; das ist der zweite Tod.«

Heinrich Kemner nannte das die acht Marschkolonnen in die Hölle. Ich möchte bei keiner einzigen Kolonne dabei sein. Ich möchte zu dem gehören, der mich neu macht, zu dem, der mit mir an der Arbeit ist, der mich nicht aufgibt, der mich durchträgt, der auf mich aufpasst, der für mich sorgt. Und deshalb warte ich auf das Kommen von Jesus, auf das neue Reich, das er bringt. Ein Reich voller Liebe, wo es nichts Verbotenes mehr gibt, weil man nichts Verbotenes mehr will. Ein Reich voller Reinheit und Klarheit, wo er uns mit den Augen leitet. Ich warte darauf und lebe heute in der Erwartung zwischen den beiden Fixpunkten des ersten und des zweiten Kommens von Jesus.

»Kein Ohr hat gehört, kein Auge hat gesehen einen Gott außer dir, der so wohltut denen, die auf ihn harren.« (Jesaja 64,3)

19. Dezember

Kopf hoch!

»Und das glaubst du alles wirklich?« Mehr als einmal bin ich das gefragt worden. Darauf konnte ich nur antworten: »Ja, ich glaube das. Ich glaube das, was die Bibel sagt.«

Nein, wir brauchen diese Erde nicht dem Teufel zu überlassen. Wir wissen, dass Jesus wiederkommt. Ja, wir haben gehört, dass ganz schreckliche Dinge dem Kommen von Jesus vorausgehen werden. Die Bibel ist deutlich und realistisch. Es wird immer Unfriede bleiben, immer soziale Ungerechtigkeit, immer Angst, Not, Krieg, Aufruhr, Verwirrung, Verführung, Verirrung geben. Aber die Bibel sagt uns deutlich, dass das lauter Zeichen vor der Wiederkunft unseres Herrn sind. Und die, die zu Jesus gehören, haben keinen Grund, sich davor zu ängstigen, denn sie sind ja bereits gerettet. Diesen Menschen sagt die Bibel: »Kopf hoch! Erhebt eure Häupter, denn euer Herr kommt euch entgegen.« Das macht Mut.

Bischof Bo Giertz, einer meiner geistlichen Väter, hat vor vielen Jahren einen Satz gesagt, der mir unglaublich wichtig geworden ist: »Es kommt entweder eine Erweckung oder unser Herr.« Auf beides kann ich mich freuen. Wenn Jesus dann wiederkommt, ist hier

Schluss. Deshalb wäre es besser, dass vorher noch eine Erweckung käme, damit noch ganz, ganz viele gerettet werden.

Ja, komm Herr Jesus. Maranatha, ja, komm Herr Jesus!

»Der Geist und die Braut sprechen: Komm! Und wer es hört, der spreche: Komm! (...) Es spricht, der dies bezeugt: Ja, ich komme bald. – Amen, ja, komm, Herr Jesus!« (Offenbarung 22,17.20)

20. Dezember

Das zweite Kommen von Jesus

Die Weltgeschichte? Nein, die verstehe ich nicht. Die Erdbeben, die Tsunamis, das viele Elend, die Kriege. Gibt es in dem Ganzen einen Sinn? Gibt es in dem Ganzen ein Ziel? Die Bibel sagt uns ziemlich deutlich: »Ja!« Die Geschichte hat ein Ziel. Was auch gewesen ist und was noch kommt, und sei es nach unseren Maßstäben noch so sinnlos – Gott hat ein Ziel. Mitten in dieser verworrenen Weltgeschichte, die niemand versteht, zieht Gott wie an einem roten Faden seine Heilsgeschichte.

Wenn Jesus wiederkommt, werden sich zwar einige die Augen reiben, aber für Christen wird alles vollkommen klar sein. Es gibt nichts Sinnloses, Verworrenes und Unsinniges mehr, sondern da hat alles seinen Platz, weil Gott mitten in der Weltgeschichte seine Heilsgeschichte geschrieben hat. Hauptsache, man ist dabei.

Jesus kommt wieder. Erst werden die Toten auferstehen, dann werden die Christen verwandelt und Jesus wird sie abholen in den neuen Himmel und auf die neue Erde. Dahin kommen die neuen Menschen. Die, die Jesus hier schon errettet hat.

»Hinfort liegt für mich bereit die Krone der Gerechtigkeit, die mir der Herr, der gerechte Richter, an jenem Tag geben wird, nicht aber mir allein, sondern auch allen, die seine Erscheinung lieb haben.« (2. Timotheus 4,8)

Nachtschicht

Während meines Studiums habe ich Geld verdienen müssen, zum Beispiel durch Nachtschichten bei der Bahnpost. Ich weiß also, wie ein Nachtdienst aussieht. Was die Hirten nachts getan haben, weiß ich nicht. Aber wahrscheinlich das, was alle Nachtdienste gemeinsam haben. Einer hat wahrscheinlich dreckige Witze erzählt, ein anderer von seinen Eheproblemen, der dritte hat an seine desolate Finanzlage gedacht und dabei nach der Schnapsflasche geschielt. Und wenn noch ein vierter dabei war, wird er wohl Zeitung gelesen haben.

Die Hirten wussten noch nichts von der Heiligen Nacht, woher auch? So wie heute ja auch viele noch nichts davon wissen. Wie viele feiern Weihnachten nur, weil es im Kalender steht? Und Freude kommt auch nicht automatisch auf, nur weil man Geschenke austauscht. Wie viele würden heute Nacht gern auf alle Geschenke verzichten und dafür Liebe eintauschen: Liebe in einer harmonischen Ehe, Liebe in einer intakten Familie. Ja, wenn wir dann keinen Heiland haben …

Die Hirten saßen an ihrem Feuer und hatten keinen. Der Heiland aber wollte sie haben, der Heiland will uns haben. Das ist die Partisanenaktion Gottes, der Feldzug der Liebe Gottes. Wir sollen nicht verloren sein. Deshalb reißt Gott den Himmel auf, schickt seine Boten, die Engel, und lädt ein zur Freude, zum Frieden, zur Liebe, zu Jesus. Wozu denn sonst?

»Denn der Menschensohn ist gekommen, zu suchen und selig zu machen, was verloren ist.« (Lukas 19,10)

22. Dezember

Eine schöne Bescherung

Ein alter Mann ruft seinen Sohn an, der in einer weit entfernten Stadt ein erfolgreiches Leben führt. »Junge, ich muss dir was sagen. Deine Mutter und ich, wir lassen uns scheiden.« – »Seid ihr verrückt?«, ruft der Sohn, beschwört 37 Ehejahre, die Krisen, die sie schon überstanden haben, und sagt: »Ihr tut nichts, bevor wir nicht geredet haben. Ich nehme das nächste Flugzeug.« Er verständigt seine Schwester, die in einer anderen weit entfernten Stadt ein erfolgreiches Leben führt. »Sind die verrückt?«, schreit die Schwester und ruft den Vater an. »Das könnt ihr doch nicht machen. Wir müssen reden. Ich nehme das nächste Flugzeug.« Der alte Mann legt den Hörer auf, geht zu seiner Frau ins Wohnzimmer, küsst sie auf die Stirn und sagt: »Die Kinder kommen zu Weihnachten.«

Eine schöne Bescherung. Aber nach dem ersten Schmunzeln zieht etwas ganz anderes in mein Bewusstsein: Das war doch eine glatte Lüge, mit der der Vater die Kinder veranlasst hat zu kommen.

Da freue ich mich über meinen Gott. Der kommt freiwillig. Er wird ein Kind. Er kommt nach Bethlehem, wird in eine Krippe gelegt, wird wie wir. Ohne Lug und ohne Trug. Danke, Herr!

»Ihr wisst, dass keine Lüge aus der Wahrheit kommt.«
(1. Johannes 2,21)

23. Dezember

Weihnachtskonzert

Ich besuchte das Weihnachtsoratorium von Johann Sebastian Bach, Teil 4 bis 6. Es war ein hervorragendes Konzert in einer völlig überfüllten Kirche. Der Dirigent war super, das Orchester klasse, der Chor hervorragend, die Solisten spitze. Einfach alles toll. Sie sangen: »Ich steh an deiner Krippen hier, o Jesu, du mein Leben. Ich komme, bring und schenke dir, was du mir hast gegeben. Nimm hin, es ist mein Geist und Sinn, Herz, Seel und Mut, nimm alles hin, und lass dir's wohl gefallen.«

Was für ein wunderbarer Text. Kann ich es denen, die da singen und spielen, glauben? Ich sehe den ehemaligen Bürgermeister von Bremen im Bass. Ich sehe zwei ehemalige Pastoren und weiß genau, dass sie an ein ewiges Leben nicht glauben. Und damit auch nicht an das, was dort in Bethlehem wirklich geschehen ist.

Mit welcher Wucht hat Johann Sebastian Bach seine Lieder geschrieben! »SDG« hat er immer dazu geschrieben. »Soli Deo gloria« – »Allein Gott in der Höhe sei Ehre«. Als ich wieder nach Hause ging, war ich betrübt und froh zugleich. Betrübt wegen der Menschen, die das Evangelium noch erreichen muss, und fröhlich wegen der wunderbaren Musik.

»Ich beschaffte mir Sänger und Sängerinnen.« (Prediger 2,8)

24. Dezember

Ein Stern fällt aus allen Wolken

Als die Sterne am Himmel merkten, dass Jesus bald geboren würde, konnten sie es nicht mehr aushalten. Vor Freude liefen sie zusammen und fielen sich in die Arme: Saturn und Jupiter und Merkur. Gab das ein helles Licht! Alle drei strahlten auf einmal zusammen. Und alle Menschen, die zum Himmel aufschauten, sahen nur noch einen Stern. Einen, wie sie ihn noch nie gesehen hatten. So hell und so schön. Den Weihnachtsstern.

Aber viele Leute sahen den Stern gar nicht. Sie guckten nur traurig und betrübt und ließen den Kopf tief hängen. »Ach«, seufzten sie, »mir hilft doch keiner! Ich bin so allein und weiß nicht mehr ein noch aus.«

Manche schauten nur kurz auf. Dann schüttelten sie den Kopf und blickten wieder weg. »Na ja«, brummten sie grimmig, »was soll's, ich muss allein zurechtkommen. Hilf dir selbst, dann hilft dir Gott.« Und verbissen machten sie sich wieder an die Arbeit.

Der Weihnachtsstern sah die vielen bedrückten und trotzigen Menschen. Er wurde ganz traurig und dachte: »Oh, diese armen Menschen! Sehen sie denn nicht, dass Jesus geboren wird und Gott kommt, um ihnen zu helfen? Das müssen sie doch verstehen! Es steht doch schon so lange in der Bibel, dass Jesus in Bethlehem geboren wird und ich dann ganz hell strahle. Kennen denn die ihre Bibel nicht mehr? Verstehen sie gar nicht, was hier passiert? Gott wird sie nie mehr allein lassen. Er versteht sie, er liebt sie. Oh, diese armen Menschen, dass sie das nicht sehen! Was könnten sie sich freuen, wenn sie zu Jesus gingen. Er hilft ihnen doch, dafür kommt er doch auf die Erde.«

Vor Aufregung blinzelte der Stern immer heller und strahlte so hell, dass es einfach jeder sehen musste. Und weil es so hell wurde in Bethlehem, konnten die Menschen die Laternen auf den Straßen ausschalten, aber sie fragten sich ganz mürrisch: »Was ist denn heute Nacht nur los? Man kommt ja überhaupt nicht zur Ruhe.« Aber zu Jesus gingen sie nicht; sie wollten den Stern nicht sehen und sie kannten ihre Bibel nicht. Und so blieben sie ganz allein.

Als der Weihnachtsstern das merkte, musste er sich die Augen reiben, weil er beinahe geweint hätte. Und wie er so blinzelte, sah er gerade noch, dass doch Leute zu Jesus liefen, um ihn anzubeten: die Hirten, arme Leute – genauso arm wie das Jesuskind in der Krippe. Die Engel hatten es ihnen gesagt, und der Stern freute sich, dass er ihnen den Weg ausleuchten konnte, sodass sie ganz schnell und ohne zu stolpern zu Jesus kamen.

Da war die Trauer wie weggeblasen, und der Weihnachtsstern sang Halleluja und schlug vor Freude einen Purzelbaum. »Ja«, dachte er, »nun ist es doch nicht umsonst. Jetzt macht es wieder Spaß, ein Weihnachtsstern zu sein. Mal sehen, ob nicht doch noch mehr Leute zu Jesus kommen wollen.«

Und er strahlte noch heller und noch weiter – ganz weit. Auf einmal spürte er, wie er angeguckt wurde, und hielt still, damit ihn die drei Weisen aus dem Morgenlande auch richtig sehen konnten. Die wussten nämlich, dass Gottes Sohn jetzt bald geboren würde, und warteten nur noch auf ein Zeichen von Gott. Jetzt war es soweit. Der Weihnachtsstern leuchtete!

Die Weisen rannten los, bestiegen ihre Kamele, und der Stern passte genau auf, dass er ihnen den richtigen Weg zeigte. Einmal machten sie doch glatt einen Umweg über Jerusalem. Da hatten sie nicht mehr auf den Stern geguckt, sondern sich selbst ausgedacht, wo Jesus geboren sein müsste.

Der Stern kam richtig ins Schwitzen. Als die drei Weisen endlich, endlich zu Jesus kamen, war er ganz erschöpft und musste sich den Schweiß von der Stirn wischen. »Puh«, sagte er, »ist das schwierig, Menschen zu Jesus zu bringen!«

Aber das war schnell vergessen, als er die drei Weisen vor der Krippe sah und die Hirten und Maria und Josef, und ein letztes Mal in dieser Nacht weinte er ein bisschen – vor Freude! Es war nicht umsonst, dass Gott Mensch wurde, dass Jesus geboren wurde. Ein paar Menschen hatte er schon geholfen, und vielen, vielen sollte Jesus noch helfen.

»Und siehe, der Stern, den sie im Morgenland gesehen hatten, ging vor ihnen hin, bis er über dem Ort stand, wo das Kindlein war.« (Matthäus 2,9)

25. Dezember

Gott in Windeln

Ich habe in viele Slumhütten hineingeschaut. Da gab es keinen Futtertrog, sondern Pappkartons für das Neugeborene. Aber jeder, ob er in einem Pappkarton oder in einem Himmelbett geboren wird, kann wissen: Er ist Gott nicht egal. Der macht sich so arm, dass auch für den Ärmsten der Weg zu ihm noch frei ist. In Windeln hat er gemacht und durchgemacht, was wir alle gemacht haben. Gott in Windeln – wer hätte das jemals gedacht, und welche Religion wagt, das zu glauben und zu bekennen?

So wird Gott, so klein. Ja, sogar in unserem Dreck hat er noch gelegen. Vor der Krippe entscheidet sich alles. Da entscheidet sich, ob wir wieder mit Gott zusammenkommen. Vor dieser Krippe entscheidet sich, ob wir jemals wirklich erfahren, was Liebe ist. Diese Liebe, die nichts scheut, sondern alles loslässt und alles aufgibt. Diese Erfahrung, wie das ist, macht man nicht am grünen Tisch. Die macht man auch nicht unbedingt unter dem Weihnachtsbaum. Dort kann man sie machen, aber der Weihnachtsbaum allein tut es nicht. Nein, die Hirten kommen zu Jesus, die Hirten kommen zur Krippe, und sie beten an.

Man kann dem Kind alles geben, was man loswerden möchte. Mein dreijähriger Sohn legte einmal seinen Trotzkopf in die Krippe. Symbolisch übergab er seine Wutanfälle Jesus. Und das hat geholfen – bei einem Dreijährigen.

»Und das habt zum Zeichen: Ihr werdet finden das Kind in Windeln gewickelt und in einer Krippe liegen.« (Lukas 2,12)

26. Dezember

Ein Engel weint

In der Heiligen Nacht, als Jesus geboren war und die Hirten vor der Krippe knieten, wurde es ganz still – auf der Erde und im Himmel. Maria und Josef schauten das Jesuskind an und sagten vor lauter Glück gar nichts. Die Hirten schwiegen vor Ergriffenheit, und Ochs und Esel standen mit offenen Mäulern da und staunten. Natürlich waren sie viel zu dumm, um zu verstehen, dass Gott in Jesus Mensch geworden war. Wie sollten sie auch, wenn es sogar Menschen gibt, die da nur ungläubig den Kopf schütteln. Auch draußen in Bethlehem war plötzlich alles ganz ruhig geworden und der laute Lärm vorbei. Himmel und Erde schienen den Atem anzuhalten. Die Engel, die vom Himmel her zuguckten, hatten aufgehört, Halleluja zu singen und Hosianna zu rufen. Auch sie blickten wie gebannt zur Krippe, zum Jesuskind.

In diese atemlose Stille hinein klang auf einmal ein unterdrücktes Schluchzen. Die Menschen auf der Erde merkten nichts davon, denn wir Menschen haben keine Ohren, die hören können, was im Himmel geschieht. Aber alle Engel fuhren zusammen, gerade so, als würde die letzte Posaune zum Jüngsten Gericht geblasen. Wer wagte es, diese heilige Stille zu stören? Und die Blicke gingen hin und her, um unter den vielen, vielen Engeln den Störenfried zu entdecken. Die Erzengel Michael und Gabriel, diese mächtigen, Furcht einflößenden Gestalten, blickten über die riesigen himmlischen Heerscharen, und ihre Augen schossen feurige Blitze. Es war, als ob der Himmel erstarrte, doch es nützte nichts. Das Weinen hörte deshalb nicht auf.

Wer war es? Ein kleiner Engel, Angelious. Das ist Latein und heißt eigentlich »Engelchen«. Ein süßes Engelchen war das und wollte gar nicht vorwitzig und vorlaut sein, aber jetzt fragte ihn Michael: »Angelious, warum störst du die himmlische Ruhe mit deinem Weinen? Willst du unseren Herrn Jesus aufwecken?«

»Ach, nein«, antwortete Angelious und seine Schultern bebten, weil er mühsam das Schluchzen unterdrückte. »Ach nein, es ist ja nur, weil der Herr Jesus immer so lieb zu mir war und weil ich ihn so lieb habe. Und nun ist er da unten bei den Menschen. Ob die ihn denn auch lieb haben? Und er ist so wehrlos. Hier war er so mächtig, viel mächtiger als wir alle zusammen. Wenn sie ihm man bloß nichts tun. Die Menschenkinder sind doch alle so böse.« Angelious hörte auf zu reden, und umso mehr flossen die Tränen.

Wer genau hinsah, konnte erkennen, dass auch der Erzengel Gabriel seine Augen ein paar Mal zusammenkniff, bevor er Angelious antwortete: »Mir ist das Herz ja so schwer wie dir, und ich habe unseren Herrn so lieb wie du. Ich hätte ihn auch lieber hier im Himmel behalten, aber er hat mir gesagt, dass es keinen anderen Weg gebe. ›Gabriel‹, hat er mir gesagt, ›es muss sein. Ich habe die Menschen lieb. Willst du, dass sie alle verloren gehen? Ich muss sie retten. Aber sie glauben nicht, dass ich sie lieb habe und retten kann. Ich muss es ihnen zeigen und sagen. Ich muss werden wie sie, sonst verstehen sie mich nicht und gehen alle verloren. Halt mich nicht fest. Ich weiß, dass es schwer wird und dass sich nicht alle freuen, wenn ich auf die Erde komme.‹ Siehst du, Angelious«, schloss der Erzengel Michael und nahm den kleinen Engel in den Arm, »siehst du, so etwas Gutes tut der Herr. Solch einen großen Herrn haben wir. Deshalb wollen wir nicht weinen, sondern beten, dass viele, viele Menschen ihn so lieb gewinnen, wie wir ihn schon lieb haben.«

Das kleine Jesuskind wachte in diesem Augenblick auf und schrie, weil es Hunger hatte. Ein paar dachten, sie hätten auch noch etwas anderes gehört, aber wie sollten sie schon hören, dass der ganze

Himmel sang und sich freute über diesen großen Herrn und gleichzeitig betete für viele, viele Menschen, dass sie den Herrn lieb gewinnen würden?

»Und Maria gebar ihren ersten Sohn und wickelte ihn in Windeln und legte ihn in eine Krippe.« (Lukas 2,7)

27. Dezember

Kaiser Konstantin

Der Kaiser ist krank, aber er sitzt auf dem Thron. Diese Szene wird dargestellt auf einem Bild in der römischen *Basilika Santi Quattro Coronati*, der Kirche der vier gekrönten Heiligen, und stellt eine Szene aus der Legende des heiligen Silvester dar.

Die Krankheit war dem Kaiser ins Gesicht geschrieben. Er trug sie an den Händen. Der Aussatz hatte ihn befallen. Wenn ihm nicht geholfen würde, wäre er verloren. Was sollte nun werden aus Rom, aus dem Weltreich, wenn der Kaiser sterbenskrank war? Die Ärzte des Kaisers rieten ihm zu einem allerletzten Mittel: Er sollte seine aussätzige Haut in Kinderblut baden, denn dieses Blut hatte nach antiker Ansicht Heilkraft.

Die Sklavinnen waren bereits mit ihren Kindern erschienen. Nach antiker Güterabwägung war der weitere Gang der Ereignisse unzweifelhaft. Da erschien der heilige Silvester. Mitten unter den Frauen und Kindern, die um ihr Leben baten, kniete er und flehte mit erhobenen Händen Gott an, er möge den Kaiser heilen und die Kinder retten. Nach der Legende wurde Konstantin von Gott geheilt und ließ sich taufen.

Kein Kinderblut für einen Kaiser. Kein Blutopfer für einen Menschen. Kein Blutopfer für Gott. Christus ist gestorben – sein Opfer ist genug. Es reicht, auch für den Kaiser. Das Blut von Jesus reicht für uns alle.

»Sie haben ihn überwunden durch des Lammes Blut und durch das Wort ihres Zeugnisses.« (Offenbarung 12,11)

28. Dezember

Krisen

Wer in die heilende Gemeinschaft mit Gott zurückkehrt, ist meistens durch Krisen gegangen. Die Reifung der Persönlichkeit geschieht ja nicht in den Höhenflügen, sondern in den Niederungen des Lebens. Manchmal sieht es geradezu so aus, als ließe Gott uns bewusst in Krisen geraten. Solange es uns gut geht, lassen wir ja nicht mit uns reden. Und »Not lehrt beten«.

Eine Frau, attraktive Mittvierzigerin, sagte: »Ich habe mich immer nur um mich selbst gedreht und bin eigentlich immer ganz gut klargekommen. Aber neulich, als ich zu einer Operation ins Krankenhaus musste, merkte ich auf einmal, dass ich ganz allein war. Ich habe zum ersten Mal seit Jahren wieder gebetet. Es hat mir gutgetan.«

Wer zu Gott gehört, macht sich abhängig. Das ist in Ordnung, denn abhängig sind wir immer – fragt sich nur, von wem. Da ist es schon gut, abhängig von dem zu sein, der uns liebt. Hermann Bezzel, früherer bayrischer Landesbischof, sagte deshalb: »Die Abhängigkeit von Gott ist als Glück zu bezeichnen.«

»Wer auf das Wort merkt, der findet Glück.« (Sprüche 16,20)

29. Dezember

Haarig

Es war Silvester. Wir feierten mit einigen Leuten und gingen zur Mitternacht in die Kirche, um dort miteinander zu beten, zu lesen, Gottes Wort zu hören und mit Gesang in das neue Jahr zu gehen. Dabei zogen wir jeder für sich eine neue Jahreslosung. Auf einmal fing einer an zu lachen, nachdem er seine Jahreslosung gezogen und sie gelesen hatte. Und Lachen war etwas ungewöhnlich. Das hatte eigentlich noch nie einer vorher getan. Aber dann sagte er: »Das müsst ihr hören. Ich habe eine wunderschöne Jahreslosung gezogen, aber hört mal, wie sie zu mir passt: ›Alle eure Haare sind gezählt.‹« Da gab es keinen, der nicht auch lachen musste, denn er hatte eine absolute Glatze, abgesehen von dem schmalen kleinen Kranz hinten herum.

Aber da ja nun Gottes Wort Gottes Wort ist, beschlossen wir miteinander, dass auch dieses Wort seine Berechtigung hatte und dass Gott schon vorher die Haare gezählt hatte, bevor er diese Glatze bekam. So kümmert sich Gott um seine Leute.

»Eure Haare auf dem Haupt sind alle gezählt.« (Matthäus 10,30)

30. Dezember

Vertretung

Es war Freitagabend. Ich freute mich auf einen ruhigen Samstag, einen Silvester-Samstag. Ich hatte nicht zu predigen und lediglich in der Gemeinde, zu der ich jetzt gehöre, eine Abkündigung wegen meines Radiogottesdienstes am nächsten Sonntag zu machen. Da klingelte das Telefon, und nach den ersten Sätzen ahnte ich schon, was käme. »Kannst du uns helfen? Wir haben morgen keinen Pastor. Unserer ist krank geworden.«

Eigentlich passte mir das gar nicht. Aber ich war dieser Gemeinde sehr verbunden und hatte dort schon oft vertreten. Ich sagte zu und hatte jetzt erst einmal damit zu tun, eine Predigt für den nächsten Tag zu erstellen. Dieser Abend war damit auch gelaufen.

Am nächsten Tag war ich um 17 Uhr in der Gemeinde, wir feierten einen schönen Abendmahlsgottesdienst. Allerdings war die Liturgie leicht gekürzt. Ich hatte mich zum Schluss auch nicht an die Tür gestellt und jedem Besucher die Hand gegeben. Denn jetzt musste ich noch schnell in die andere Kirche, die mit dem Auto zehn Minuten entfernt war. Dort kam ich pünktlich an, der Gottesdienst war noch nicht zu Ende und ich konnte meine Abkündigung noch machen.

So war alles einmal wieder gut gegangen. Ich durfte einen Dienst tun und mithelfen, dass das Reich Gottes gebaut wird. Was für ein Vorrecht!

»Vertritt du das Volk vor Gott und bringe ihre Anliegen vor Gott.« (2. Mose 18,19)

31. Dezember

Silvester 999

Man dachte, man wüsste ganz genau, wann Jesus wiederkäme, nämlich mit dem letzten Glockenschlag in der Neujahrsnacht zum Jahre 1000. Das glaubten alle, und so zogen viele nach Rom, um auf den Apostelgräbern Schutz zu suchen. Der junge Kaiser Otto III. und sein Hofstaat unternahmen eine Wallfahrt nach Aachen. Die Wogen der Erregung gingen hoch. Freche bekehrten sich. Andere Fromme und Unfromme, die sich insgeheim für verloren gaben, wurden wild und suchten vor der Hölle noch jeden Genuss. Wucherer brachten ihren Opfern das Geld, um wiedergutzumachen. Geizhälse leerten zum Zeichen der Buße Goldtruhen auf der Straße, aber niemand bückte sich nach dem wertlos gewordenen Metall. Zu Silvester waren die Kirchen überfüllt, der Papst ohne seine dreifache Krone, der Kaiser im Büßerhemd. Sie spürten nicht die Kälte, sie achteten nicht auf das stundenlange Stehen. Ein Ohnmächtiger blieb in der Menge eingekeilt. Noch drei Stunden, dann… Noch eine Stunde. Letzte furchtbarste Beichten wurden hervorgepresst. Die Uhr holte aus zum Schlag. Eins, zwei, drei, …elf, zwölf.

Nichts geschah. Ging die Erdenuhr vor? Sie warteten noch Stunden. Dann gingen sie nach Hause und in ein neues Jahrtausend hinein. Sie wussten: Gott hatte uns noch einmal Geduld gezeigt.

Wie haben die Leute wohl hinterher weitergemacht?

»Auch ihr wart tot durch eure Übertretungen und Sünden.« (Epheser 2,1)

Verzeichnis der Bibelstellen

Stichwortregister